小曼多高致 一生半累烟云中

紫色的安琪 编著

煤炭工业出版社
·北京·

出笔多高致，
一生半累烟云中

直着脖子在人面前唱戏似的唱着，
绝对不肯让一个人知道我是一个失意者，
是一个不快乐的人。

他那种倾心相向的真情，
才使我的生活转换了方向，
而同时也就跌入恋爱了。
于是烦恼与痛苦，也跟着一起来。

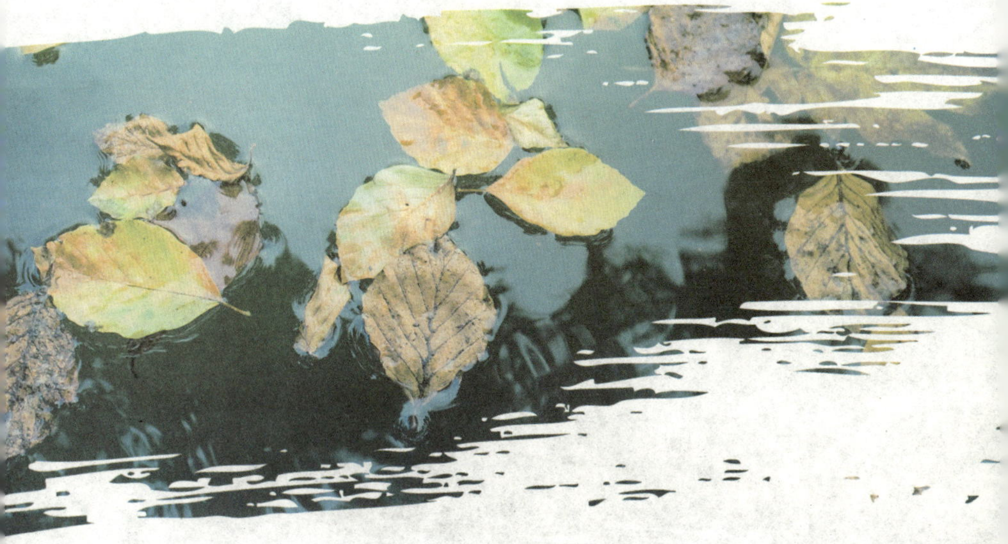

我一定做一个你一向希望我所能成的一种人，
我决心做人，
我决心做一点认真的事业。

序言

　　与某一位素未谋面的人相识，走进她们的内心世界，进行灵魂上的沟通，了解别人的生活，反思我们的内心。作为尘世中的凡人，我们是如此的渺小，如此的自负，总是用自己的眼光和立场去评价别人的生活，以为能读懂那个风华绝代的民国才女陆小曼。其实，她是那样高傲的人，能读懂她的又有几个人？

　　小曼的前半生是众星捧月的贵夫人，被当时最优秀的才俊们围绕着，就像一只美艳的蝴蝶，肆意炫耀着光彩照人的外表，人们就说她是风光幸福的。小曼的后半生孤身一人，寂寞凄凉，被千夫所指，人们就说她是孤独不幸的。世俗的人们是如此的庸俗浅薄，用尘世的眼光去读一个高傲的女子，只能读出她的悲哀。

　　真实的小曼是个心中自有芳华的平凡女人。她的喜怒哀乐，她的内心世界，她的人生乐趣别人又怎么能体会？小曼是独特的，她不会在乎世俗中的富贵荣华，她注重的是内心的修养和完善，她追求的是灵魂的知己，爱的自由。小曼就像清水中的芙蓉，也像一朵纯净的莲花。

她过着高贵富裕的生活，直到遇见了命中注定的那个人——徐志摩。他犹如天外来客，闯入小曼原本波澜不惊的情感世界，荡起一湖再也平息不了的涟漪。在那场舞会上两人相识，相知，相恋。"他那双放射神辉的眼睛照彻了我内心的肺腑，认明了我的隐痛，更用真挚的感情劝我不要再在骗人欺己中偷活，不要自己毁灭前程，那种倾心相向的真情，才使我的生活转换了方向，但同时也就跌入了恋爱。"

　　她为了自由，为了爱，为了生命中灵魂唯一的知己而拼命抗争，他们的行为惊世骇俗，敢冒天下之大不韪。虽然最终走到了一起，却付出了惨重的代价，落得一个万劫不复的下场。她从来不为自己的任何行为解释，也不屑去解释，为什么要向庸碌的世人展示自己的内心世界？所以她说："他们骂他们的，我活我的。"

　　她那样美，那样勇敢，那样有才情，那样任性地活着，却似乎总也逃不出宿命。志摩走后，小曼虽然在红尘中只身漂零，可她高傲的心却早已在云端之上，蔑视着世间这些可笑的，自认为可以随意指点她的庸碌凡人。她素衣闭户三十载，用自己的方式，表达对爱情的坚守和对故人的思念，活出个性，活出本真，活出自由。七年的爱恋换来后半生三十多年的思念，小曼的人生印证了"只要想起一生中后悔的事，梅花便落满了南山"。

　　人们无权评价小曼高贵孤独的灵魂，应该带着理解，远远地欣赏，细细地品味。

紫色的安琪
2018年9月21日

目录

第一章 陆家有女初长成

名门望族书香门第 / 2

外交明星初露锋芒 / 10

京城名媛青年才俊 / 20

错位的王子与公主 / 26

第二章 恨不相逢未嫁时

知己之恋两情相悦 / 34

得之我幸不得我命 / 58

飞蛾投火生死相随 / 69

相爱容易相见难 / 76

第三章 问世间情为何物

历尽千辛与你相遇 / 80

为真爱付出的代价 / 94

有情人最终成眷属 / 104

繁华都市奢华生活 / 114

第四章 生如夏花之灿烂

同心编就《卞昆冈》/ 130

才子佳人的日常 / 142

志摩与小报的纠纷 / 150

藕断丝连婚姻磨难 / 163

爱情与现实的抗衡 / 173

第五章 死如秋叶之静美

悲欢离合长歌当哭 / 190

声泪俱下小曼《哭摩》 / 199

闭门谢客终身素衣 / 211

洗尽铅华岁月无痕 / 228

第六章 遗文编就答君心

寄情书画重新开始 / 234

编就遗文修行圆满 / 243

节外生枝好事多磨 / 246

归去来兮身后遗憾 / 253

陆小曼

出笔多高致,
一生半累烟云中

第一章 陆家有女初长成

小曼是一朵淡雅的莲花,出淤泥而不染,濯清涟而不妖,静静地散发着芬芳。

名门望族 书香门第

　　一花一世界，一叶一如来。小曼是一朵淡雅的莲花，出淤泥而不染，濯清涟而不妖，静静地散发着芬芳。

　　莲花开了，满世界都是菩萨的微笑，四周是来自天外的梵歌，优美的音乐带给人们欢乐和祥和。1903年农历九月十九日（阳历1903年11月7日），上海的一个豪华住宅里充满了喜庆的气氛，屋里有着莲花般的芬芳，所有人的心里充满了喜悦。因为一个像莲花般美丽的女婴出生了，她就是陆小曼。小曼出生的这天据说是观音菩萨的生日，而小曼正好生得眉清目秀，皮肤白皙，于是家人称她为"小观音"。

　　陆小曼名眉，别名小眉、小龙，笔名冷香人、蛮姑。她出身于官宦世家，在中国最早最完整的历时80余代不断续修的《樟村陆氏宗谱》中可以看出，陆小曼的祖上名士辈出，大汉功臣陆贾，唐朝名相陆贽，大诗人陆游，爱国名臣陆秀夫，都是赫赫有名的人物。陆小曼的祖父陆荣昌是樟村陆氏北园村派第七十八世孙,在《樟村陆氏宗谱》卷十三中,记载着陆荣昌的简历:"荣昌,行二,字致和,朝议大夫,钦加运同衔赏戴花翎,候选同知,国学生。"在清朝的咸丰、同治年间,陆小曼祖父陆荣昌为避长毛——即太平天国之乱,便举家迁居到上海。陆荣昌和儿子陆定对孙中山领导辛亥革命给予了极大的支持,1916年大总统黎元洪为陆荣昌亲笔题写匾额"饥溺为怀",夫人刘氏也获得了"本固枝荣"匾额。

陆小曼的父亲陆子福,字厚生,从小就非常聪明,那些艰深的文章,他很快就能背过理解。陆子福不但聪明,而且还刻苦,学习非常投入。聪明刻苦的孩子自然运气好,陆子福每次参加科举考试,都是逢考必中,被人称为神童。陆荣昌因此替他改名为陆定。陆定,又字静安,号建三,晚清举人。陆荣昌相信陆定绝对不是等闲之辈,只要机缘合适,他一定能金榜题名,在仕途上飞黄腾达,最终光宗耀祖。

俗话说:"读万卷书,行万里路。"陆定虽然是晚清举人,但见过大世面的他,思想和见识远远高于当时一般的人。陆定曾经东渡日本,在日本最负盛名的大学——早稻田大学苦读多年。在日本学习的时候,陆子福与曹汝霖、袁观澜、穆湘瑶这些民国时代赫赫有名的人物是同班同学。在大学里,陆子福就展露出他的才华,他聪明勤奋,成绩名列前茅,思考问题非常全面,遇到事情有独立的见解,写的文章论述透辟,文采飞扬。他深得日本老师伊藤博文赏识,成了伊藤博文最得意的弟子,得到了他的悉心教育,为他日后的事业奠定基础。

能得到伊藤博文的赏识不是件容易的事,要知道,在日本,伊藤

4　陆小曼
出笔多高致，一生半累烟云中

博文绝不是等闲之辈，他是出身农家的贫困子弟，通过个人奋斗走向成功。他是日本近代著名的政治家、明治九元老之一，也是日本历史上第一个内阁总理大臣、枢密院议长、贵族院院长，首任韩国总监。他还是明治宪法之父，立宪政友会的创始人。

如果陆定没有过人之处，怎么会得到伊藤博文这样大人物的赏识？陆定不是书呆子，他有远大的抱负，在日本留学期间，陆定积极投身政治运动，参加了孙中山先生领导的同盟会，很快就成了同盟会中的核心成员。民国初年袁世凯任大总统时，曾下令逮捕了陆定和其他很多同盟会会员，由于好友曹汝霖、张一麐等人的全力营救，陆定免遭杀害，最终获释。回国后，陆定加入国民党，他跟国民党元老吴玉章、章太炎等人非常投缘，保持着密切的关系。

后来，陆定入职于度支部，度支部就是后来的财政部。由于能力很强，他平步青云，官越做越大，历任司长、参事、赋税司长等二十余年，是一位有财权的实力派官员。陆定非常有经济头脑，也是个金融家，后来他成了中华储蓄银行的主要创办人，我国银行的零存整取就是他最早运作的。通过开办银行，陆定募集了大量的资金，后来，中华储蓄银行因北洋政府发行的"九六公债"发生停兑风潮而倒闭。早期供职于财政部，后来又开办银行，陆定的资产快速增加，成了当时富甲一方的人物。他的经济实力和社会地位很高，所以来往都是军政界的要员，结交的都是当时的实权人物。

陆定的婚姻非常美满。他的夫人吴曼华出生于富有诗情画意的江南，江南烟雨把她浸染成了一个貌美如花的少女。吴曼华的小名叫梅寿，出身于名门世家，是常州白马三司徒中丞第吴耔禾之长女，她的

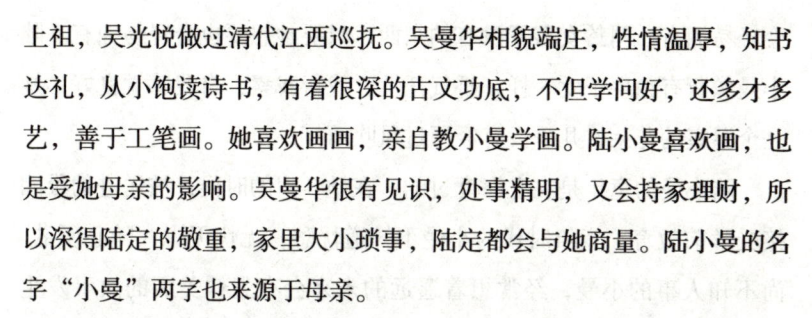

上祖，吴光悦做过清代江西巡抚。吴曼华相貌端庄，性情温厚，知书达礼，从小饱读诗书，有着很深的古文功底，不但学问好，还多才多艺，善于工笔画。她喜欢画画，亲自教小曼学画。陆小曼喜欢画，也是受她母亲的影响。吴曼华很有见识，处事精明，又会持家理财，所以深得陆定的敬重，家里大小琐事，陆定都会与她商量。陆小曼的名字"小曼"两字也来源于母亲。

在清末的时候，陆定曾经担任过贝子贝勒学校的教师，教学生们读书写文章。这是当时的贵族学校，学生都是王子王孙，身份地位很高。学生写的文章作业很多，陆定经常看不过来。陆定很有办法，他把学生的作业都带回家，叫夫人吴曼华帮助批改。因为吴曼华有着深厚的文学功底，写得一手好文章，和陆定不相上下，所以他很放心地把学生的文章交给夫人代批，吴曼华批改得得心应手，没人能看出和陆定批改的有什么差别。由此可见，吴曼华不但把家操持得井井有条，而且还是陆定工作上最好的帮手，两人夫妻恩爱，夫唱妇随，比翼双飞。遗憾的是，人生并不美满，他们的婚姻很幸福，但也有许多不顺心的事，主要是关于孩子的事。吴曼华曾经生育过几个孩子，但却没有成年，最终他们只有一个孩子，那就是陆小曼，夫妻两人对她爱如掌上明珠。在当时那样的社会，男性可以三妻四妾。以陆定的身份，完全可以娶几个夫人，况且家里没有男孩。但陆定一生只有吴曼华一个夫人，可见两人之间的感情是很深的。

陆小曼是幸运的，出身于这样有钱又有势还有社会地位的幸福家庭，父母把所有的爱全部集中到她一个人的身上。在她的身上投入了所有的时间、精力和财力，同龄女孩子梦寐以求的所有东西，小曼都

6 陆小曼
出笔多高致，一生半累烟云中

会轻易拥有，同龄女孩子没有的东西，只要她想要也会轻易拥有。陆小曼像所有独生子女一样，娇气任性，我行我素，自我感觉良好，她是个温室的花朵，几乎没有经历过风吹雨打。

陆小曼的童年是在上海度过的，在她3岁的时候，被送进幼稚园接受学前教育。童年时代的小曼不知道忧愁，无忧无虑，随心所欲。尚不知人事的小曼，经常想着遥远的未来会有怎样美丽的故事发生在自己身上，她对未来有着无数玫瑰色的梦。父慈母爱，小曼的童年是金色的，她像无数个美丽的女孩子一样，经常缠着妈妈给她讲故事。吴曼华出身官宦家庭，是个饱读诗书的才女，教育孩子自然有自己的办法。她给小曼讲了很多好听又曲折的故事，小曼听得如醉如痴。小曼之所以能写出蕴藉婉约、毫无雕琢之气的锦绣文章，又能写出清新俏丽、颇有明清诗风的绝句和她母亲从小对她的文学熏陶密切相关。

他们不仅给陆小曼提供了富足优越的物质条件，更以言传身教将她培养成为一位知书达礼且才情横溢的温柔女子。和所有女孩子一样，小曼喜欢看美丽的书；也喜欢偷偷地想未来，自己的将来会是什么样的？那个时代，找到如意郎君，将来夫贵妻荣，是一个女性最大的理想。吴曼华希望小曼找到一个前途无量的夫君，再生一群可爱的孩子，到时候小曼相夫教子，一生平安，自己也能颐养天年了。作为母亲，吴曼华自然会考虑得更加长远。

小曼6岁的时候，她们全家搬到了北京，搬到了这座气派的皇城。那个时候，小曼到了该接受教育的年纪，吴曼华对她开始变得严厉起来，小曼也有几分惧怕母亲了。吴曼华完全按照上流社会要求淑女的标准教育小曼。既要她严守礼教，又让她学习上流社会一个女子应具备的一切礼仪和知识，她一心要把女儿培养成知书达礼的才女。

小曼的父母都接受过良好的教育，他们非常重视女儿的教育，加之财力雄厚，所以他们在女儿的教育上不惜投资重金。小曼从小就接受全面的教育，6岁进入北京最好的小学——北京师范大学附属小学读书。9岁到14岁在北京女子中学读书，自然在当时也是北京最好的女校。小曼本人是一块上好的美玉，婉约美丽的江南给了她灵秀活泼，壮美的北国又赐予了她秀丽端庄，再加上父母精心的雕饰，虽然年幼，但已经看出她淑女的气质了。

小曼身上遗传了母亲吴曼华的优雅气质，她的身上带有浓郁的典雅气息，母亲对她的潜移默化更加深了她的文学和艺术修养，为她将来成为名媛种下美好的前因。灵气逼人的小曼继承了父母所有的优点，漂亮、聪明伶俐，为人处世非常机智老练，从小的表现就不俗。由于她的机智，使得陆定摆脱了一场杀身之祸。

那一年，袁世凯专政，迫害国民党人。他借口国会中的国民党议员，在几个月前与二次革命有关。于是，下令解散国民党，那个时候的气氛真是箭在弦上，一触即发。袁世凯派军警搜缴国民党议员的议员证书、证章，陆定自然是在劫难逃。风声越来越紧，陆定却没有意识到危险，依旧把党证等物带在身上。有一天，陆定照例穿戴整齐，带着证件就要出门，突然，陆小曼喊住了他，不叫他出门。陆定看着女儿一脸焦急，感到非常奇怪，问她有什么事。小曼说外面非常不安全，在家里比较保险。

8　陆小曼
出笔多高致，一生半累烟云中

"小孩子长大了，知道关心爸爸了，我知道危险，可是我也要去工作啊，放心吧，我会小心谨慎的。"陆定安慰小曼。

"那就不要带证件，我觉得把证件带在身边会有危险，还是摘下来藏在别的地方吧！"陆小曼像个大人一样郑重地告诉陆定。

陆定听完后，突然惊了一身冷汗：是啊，现在外面风声这么紧，如果带着证件出门肯定会有祸事临头。可是小孩子怎么能知道这些事？肯定平时自己谈话的时候，孩子都听见了，然后记在心里。

他定定地看着稚气未脱的女儿，发现小曼身上有一股灵气，感觉女儿的话句句是真，于是，陆定立刻把证件藏到家里最隐蔽之处，这才出门去。多亏小曼的提醒，陆定刚走出大门没有多久，就被警察传去软禁起来。很晚了，小曼和母亲也没有等到父亲回来，母女俩等来的却是大批宪警。他们里三层、外三层地把寓所围得水泄不通，一群宪警把家里搜了个底朝天，却一无所获。

有个带队模样的宪警见到小曼年幼，灵机一动，走上前去询问小曼家中情形，小孩嘴里吐真言，他以为在小曼的口中也容易得到真相，小曼会一五一十地说实话，帮助他们找到证件，他好回去领功。没想到他却低估了小曼的智商，机智的小曼早就看出他的笑里藏刀。陆小曼态度大方，随机应变，装作什么也不知道，说话自始至终都是滴水不漏。由于找不到证件，警方也没有足够的证据，所以，把陆定关了三五天后就释放出来，一场杀身之祸，被9岁的小曼轻轻地化解为无形之中，真是人小鬼大。从那以后，陆定越发疼爱这个孩子，感觉聪明伶俐的小曼天赋非常人可比，于是越发悉心培养。

小曼虽然从小就显示出过人的聪明，但由于家人对小曼过于宠爱，小曼非常调皮，也很贪玩，无心读书，也不求上进。父母交代的功课，经常不做，天天和照顾她的女仆们一起玩耍。开始陆定还好言相劝，但小曼毫不在乎，直到12岁依旧我行我素，没有改观。陆定看在眼里，急在心里，他想如果再任由小曼这样像脱缰野马一般任性胡闹，肯定会成不了大器。他好言相劝，叫她收收心，哪知小曼把他的话当作了耳旁风。

　　有一次，陆定出门前交代了一些功课，回家后发现贪玩的小曼什么也没有做，一天的时间就这样白白地浪费了。陆定在盛怒之下，狠狠地教训了小曼一顿。没有想到倔强的小曼竟然没有哭，陆定在女儿身上看到了一股与众不同的执拗之气，这样的性格非常人所能拥有，他对此有些敬畏，无法判断这股执拗之气对小曼的未来会产生什么样的影响。但从此以后，小曼却脱胎换骨，认认真真地读起书来，再也不放纵自己了。

外交明星 初露锋芒

富贵人家，尤其是有良好教养的富有人家的女孩子，光有貌是不够的，还要有才，只有才貌双全，才会成为一个淑女，将来才会成为上流社会的名媛，受到人们的尊敬。在民国初年，上流社会的高官富商喜欢把子女送到外国人办的贵族学校读书。北京的圣心学堂、上海的中西女中（前中西女塾）、启明女中、圣玛利亚女中都是民国时期赫赫有名的名媛学堂，这些学堂培养出很多杰出的女性：宋氏三姐妹曾就学于中西女中；蒋介石把兄弟张静江的孙女则在启明女中读书。

陆定也随风气把自己15岁的宝贝女儿送到法国人办的北京圣心学堂学习。圣心学堂是法国人办的，当时一般人叫它法国学堂。学生都是居住在北京的外国青少年，附带招收少数中国学生，自然是富豪权贵的后代。北京圣心学堂收费很高，但担任财政部司长和赋税司长多年的陆定财大气粗，他不惜重金，一心想把唯一的女儿小曼培养成名媛中的名媛。当时北京军政界部长之流的小姐有许多在圣心学堂读书，曹汝霖的女儿当年也在这里读书，陆定要让自己的女儿与这些权贵千金一样，接受最好的教育。

在民国时代，上著名学校是培养名媛淑女的首要条件。当时，小曼的许多小姐妹也在圣心学堂读书，因此她在圣心学堂如鱼得水，过得非常愉快。陆定懂得把女儿送到名校，与上流社会为邻，也可以说为培养小曼费劲了心机。当时的名学堂推行双语教学，中学说汉语，西学说英语。教材除汉语的文言文外，全部是英文版，与英美学校的教材完全同步。学生入校后一律住校，这些富家小姐们在学校里过着既独立又互助的集体生活，从此穿衣梳妆、叠被铺床都要自己动手。贵族学校十分重视体育，规定女生必须学会骑自行车，体育不及格者不能升级。所以学生们一反中国女子好静不好动的低调风格，她们学会了游泳、骑马、踏脚踏车（自行车）、打网球。贵族学校的校园里到处活跃着女孩子们矫健的身影。此外，女生们还要学习各种社交礼仪。学校引导她们举办各种聚会，展现才艺，揣摩交际技巧。

陆小曼所在的圣心学堂课程有英文、法文、钢琴、舞蹈、油画、礼仪等。陆家的财力雄厚，自然可以找到最优秀的家庭教师专门给小曼开小灶。为了女儿更好地学习语言，陆定专门花重金，为她请了一位英国女教师教授英文，有了英国女教师的悉心培养，再加上生性聪慧的小曼，天生就具有极强的语言天赋，又肯勤奋学习，很快就可以说出一口流利的英语，成为学校语言最好的学生。

小曼的父母看见小曼喜欢音乐，又请了家庭钢琴教师专门教小

12 陆小曼
出笔多高致，一生半累烟云中

曼学钢琴，经过训练，小曼可以用修长的手指弹奏出美妙的乐曲，那优美的曲子随着小曼灵巧的手指倾泻而出，回荡在豪华的大厅里。至于小曼的绘画天赋，从小在母亲悉心的培养之下，更是出类拔萃，凭借她深厚的绘画功底和灵性，小曼表现出比其他同学更高的天赋。在圣心学校有一个关于小曼绘画天赋的故事广为流传。有一次，外国人到圣心学堂参观，在众多的油画中，有一幅油画非常精致，特别出色，他仔细观赏，非常喜爱。于是便问是何人所绘。校方告诉他，这是学校中最优秀的学生陆小曼的作品。外国人很欣赏，当即支付200法郎，作为学校办学经费，将这张油画买去。200法郎在当时是一笔巨款，用这笔巨款买一个女孩子的画，可见小曼绘画水平的高超。

活泼开朗的陆小曼非常适应外国学校的生活，比起中国人办的学校，她似乎更适应外国人办的学校，在这里天性能够得到充分的发展。16岁的小曼不仅才能出众，美丽也含苞欲放，初露魅力。她在圣心学堂成绩优异，精通西文；她彬彬有礼，落落大方，招人喜欢，活泼快乐，如鱼得水。在圣心学堂，她是非常出色的学生。她既有上海女孩儿的聪明机灵，又有北京女孩儿的端庄娴静，是学堂最受欢迎的女学生，她会弹钢琴、懂绘画，是学校各种活动和演出中的重要人物，每次重要的表演都有她的身影，她是男孩子眼中真正的皇后。所到之处，魅力不可阻挡。外国人非常喜欢她，称她为"东方美人"。

小曼非常喜欢跳舞，穿戴时尚的小曼一进入舞池，就像插上了翅膀的蝴蝶在翩然起舞，是舞场上最耀眼的明星。小曼身边的崇拜者如过江之鲫，小曼是他们眼中的女神，是所有明珠中最耀眼的那颗，这个叫陆小曼的女孩，是所有人梦中刚刚开放的玫瑰，娇艳无比。

哪个少女不怀春，哪个少男不钟情。年轻漂亮，活泼可爱，多才多艺而又出身高贵的陆小曼自然是所有男孩子心中的偶像。她每次到剧院观戏或到中央公园游园时，外国和中国大学生往往前后数十人，或给她拎包，或为她持外衣，年轻小伙子巴结讨好她，他们臣服于小曼的美貌，臣服于小曼的智慧，在小曼的面前唯唯诺诺地赔着小心。而她则高傲至极，对那些人不屑一顾，骄傲得就像真正的公主。在圣心学堂的几年，是小曼少女时代最开心快乐的时期，贵族学校的精英教育，把她培养成一个多才多艺的女孩子。

小曼的英文、法文非常流利，小曼可以用钢琴弹出各种名曲，又善绘画，还能写漂亮的蝇头小楷，具备深厚的艺术修养。小曼能朗诵，会演戏，走到哪里都是一颗最闪耀的明珠。先天的天赋，加上后天的精心培育，小曼成了圣心学堂中所有女孩中最出色的那个。

当外交部部长顾维钧要求圣心学堂推荐一名既精通英法文又年轻漂亮的女孩儿，参加外交部接待外国使节工作的时候，学校首先就想到了陆小曼。陆小曼是他们培养出来的优秀学生，肯定能出色地完成任务，不负学校的精心培养。犹如含苞待放玫瑰般芳香四溢的花季少女陆小曼，的确是当之无愧的首选人物，以她的天赋定然能够担当起如此重任。陆定夫妇自然不会放弃这样好的机会，他们心花怒放，小曼一天天长大，出落得越发标志。他们非常关心小曼的婚姻大事，这是他们膝下唯一的女儿，是他们的骄傲，也是他们

14　陆小曼
出笔多高致，一生半累烟云中

老来的依靠。他们希望为小曼找到一个乘龙快婿，日后也好终身有靠。陆定和吴曼华花费了重金培养小曼，也是给她一个好的嫁妆，塑造一个上流社会的高贵女性，外交部的接待工作应该是锻炼小曼的绝好机会。小曼可以接触到优秀的人才，这真是天赐良机。

婚姻讲究机缘，小曼需要一个舞台展示自己，更需要合适的土壤作为种子滋生萌发的营养。小曼经过北京社交界的熏染，又加上自身的聪明伶俐，她的身价、名望提高了，日后肯定会嫁给最有前途的青年才俊。陆定夫妇敏锐地抓住了这个千载难逢的绝妙机会，愉快地叫小曼接受了外交部这个带有荣誉性质的工作。果然不出他们的预料，貌美如花、才思敏捷的小曼很快就红遍北京城，成为女人精华中的精华。很多人都说，小曼一生中所做的事情，最成功的，或许要算这三年的外交翻译生涯，这是她一生中最风光得意的几年。聪明伶俐的小曼天生就是外交官的料，她非常胜任这个工作，出色地完成一次次任务。

小曼的一切都是积极向上的，她是当时北京上流社会的一种美好形象的化身，代表着新的女性。在当时，传统的大门不出二门不迈的大家闺秀，已经是昨日的黄花，不能满足人们的期待了。因为那个时候，已经有很多留洋回国学子，他们见过大世面，对新女性有不同的标准，小曼完全符合他们对新女性的想象。小曼不喜欢浓妆艳抹，也从来都不烫头，一直都是短短的直发，穿戴虽然高档，但却以素为主，真可谓"清水出芙蓉，天然去雕饰"，像惊鸿一现的美丽仙子，走到哪里都是人们所瞩目的焦点。小曼身材妙曼、舞姿婀娜，是舞池里的皇后，一踏进舞池，她便是全场的焦点，她的笑容，她的身姿吸引了所有人的目光。小曼微笑着步入了北平繁花似锦、变幻无常的上流社会。在北平的社交界,她很快就红极一时,她像一颗夜明珠,温暖着京城的夜生活。小曼与上海的唐瑛并驾齐驱,就是当时所说的"南唐北陆"。

小曼不但貌美,还是个非常机智的爱国者。在翻译工作中,17岁的她做得非常完美,屡屡表现出爱国情感,表现出机智幽默和风趣自然的一面。而她的表达方式是如此的委婉,又是如此的机警,叫对方无以言对,却又口服心服。有一次,法国的霞飞将军在检阅我国仪仗队时,看到仪仗队的动作很不整齐,在将军的眼里,这些都是不可原谅的错误,他无法忍受这样的错误,于是他奚落道:你们中国的练兵方法大概与世界各国都不相同吧!

这样尖刻的话叫人面面相觑,无以言对,小曼却机智地回答:没什么不同,因为你是当今世界上有名的英雄,大家见到你不由得激动,所以动作无法整齐,多么巧妙的回答啊。她的回答既挽回了中国人的面子,也巧妙地恭维了霞飞将军,只把霞飞将军说得心花怒放。他定定地看着小曼,这个美貌的中国女孩说着流利的法语,她的回答也是天衣无缝的,他非常开心,从此对中国人有了好感。

小曼十分自信,她的工作处处都出彩,在外交部工作的时候,小曼是个多面手,她不仅要陪同外国的使节检阅仪仗队,还要陪同他们观看文艺表演,很多表演都属于国粹,由于东西方文化的差异,外国人看不懂也不喜欢。这就好比叫那些吃惯了西餐的老外吃中餐,他们很不适应。是啊,吃惯了西餐的老外,怎么能够体味到中餐的精髓?就像吃惯了中餐的我们到了国外,也不容易适应国外那种带着血的牛

16 陆小曼
出笔多高致，一生半累烟云中

排。有的时候，接待外宾的节目安排也不出彩，再遇见一些言辞尖刻的人，他们会很不客气地说："这么糟糕的节目，竟然也能搬上舞台，可见中国真没有什么好节目。"

听了这些叫人尴尬的话，大家心里很不舒服，却又无话可说。但小曼却看不下去了，她虽然知道节目水准不高，不符合老外的胃口，不能让外宾满意，但这是在中国的领土上，他们说这样的话，太扫兴了。年轻气盛的小曼听不下去，她感觉一定要回敬几句，杀杀这些目中无人的老外的威风。

小曼勇敢地走上前去，微笑着对那些趾高气扬的外国人说道："有朋自远方来，不亦乐乎。我们拿出最好的节目给你们看，这些都是我们国家有特色的节目，我们非常喜欢，只是你们看不懂而已。"

原来不是你们的节目不好，是我们的欣赏水平的问题。外国人听后只好干瞪眼，却无言以对，他们看着眼前这位东方美女，话中带刺，却滴水不漏，真是一朵含苞待放的带刺玫瑰。外国人知道了她的厉害，不仅没有对她反感，反而平添了几分尊敬，说话再也不放肆了，只好耸耸肩了事。

人和人之间的交往，就是如此的奇妙，小曼总是能把各种别人所解决不了的尴尬巧妙地化解于无形之中。小曼外表温柔，但个性很强，有股凌然之气。有时候，她的举止看似稚气，实则聪明机智，独具个性。在接待外宾的工作中，这样的事不胜枚举。有一次在节日的宴会上，参加的人很多，不仅有尊贵的外宾和上流社会的一些重要人物，还有他们的夫人和孩子们。当时的气氛非常热烈，大人们在谈话，孩子们兴冲冲地拿着气球玩。可是有些骄蛮、不可一世的外国人，为了取乐，用烟头把中国孩子的气球点爆，然后捧腹大笑。那些中国孩子的父母都是国内有头有脸的人物，他们却对外国人敢怒不敢言，甚至脸上还赔着笑，只好安慰一下哭闹不止的孩子，真是窝囊无比。小曼看后，非常生气，年轻气盛的小曼是从来都不会受气的，于是决定以牙还牙。她学着外国人的做法，微笑地走到外国孩子身边，以其人之道还治其人之身。她拿起香烟，优雅地弯下身，"嘭"的一声，点爆了外国孩子的气球，把他们吓得哇哇大哭，令全场的嘉宾目瞪口呆。而中国人却不免有几分担心和恐惧，当时气氛一度很紧张，似乎一触即发。但小曼像无事人一样继续玩她的，最妙的是她还一脸天真地对外国人娇滴滴地说道："原来你们孩子的胆子也不见得有多大嘛！"四两拨千斤，外国人看着她只好目瞪口呆，有气也发不出来。周围的中国人对她投以尊敬的目光，心里对她的行为暗暗喝彩。别人做不到的事，机灵的小曼就能做到，而且做得水到渠成、天衣无缝，天生就是优秀的外交家。

　　小曼在外交部的表现可以用完美来形容，她的顶头上司顾维钧部长对她的工作赞不绝口。有一次，他当着小曼父亲陆定的面儿对一个朋友说起："我看陆建三的面孔，一点儿也不聪明，可是他女儿陆小曼小姐却那样漂亮、聪明。"言语中满是赞叹。陆定听后非常尴尬，但心里却像盛开了一朵牡丹花，他没有想到小曼竟然被顾维钧这么看重。要知道，在当时，顾维钧可是一个了不起的大人物。不仅在当时，在整个中国的外交史上，他也是值得浓墨重彩的人。他被誉为"民国第一外交家"，他为国家做了很多事。

18 陆小曼
出笔多高致，一生半累烟云中

顾维钧曾先后担任过北洋政府内阁总理，国民政府驻法、英、美国大使，联合国首席代表，海牙国际法院副院长。1919年，他作为中国代表参加巴黎和会，拒签不公正的条约，使整个世界为之愕然，为之震惊。"一战"过后，眼看德国在山东的势力就要落入日本手里，顾维钧临危受命，在巴黎和会上就山东问题，从历史、经济、文化各方面做了有力的辩驳。这是近代国际外交风云中，中国面对西方强权第一次发出抗议，也是中国外交第一次挺起腰杆。清末民初几十年，凡是中外谈判交涉的争执，总是以中国吃亏收场。但是从巴黎和会开始，以顾维钧为代表的一批职业外交官极力争取民族利益，转守为攻。他们在国外接受专业的教育，是中国最早开眼看世界的群体。

顾维钧凭着出众的外交才能，担当起国家的使命，拒签不平等条约，震惊了全世界。他凭着留美博士的学识和超乎常人的才智，为中国在国际政坛开辟出一条血路。在"一战"期间解决了山东问题，在"二战"期间呼吁中苏结盟，为抗日鞠躬尽瘁。战后，他代表中国出席了联合国会议，为中国取得国联中的重要地位做出了巨大贡献。他把毕生心血投注于为民族主权奋斗的事业中。20世纪30年代，一家英国报纸的专栏作家认为"中国很少有比顾维钧博士更堪作为典型的人了。平易近人，有修养，无比耐心和温文尔雅，没有哪一位西方世界的外交家在沉着与和蔼方面能够超过他。"

著名学者温源宁说："无论什么时候想起顾维钧博士，人们都会情不自禁地联想到光芒四射的星星……作为一名外交官，他的成就称得上光辉。"

温源宁说:"他的朋友和敌人全都会承认,在国外代表中国利益的中国外交官中,再也不可能有比顾博士更好的了……出席巴黎和会时,顾博士已经由于是中国权益既有尊严又有才干的捍卫者而闻名于世。"

顾维钧的人生是完美的,事业爱情双丰收,他的婚姻和他的事业一样精彩。十二岁订下了第一次婚姻,六十八岁第四次结婚。顾维钧四次婚姻被他称为"主命、主贵、主富、主爱"。他先后有四位夫人,成就了他传奇的人生。

这样了不起的大人物,竟然对陆小曼赞不绝口,可见小曼在外交部的表现非常出色。陆定没有想到顾维钧对小曼的评价这么高,欣喜至极。回家后他得意扬扬地告诉吴曼华,吴曼华自然也欣喜若狂,夫妻相视一笑,感慨多年培养小曼的苦心终于见到成效了。北京的上流社会为小曼成长提供了丰厚的土壤,妙曼的舞姿让十八岁的小曼在北京的社交圈里迅速走红,她成了舞场上高贵的皇后。

京城名媛 青年才俊

外交翻译工作既有挑战性，也有娱乐性，尤其外交舞会，更是小曼的施展才华的地方。在外交部这段时间，陆小曼的社交活动很多，渐渐地，她沉醉于灯红酒绿、莺歌燕舞的生活。她从一位纯真貌美的少女，变成北京城才貌双全的名媛。

小曼有着婀娜多姿的身材，活泼好动的天性，又经过专业的训练，她听着美妙的音乐，舞动着轻盈的身体，一晚上转下来，有几分忘我，有几分陶醉，她优美的舞姿迷倒众生。小曼渐渐地习惯了这种生活，她非常喜欢在豪华、热闹的舞会上与当代的名流雅士共舞，被人们追捧。

"北京的外交部常常举行交际舞会，小曼是跳舞能手，假定这天舞池中没有她的倩影，几乎阖座为之不快，中外男宾，固然为之倾倒，就是中外女宾，好像看了她也目眩神迷，欲与一言以为快。而她的举措得体，发言又温柔，仪态万方，无与伦比。"（磊庵在《陆小曼与徐志摩艳史》）

这是小曼少女生活中最精彩的一幕，她生来就是为过这样的生活而存在的。此时的小曼名震北京，北京这座有着深厚文化底蕴的千年古城，因为有了小曼而变得更加有灵气。上天仿佛特别宠爱自己的杰作，把所有的美好全给了她。她有着优雅的气质、出众的外貌。在她精致的脸庞上，五官是完美无瑕的，既有古典仕女优雅的美，又有现代女性知性的美。她丽质天成，从不浓妆艳抹，她喜欢穿平底鞋，喜欢素雅的服饰。她是美丽的精灵，超越于尘世之外。她是一道最美的风景，叫人心驰神往，似乎日月星辰都只围着她一个人转。小曼成了外交部的社交明星，成了大家追捧的焦点。但这样的追捧和簇拥对一个少女来说，未必是好事。她的成功来得太轻易。渐渐地，她沉醉在这种众星捧月的虚幻世界里，在现实生活中迷失了自己。

民国时期的名媛，不仅有才还得貌美；有名气，出身于显赫的家庭，才能吸引当时名士的目光。吸引的名士越多，吸引的名士越有名，说明她的魅力越大。胡适就被小曼吸引了。胡适说小曼是旧时北京一道不可不看的风景。很多人都说，假如小曼以后不是这么早便嫁人了，而是一直做下去，该有多好。如果她一直在外交部任职的话，凭她的能力肯定会做得非常成功。此话不假，小曼天生具有交际的能力，在各种社交场合游刃有余，是各种场面的中心人物。当工作和生活方向、兴趣爱好一致的时候，人生会非常精彩。如果小曼成为一名专职的外交人员，以她超凡的天赋，或许她能成为最出色的女外教官。如果她选择一名外交官丈夫，有着丰富的社交生活，她的生活也会非常有色彩。但遗憾的是，人生没有那么多如果。小曼的父亲官运亨通，自己也有一份好工作，又被最优秀的才俊众星捧月般的围绕着。她忙碌着，幸福着。每天都有忙不完的事，会不完的客人。

22 陆小曼
出笔多高致，一生半累烟云中

民国才女张爱玲说：装扮得很像样的人，在像样的地方出现，看见同类，也被看见，这就是社交。随着小曼一天天长大，来陆家说媒的人多得踏破门槛，这些人都是北京城优秀的青年才俊，但是陆定夫妇却不轻易表态。陆定夫妇看出了小曼在婚姻市场上的优势，想着把她嫁给一个相配的才子。大家都在猜测，到底是哪个幸运的人，才能有这个机会？

小曼的父母不肯轻易将小曼许给他人。由于受到当时观念的影响，小曼的父母认为，女孩子最大的职业就是嫁人。他们不惜重金，千辛万苦才把小曼培养成一个才貌双全的名媛，就是为了给她找个好姻缘。今后的养老还需要小曼，二老自然对小曼的婚姻寄予厚望。小曼的父母很自信能找到最优秀的那个人。这个时候，王庚终于出现了，小曼的父母开始关注这个优秀的年轻人了。王庚是唐在礼夫妇引荐的，小曼的父母见到王庚后，满心欢喜，王庚各个方面的条件都是一流的。在小曼的众多候选人中，他是最有竞争力的，小曼的父母，尤其是小曼的母亲对他非常满意。

王庚，字受庆，1895 年出生在无锡小娄巷的一个书香门第中。祖上世代做官，是个官宦家庭，到他父亲那一代，家道开始中落。王庚非常有志气，他发奋读书，一心想着学有所成后谋取功名，重振家族的门第。16 岁那年在清华大学毕业后留学美国。他最初进入密歇根大学学习，不久转学到了哥伦比亚大学学习，接着又去了美国普林斯顿大学读哲学，1915 年获普林斯顿大学文学学士学位。在美国他开阔眼界，感到国家更需要军事人才，于是王庚去了美国最负盛名的军校西点军校攻军事，与美国名将艾森豪威尔是同学，此人即日后大名鼎鼎的"二战"欧洲盟军统帅和美国第三十四任总统。

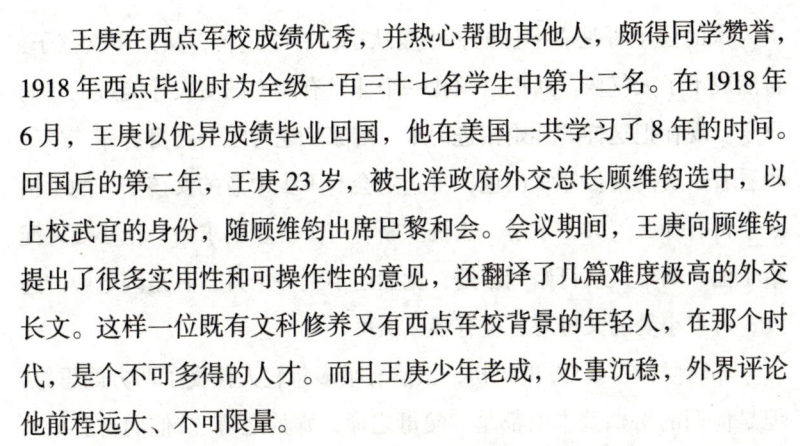

王庚在西点军校成绩优秀，并热心帮助其他人，颇得同学赞誉，1918年西点毕业时为全级一百三十七名学生中第十二名。在1918年6月，王庚以优异成绩毕业回国，他在美国一共学习了8年的时间。回国后的第二年，王庚23岁，被北洋政府外交总长顾维钧选中，以上校武官的身份，随顾维钧出席巴黎和会。会议期间，王庚向顾维钧提出了很多实用性和可操作性的意见，还翻译了几篇难度极高的外交长文。这样一位既有文科修养又有西点军校背景的年轻人，在那个时代，是个不可多得的人才。而且王庚少年老成，处事沉稳，外界评论他前程远大、不可限量。

　　梁启超喜欢后辈优秀学生，非常赏识王庚，收他为弟子。他和徐志摩一样，都是梁启超的得意学生。王庚回国后6年的时间，像坐了直升机一样，步步高升。少年得志的王庚深受西方文化的熏陶，兼之文武全才，仪表堂堂，在当时北京的社交圈中很惹眼，被誉为"民国第一帅哥"。吴曼华一眼就看好了王庚，王庚是她心目中不二的候选人。

　　说实话，吴曼华非常有眼光，吴曼华看好王庚有几个原因：一是王庚前途远大；二是王庚父亲早逝，只有一个弟弟需要供养；还有就是，王庚的祖上也是做过大官的，只是到了他这一辈才家道中落。王庚从小就懂事又早熟，一心要复兴门第，因此他读书勤奋，做事踏实，丝毫没有纨绔子弟的习气。这样的人真是百里挑一，打着灯笼都难找。俗话说，丈母娘看女婿，越看越喜欢。虽然王庚比小曼大7岁，父亲早逝，家境一般，但这些在吴曼华的眼里都是优点。

　　吴曼华开心地对丈夫陆定说这个孩子将来一定有出息，小曼跟了他肯定是会过上好日子，自己的后半生也会踏实。陆定也知道那些富

陆小曼
出笔多高致，一生半累烟云中

贵人家的公子哥是靠不住的，小曼从小没有吃过苦，又是个女孩子，自然成不了大气候。所以必须找一个非常有能力的丈夫才能过上好的日子。现在把这样的佳婿招进门来，陆家二老肯定会终身有靠。吴曼华看着王庚的条件非常出色，身边定会有不少中意的女孩子，她生怕好事再有什么闪失，于是，当机立断答应了王庚的求婚，把小曼许配给了他。两个人从订婚到结婚，竟然还不到一个月，真是闪电般的速度，可见小曼的父母对王庚有多么认可。

那时候，正是20世纪初，虽然有很多年轻人接受了西方的思想，但是他们的婚姻基本上都是"父母之命，媒妁之言"。他们自己依然不能做主。至于结婚后，发现无法忍受婚姻的痛苦时，要求离婚的，也只是非常稀少的叛逆者。那时候，离婚被人们视为大逆不道之事，离婚就等于和整个社会作对。

小曼的婚姻是父母之命，但她也被王庚英俊的外貌所吸引，又被他渊博的才华所折服，况且父母对他这样赏识，小曼就像个被摆布的木偶一般，走进了婚姻殿堂。在父母的眼里她和王庚是天造地设的一对，是最般配的姻缘，是典型的绅士配淑女的婚姻。小曼的父母满心欢喜。尤其是小曼的母亲，更是对王庚赞不绝口，王庚要才有才，要貌有貌，要前途有前途，她认为小曼找到王庚真是捡了一块金子，日后自然会有享受不完的富贵荣华。

毫无疑问，王庚也是爱小曼的，他的爱是深沉内敛的，王庚把对小曼的爱深埋在内心，却不善于表达。这是他的弱点。卞之琳曾经写了一首小诗《断章》：你站在桥上看风景，看风景的人在楼上看你，明月装饰了你的窗子，你装饰了别人的梦。小曼就是王庚心目中完美的女性，从见了小曼的第一眼起，王庚就爱上了她。小曼的一颦一

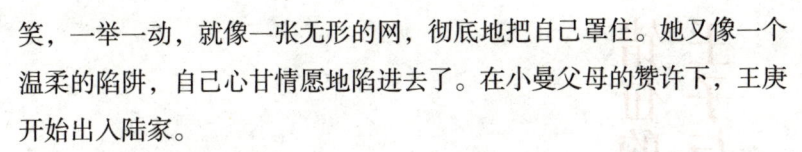

笑，一举一动，就像一张无形的网，彻底地把自己罩住。她又像一个温柔的陷阱，自己心甘情愿地陷进去了。在小曼父母的赞许下，王庚开始出入陆家。

从世俗的眼光来看，小曼的父母是非常有见识、有眼光的，他们没有把掌上明珠交给那些不学无术、挥霍无度，捧戏子花天酒地，承祖上福荫庇护的所谓名门之后。在陆定的眼里，那些家伙只不过是个绣花枕头，干不成大事，更不会为小曼提供舒适的生活。经历过世事磨炼的陆定夫妇知道，什么才是真正的男人，他们要的是有学识，凭借自己的本事可以有辉煌前途的女婿，他们更加看重对方的未来。所以，他们不在乎王庚当时经济条件一般，他们更多看重王庚的才华和潜力，他们知道王庚是匹黑马，是个极有发展前景的潜力股。小曼需要这样一位将来能够给她提供荣华富贵生活的丈夫，自己也需要这样一位有情有义的女婿。

爱情是一场偶遇的烟火，可遇而不可求。从王庚的角度上看，他遇见了，也求到了，所以没有什么可遗憾的。他认定小曼就是他一直期待的女孩：接受过良好的教育，中西融通，有着极强的社交能力。小曼的家庭背景又这样显赫，将来定会帮助他开拓事业。

错位的王子与公主

小曼和王庚的结合,虽然是父母包办婚姻的结果,但到底也算是一桩美事。学贯中西,年轻有为的王庚需要一位娘家财力雄厚、人脉广的夫人相助开拓事业。小曼的父母需要一位能给小曼带来荣华富贵的丈夫,在这场婚姻中,大家各取所需,利益均等。婚后,王庚肯定会飞黄腾达,小曼也是夫贵妻荣。吴曼华的心里很舒坦,有了这个文武双全的女婿,下半生的养老不用发愁了。陆定夫妇对王庚非常满意,于是陆家承担了婚礼的一切费用,婚礼的一切仪式由陆家安排。

1922年,北京金鱼胡同的海军联欢社里,一场盛大的婚礼吸引了无数人的目光。大半个北京城的达官贵人都亲自到场祝贺,贵宾们送的贺礼几乎堆成了小山,当时各大报纸争相报道婚礼的盛况。所有的目光都集中在这对新人身上——新郎王庚,新娘陆小曼。一个是名动京师的才女佳人,一个是平步青云的青年才俊。

根据当时相关的文献所记载:"陆小曼的婚礼震惊四方,婚礼在海军联欢社举行,仪式之浩大,场面之阔气,轰动京城……光女傧相就有九位之多，除曹汝霖的女儿、章宗祥的女儿、叶恭绰的女儿、赵椿年的女儿外，还有英国小姐数位。这些小姐的衣服也都由陆家订制。婚礼的当天，中外来宾数百人，几乎把海军联欢社的大门给挤破了。"这个气派的婚姻在当时轰动一时。

人们祝贺王庚，说他运气好，找到了京城第一美女，且又家资雄厚，从此专心仕途，定会高升。也有人在背后说，福兮祸所伏，老婆太美，而且名声又如此之大，对男人来讲未必是好事。无论旁人怎么说，王庚结婚后，完成了人生的一件大事，便把全部心思放在工作上了。爱情是浪漫的，婚姻是平淡的，再浪漫的爱情，也经不住现实婚姻的消磨。

"王子公主终于结婚了，过上了幸福的生活。"所有大团圆童话的结尾几乎都是如此。所有如同童话般的爱情故事，也只能写到这里了，因为婚后的生活必将是婆婆妈妈的柴米油盐，王子公主肯定会有摩擦出现，那个时候，他们未必还是幸福的。在真实的人生中，嫁给王子的，也未必幸福。

那个时候，王子公主将会化身为人间的凡人，成为最普通的夫妻，故事将不再是美满，小曼和王庚的婚后生活也不能逃出平淡的那一刻。小曼结婚的时候才19岁，在父母的眼里，作为女人，她最大的人生目标已经实现，她找了万里挑一的好丈夫，风风光光地嫁作人妇，此后就是做个贤妻良母，相夫教子。在小曼父母眼里，所有的女人都是这么过来的，小曼自然也应该走这条路。

于是，小曼不去上学了，外交部的事也辞去了，现在她已经是贵夫人了，要是再像以前那样抛头露面在外头做事，也不太合适。应该安分守己地待在家中，生儿育女。小曼的母亲是这样过的，小曼母亲

陆小曼
出笔多高致，一生半累烟云中

的母亲也是这样过来的，周围的人都是这样过来的，小曼自然也应该这样过，难道这样做不对吗？但是，他们忘了，小曼接受的是现代的西式教育，受到了长久的熏染，又在外交部工作过，见多识广。她过惯了明星一样被追捧的生活，习惯了众星捧月地被人围绕着，让她再回到家中，像笼中鸟一样的大门不出、二门不迈，过着相夫教子的平静生活，这不现实，也不符合小曼的性格。

婚姻给小曼带来的结果是，成了耀眼的贵夫人，拥有豪华的住宅和高贵的朋友，这些她不费吹灰之力就得到了。但小曼发现与王庚的婚姻和想象中的真是天差地别。小曼发现给王庚编织的那件衣服根本就是自己一厢情愿的幻想，王庚并不是当初设想的那样。他虽然游历过欧美，但还是个守旧的人，他有着青云之志。他的世界很大，注定生来就是要做出一番大事业，获得举足轻重的位置，做个栋梁之材，他几乎把所有的精力都投入到其中。王庚从来没有想过沉溺于儿女情长之中，爱情只是他生命中的一部分，甚至只是一小部分，他的心不在家中。他爱小曼，却从不会甜言蜜语，更不会用语言表达出来。王庚的不解风情也是他的天性，他的父亲早逝，一切全要凭借着个人的努力，所以他必须努力进取，以求得仕途的高升。王庚对婚姻的理解就是夫唱妇随，至于对方怎么想的，他关心不多。

他理想中的家是男主外，女主内，家里所有的一切都交给女主人，男人在外面忙事业。虽然他接受了多年的西方文化，但骨子里还是很传统的人。但小曼不需要"夫贵妻荣"，她的起点很高——富贵人家，京城第一美女，身边仰慕者无数，小曼没有理由不心高气傲。王庚与小曼的生活经历、性格秉性、对婚姻的期待、为人处世的态度，都有很大的不同。婚前的陆小曼是一个独立的新女子，婚后的她却成了附属品，两人长久相处肯定会产生冲突。

小曼成了王太太，但她却不快乐。小曼在《爱眉小札》序（二）中写道：

在我们（她与志摩）见面的时候，我是早已奉了父母之命媒妁之言同别人结婚了，虽然当时也痴长了十几岁的年龄，可是性灵的迷糊竟和稚童一般。婚后一年多才稍微懂人事，明白两性的结合不是可以随便听凭别人安排的，在性情和思想上不能相谋而勉强结合是人世间最痛苦的一件事。当时因为家庭间不能得着安慰，我就改变了常态，埋没了自己的意志，葬身在热闹生活中去忘记我内心的痛苦。又因为我娇慢的天性不允许我吐露真情，于是直着脖子在人面前唱戏似的唱着，绝对不肯让一个人知道我是一个失意者，是一个不快乐的人。

以前，别人叫她小曼，现在，大家叫她"王太太"。嫁了高官的小曼，风神姿色增加了很多。于是，小曼的名声更大了，成了"北京一道不可不看的风景"。许多青年才俊依旧仰慕她，小曼的社交圈在婚后反倒更大了。但小曼是痛苦的，她的苦楚是没有爱情，没有自由恋爱的权利，所有人都对她指手画脚，要求她做个好妻子，没有一个人真正关心她的需要和感受。她是那样任性，要过她想过的生活，但在当时的社会，这是不现实的。小曼痛苦地发现，在很多方面，她和王庚不是一路人，两个人之间有着巨大的差异。

王庚天资聪明，少年得志，他在美国生活多年，接受的是美式教育，所以，他一切都按照美式的工作行事，加之又在西点军校毕业，

陆小曼
出笔多高致，一生半累烟云中

所以做事有板有眼，非常严格。什么时间工作，什么时间娱乐，非常精确。

王庚也是个尽心尽职的军官，周一至周六只能工作，绝不娱乐，他的行为刻板到苦行僧的地步。他是一个尽职的军官、公民、男人，所有人对他的印象都非常好，包括小曼的父母。他们认为，王庚的仕途非常远大，因为事业心强，工作尽职尽责，没有其他风花雪月的想法，对小曼定会小心呵护。小曼嫁了这样的男人，是最好的选择，应该庆幸，小曼应该理解他、支持他，做他的贤内助。

"她们（母亲）看来夫荣子贵是女子的莫大幸福，个人的喜、乐、哀、怒是不成问题的，所以也难怪她不能明了我的苦楚。"小曼在日记中写道。所有的人都知道，王庚爱小曼，后来他们之间所发生的一系列故事中，处处可以看见王庚对小曼的爱。但王庚的爱，和小曼所期待的差距太大，他不会用对方所期待的方式所表现出来，浪漫的小曼并不能体会王庚那种深藏不露的爱。

满脑子风花雪月的小曼期待的是高山流水，期待的是轰轰烈烈。小曼是内心情感丰富的人，希望新婚的丈夫关心她、爱护她，和她朝夕相处，岁岁年年，有着说不完的贴心话，有着参加不完的舞会和聚会。小曼更希望王庚会永远陪着她，小曼渴望爱情，渴望被男人呵护的感觉，渴望陶醉。小曼一直是所有人眼中的幸运儿，被所有的人所关注，她也希望丈夫多关心她、理解她、安慰她，她不希望自己的丈夫是个工作的机器，而自己仅仅是个可有可无的花瓶和摆设。

小曼为爱情而结婚，她需要一场像闪电、像雷雨般热烈的爱情，但婚后却没有如愿以偿。王庚的事业心太强，工作尽心尽责，他每天忙于公务，早出晚归，从没有时间陪伴小曼。"谁知这位多才多艺的新郎，虽然学贯中西，却于女人的应付，完全是一个门外汉，他娶到了这个如花似玉的漂亮太太，还是一天到晚手不释卷，并不能分些工夫去温存温存。"这是磊庵在《徐志摩和陆小曼艳史》中的描述。王庚严格自律，小曼散漫慵懒。他们的兴趣爱好和想法更不相同，是两个世界的人。

过惯了万人瞩目的社交生活的陆小曼，突然间结束了繁闹的生活，走进了现实的婚姻，对她来说，生活是寂寞难耐的。小曼大部分时候都是独守空房，一个人在家。寂寞无聊的生活，叫她无法忍受，任性的小曼也不愿意忍受。进入婚姻围城的陆小曼，没有了自己的舞台，便像被折了翅膀的小鸟，她渴望冲出围城，重新获得自由。她喜欢众人羡慕的眼光；她喜欢被簇拥，时刻让人陪伴左右；她喜欢热闹。她不肯为婚姻而牺牲自己曾经的生活，她想挣脱这婚姻的牢笼，于是，她把大把的时间都花在了交际应酬上。

小曼在日记中写道："其实我不羡富贵，也不慕荣华，我只要一个安乐的家庭，如心的伴侣，谁知连这一点要求都不能得到，只落得终日里孤单的，有话都没有人能讲，每天只是强颜欢笑地在人群里混。"小曼比上一代的女性接受了更多的现代教育，早已经不是那种传统女性了，她早就看透了母亲那辈生活的无聊和无奈，不再认同过去女人的生活，她不想成为这一类女人。

小曼在日记中写道："从前多少女子，为了怕人骂，怕人背后批评，甘愿牺牲自己的快乐与身体，怨死闺中，要不然就是终身得了不死不活的病，呻吟到死。这一类的可怜女子，我敢说十个里面有九个是自己明知故犯的，她们可怜，至死不明白是什么害了她们。"

具有自由意识的小曼很快就找到了同类，她与一些和她命运相同

32 陆小曼
出笔多高致，一生半累烟云中

的千金小姐、太太们一起出去吃饭、喝酒、打牌、捧戏子、跳舞、唱戏，过着名媛富足而空虚的生活。晚睡晚起，整天萎靡不振，生活没有目标，没有信心，对现实漠不关心，寻欢作乐，醉生梦死，用忙碌麻醉空虚的自己。王赓虽然不能常在家中陪伴她，但对她这样的生活方式并不满意，常常劝她不要出去，免得把身体搞垮。王赓是个事业型的人，他理想的妻子是安分守己地待在家里相夫教子，他不愿意妻子抛头露面，他认为守着丈夫的妻子才是传统的好妻子。婚后两个人多有争执，任性的小曼向王赓诉说自己一个人在家无聊、难受，无法打发时间，说到气愤处就会恶语相讥，时间长了，两个人的感情便有了裂痕。

结婚后小曼才发现，没有爱情的婚姻是痛苦的，找一个性格和思想上不同步的人结婚，毫无乐趣可言。但天性骄傲的小曼生怕别人知道她不开心、不快乐，于是在人前强作欢颜，戴着虚假的面具活着，这样伪装的生活百无聊赖。她曾经是自由的、快乐的，像一只快活的鸟儿在天空中飞来飞去。在无垠的天空中，在蔚蓝的天空中，陆小曼享受着自由清新的空气，这是多么令人留恋的生活啊。可是，婚姻，她一直做着无数美梦的婚姻，把曾经拥有的自由全部剥夺了。如今的她被剥夺了自由，变成了笼中的金丝雀。婚姻对于个人，可以是爱巢，也可以是围城，甚至是坟墓。

第二章 恨不相逢未嫁时

我是天空里的一片云,
偶尔投影在你的波心,
你不必惊异,
更无须欢喜,
在转瞬间消灭了踪影。

知己之恋 两情相悦

俗话说，幸福的家庭都是相似的，不幸的家庭有着各自的不幸。正在小曼在围城内伤心之时，天才诗人徐志摩走进了她的生活，给她沉闷的生活带来了清新的空气，也给她带来了一直所期待的玫瑰一般梦幻爱情。在小曼那个时代，年轻人的婚姻大多数都是父母之命媒妁之言，对于婚姻除了服从，别无他路，不幸福的婚姻不仅小曼一个，徐志摩的婚姻也是父母包办的，他对这个婚姻失望至极。只是当时，小曼还没有意识到她和徐志摩会有一段深刻的感情。

徐志摩是当时文坛上一颗耀眼的明星，他相貌英俊，才华横溢。徐志摩留学欧美，系统地接受了西方思想的教育，是中国文坛上活跃一时并有影响的作家、诗人。他是新月派的主要诗人，为新诗的发展进行过试验和探索；他的诗歌有着鲜明的独特风格和艺术技巧，在新诗发展史上有过一定的影响。

1897年1月15日，徐志摩出生于浙江省海宁县硖石镇，因其父属猴，名申如，得子亦是属猴，故又取小字幼申。在1918年，他去美国留学时，父亲为他另取了一个名字，叫志摩。这个名字有个典故，在志摩小时候，有个名叫志恢的和尚，曾替他摩过头。当时和尚预言道，"此人将来必成大器"，望子成龙的徐父听后大喜，便给他取名志摩。徐志摩是个浪漫的诗人，感情生活自然是丰富多彩。他的一生与三个女人有关，与张幼仪的婚姻是父母包办的，毫无乐趣可言。他对林徽因一见钟情，苦追了4年却没有结果。他为了和陆小曼走到一起，不惜一切代价，撞得头破血流，却毫无怨言。

很多人说徐志摩对他的第一个女性——原配夫人张幼仪是无情的，此话不假。张幼仪是诗人徐志摩的原配发妻，她被徐志摩抛弃后在痛苦中涅槃。不管经历多少沧桑变化，她对志摩的爱永远不变。张幼仪15岁结婚，22岁离婚，在她怀有身孕的时候，徐志摩就和她离婚了，离开徐志摩后，她经历了贫穷，被人嘲讽，但她找回了自我，最终活出了精彩的人生。

对这个包办婚姻，徐志摩虽然抗拒，但是婚姻大事，做主的是父母，轮不到自己发言，最终只能被动地接受。那个时代，结婚的是青年男女，但主事的却是双方家庭。由于婚姻不自主，所以从婚前到婚后，徐志摩都非常鄙弃张幼仪。婚后徐志摩更是没有正看张幼仪一眼，因为他不喜欢张幼仪。无论张幼仪如何努力去讨他的欢心，都是枉费心机。

1920年9月，徐志摩离开美国前往英国。徐志摩曾经说过来英国的原因："我这一生的周折，大都寻得出感情的线索。不论别的，单说求学。我到英国是为要从罗素。罗素来中国时，我已经在美国。他那不确定的死耗传到的时候，我真的出眼泪不够，还做悼诗来了。他没有死，我自然高兴。我摆脱了哥伦比亚大学博士衔的引诱，买船

陆小曼
出笔多高致，一生半累烟云中

票过大西洋，想跟这位20世纪的福禄泰尔认真念一点书去。谁知一到英国才知道事情变样了：一为他在战时主张和平，二为他离婚，罗素叫康桥给除名了……因此我也不曾遂我从学的始愿。我在伦敦政治经济学院里混了半年，正感到闷想换路走的时候，我认识了狄更生先生……随后还是狄更生先生替我去在他的学院里说好了，给我一个特别生的资格，随意选科听讲。"

在英国，徐志摩遇见了林徽因，随后他陷入对林徽因的爱情中。林徽因成了从徐志摩的诗歌里走出来的女子，从他们相遇开始，她就成为诗人心里永恒的素材，寄托的梦想，她成了被诗人无数次理想诗化的女性，一个脱离了现实只存在梦幻之中的女性，她所有的一切都是那样的美好。他们之间的第一次见面就像徐志摩的诗："偶尔交汇的两片云，投影在彼此的波心，你有你的，我有我的，方向；在转瞬间消灭了踪影。"但多情的徐志摩却永远做不到像他诗歌里说的那样洒脱，"你记得也好，最好你忘掉，在这交会时互放的光亮"。

这段热恋驱使徐志摩开始作诗，在他的笔下，爱情是如此的炙热，如此的美好浪漫，就连康桥也充满了柔情似水般的甜蜜色彩。自从他们相遇后，文坛上横空出现了一个伟大的诗人。

为了爱，徐志摩可以放弃全世界。

为了爱，他真的什么也不在乎了，他冒着天下之大不韪，做出一件叫人吃惊的事——和结发妻子张幼仪离婚。1921年春天，张幼仪来看徐志摩，徐志摩对她的态度非常冷淡。因为徐志摩的心全在林徽因的身上。当听到张幼仪怀孕时徐志摩马上就说："把孩子打掉。"那个时代，医学还不发达，打胎是件非常危险的事，搞不好会丢了性命。张幼仪深知其中的危险，她说："我听说有人因为打胎死掉的。"

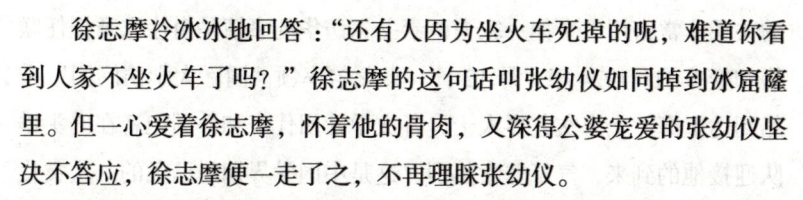

徐志摩冷冰冰地回答："还有人因为坐火车死掉的呢，难道你看到人家不坐火车了吗？"徐志摩的这句话叫张幼仪如同掉到冰窟窿里。但一心爱着徐志摩，怀着他的骨肉，又深得公婆宠爱的张幼仪坚决不答应，徐志摩便一走了之，不再理睬张幼仪。

面对着这位年长的已婚男子向她表达爱慕之情的时候，林徽因被这份热情灼伤，她无所适从了。对情窦初开的少女来说，这种火一般的爱恋让林徽因感觉到激动，幸福而又困惑。但在遇见找上门的张幼仪后，她明智地选择了退出。

小曼是怎样认识徐志摩的？是命中注定的缘分让他们走到了一起。张爱玲有一句经典的话："于千万人之中，遇见你所要遇见的人，于千万年之中，时间的无涯的荒野里，没有早一步，也没有晚一步，刚巧赶上了，没有别的话可说，唯有轻轻地问一声：'噢，你也在这里？'"他们就是这样刚巧赶上了。

关于他们的相识，有很多的传说：有人说是在1924年的春末，泰戈尔访华的那段时间认识的。泰戈尔是徐志摩的异国朋友，他们之间的关系情同父子，泰戈尔后来成了徐志摩和陆小曼共同的朋友，再一次来到中国的时候住在他们的家里，还送给他们很多礼物，可见关系非常密切。陆小曼和徐志摩的相识、相恋和泰戈尔到中国来访有着千丝万缕的关系，正是泰戈尔访华，陆小曼和徐志摩两人开始有了相识的机缘。

1924年泰戈尔访华，国内掀起了盛况空前的"泰戈尔热"，有影响的报纸杂志都刊登了他的作品。陈独秀、刘半农等人翻译了许多泰戈尔的诗和介绍泰戈尔的文章，大家对泰戈尔访华充满期待。

泰戈尔有很多中国朋友，徐志摩就是其中一个，他和泰戈尔之间

陆小曼
出笔多高致，一生半累烟云中

的关系非常密切，亲如一家人。泰戈尔访华的事情是由徐志摩担任联络和安排的。1924年4月12日，泰戈尔率领"国际大学访问团"乘船到达上海。上海文艺界人士、各文学社团代表和外国记者在码头排队迎接他的到来，气氛非常热烈。这是中国学界期盼已久的一次文化交流，邀请泰戈尔的是两位中国学界的泰斗——梁启超和蔡元培，他们以北京"讲学社"的名义邀请泰戈尔访华，同时提供泰戈尔访华的路费。随行的还有印度的其他学者和泰戈尔的秘书恩厚之。

此次泰戈尔等人的到来，徐志摩非常开心。讲学社请他做泰戈尔的翻译，并照顾这位老人。徐志摩不会说梵文，泰戈尔也不会说汉语，他们之间只好用英语交流。

4月26日，泰戈尔一行到达北京，梁启超、蒋百里等讲学会掌管者设酒宴欢迎他们。随后泰戈尔参与了各种欢迎仪式，4月30日泰戈尔去了清华园，发表了演讲，他说：因此我竭尽我的至诚恳求你们不要错走路，不要惶惑，不要忘记你们的天职，千万不要理会那恶俗的力量的引诱，诞妄的具体的叫唤，拥积的时尚与无意识，无目的的营利的诱惑。清华园之行，成为这次重要的中印文化交流中浓重的一笔。

许多文化界的名流前去拜访他，和他探讨诗歌和东方文明。徐志摩这样评价泰戈尔此次来华访问："他这次来华，不为游历，不为政治，更不为私人的利益。他熬着高年，冒着病体，抛弃自身的事业，备尝行旅的辛苦，他究竟为的是什么？他为的只是一点看不见的情感。说远一点儿，他的使命是在修补中国与印度两民族间中断千余年的桥梁。说近一点儿，他只想感召我们青年真挚的同情。因为他是信仰生命的，他是尊崇青年的，他是歌颂青春与清晨的，他永远指点着前途的光明。"

泰戈尔访华的时候，徐志摩陪伴在大诗人左右。凌淑华作为燕京大学学生代表去欢迎泰戈尔，因此同时认识了徐志摩和陈西滢。泰戈尔曾对徐志摩说过，凌淑华比林徽因"有过之而无不及"。那时，徐志摩主持新月社，林徽因、凌淑华和陆小曼夫妇都入盟成为新月社的常客，徐志摩有更多的机会接近当时最负盛名的三位女人。

林徽因当时已有婚约在身，虽然她与徐志摩有那段康桥往事，而且徐志摩对她旧情复燃，但她对徐志摩却以礼相待。5月8日是泰戈尔64岁的生日，北京学界各类名流纷纷为诗人祝寿。盛会上，人们送给泰戈尔的生日礼物是19幅国画和一件瓷器。泰戈尔在会上获得了刻有中文姓名"竺震旦"的大印章，"竺"是我国对古印度的称号，"震旦"则是印度对中国的称号，意味着泰戈尔是中印文明的联系枢纽。

除用中文和梵文朗读泰戈尔的诗篇外，最主要的节目是徐志摩等人用英语表演的泰戈尔的戏曲《齐德拉》。主角是林徽因和徐志摩，剧中，林徽因饰公主齐德拉，徐志摩饰爱神，此时徐志摩正幻想与林徽因重温旧情，他想尽一切办法接近林徽因。那一年是林徽因最风光的一年，貌美的林徽因是个极为清高的人，她对凌淑华并不以为然，走到哪里都是人们瞩目的焦点。如莲花一般清新的林徽因，与浪漫诗人在舞台上配合默契，通过这部剧，人们知道了她和徐志摩之间美丽的爱情故事，于是，林徽因风光地做了戏里戏外的女主角，成了青年才俊心中的一道虹。

也正是由于这个戏剧，林徽因和徐志摩之间美丽的故事四处传播，林、徐的"绯闻"几乎达到了极点，人们都知道了他们之间的康桥之缘，也知道了人间四月天的故事，更认识了一个美丽的才女。那

40　陆小曼
出笔多高致，一生半累烟云中

时候，梁思成和陆小曼也加入其中，梁思成担任舞台布景设计，陆小曼站在礼堂的门口，当时的小曼还只是这出大戏的配角。她不是演员，而是员工。她站在礼堂门口，专司发售演出说明书。

当时，陆小曼也在协和医学院礼堂。不过，当时的徐志摩和陆小曼都不知道，爱神正向他俩走来。美丽的小曼无疑也是当天演出的一道风景，吸引了众多人的目光。据当天晚上一位叫赵森的年轻人回忆："在礼堂的外部，就数小曼一人最忙，进来一位递上一册说明书，同时收回一元大洋。看她手忙脚乱的情形，看她那瘦弱的身躯，苗条的腰肢，眉目若画，梳着一丝不乱的时式头——彼时尚未剪发——斜插着一枝鲜红的花，美艳的体态，轻嫩的喉咙，满面春风地招待来宾，那一种风雅宜人的样子，真无怪乎被称为第一美人。"赵森的回忆，刻画出一个娇艳的陆小曼，只是徐志摩的眼里，当时只有林徽因。

"五四"前后，我国新文学界注重的是西方思维，泰戈尔的思想与他们有距离。后来，由于知识界的很多人进犯泰戈尔，说他是过时的人物，所以他后边的讲演就取消了。泰戈尔访华给徐志摩和林徽因的交往提供了便利，他们一同作为泰戈尔的翻译，一同表演泰戈尔的剧本，徐志摩又开始有了想法，他还请泰戈尔出面劝说林徽因，但依旧没有结果。

1924年5月20日，人们送泰戈尔去山西，林徽因也前来与他道别。徐志摩想到林徽因下个月将和梁思成赴美留学，从此天各一方，徐志摩非常伤感。徐志摩写道："离别！怎么能叫人信任？我想着就要发疯，这么多的丝，谁能割得断？我的眼前又黑了！"

徐志摩苦苦追求林徽因4年而不得，4年的爱情，有花无果，无疾而终，林徽因不辞而别，与梁思成双双赴美留学。她的离去几乎带

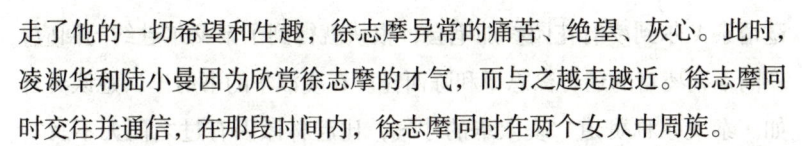

走了他的一切希望和生趣，徐志摩异常的痛苦、绝望、灰心。此时，凌淑华和陆小曼因为欣赏徐志摩的才气，而与之越走越近。徐志摩同时交往并通信，在那段时间内，徐志摩同时在两个女人中周旋。

凌淑华是个才女，著有《花之寺》《酒后》《古韵》，她和林徽因、冰心并称为民国"文坛三大才女"。鲁迅评曾说："凌淑华的小说，恰和冯沅君的大胆，敢不言同……使我们看见事态的一角，高门巨族的惊魂。"苏雪林说："淑华眼睛清澈，带着一点迷离和恍惚，我顶喜欢她这个神气，常戏说她是一个生活于梦幻的诗人。"

1900年，凌淑华出生于北京的一个仕宦与书画世家，是她父亲凌福彭的第四位夫人所生，在家里排行第十。凌福彭有15个孩子，在所有孩子中，凌福彭对凌淑华格外疼爱，她是兄弟姐妹15个人中唯一能随父亲见客会友的孩子。凌淑华的父亲凌福彭，是康有为同榜进士。曾担任顺天府尹，这个职位相当于现在的北京市市长，官居一品，后来深受袁世凯赏识，在北洋政府担任议员要职，可谓平步青云，官运亨达。19岁，凌淑华进入天津第一女子师范读书，1922年，凌淑华在燕京大学主修英文、法文和日文，那时候，冰心正在燕大读书，鲁迅胞弟周作人任教"新文学"。当时，文坛流行"小说救国"的思潮。凌淑华萌生了拜新文学领袖之一的周作人为师的念头。于是她给周作人写了一封拜师信。她在信中说："如果你不同意，就是阻止这个世界了解中国女性的所思所想。"接到信后，周作人立刻答应她的要求。拜师成功后，由于有了周作人的帮助，凌淑华的处女作顺利地发表了，并且逐渐被文坛所瞩目，后来她成为"五四"之后重要的女作家之一。

在泰戈尔访华期间，凌淑华作为燕大的代表，她和一位画家朋友

陆小曼
出笔多高致，一生半累烟云中

邀请泰戈尔到凌府花园参加笔会，很快就得到了泰戈尔赴约的回应，一同来到凌府的还有徐志摩和陈西滢。在凌淑华的书房里，她谈笑自如。泰戈尔称赞道"凌淑华的才气，比起林徽因有过之而无不及"，从那以后，徐志摩和陈西滢就成了凌家经常登门的贵客。

徐志摩对凌淑华的才貌非常欣赏，他为凌淑华的第一部小说《花之寺》作序，是他一生中唯一一次为人作序。他的处女诗集《徐志摩的诗》出版扉页上的题词"献给爸爸"，就是出自凌淑华的手笔。于是二人的交往如胶似漆，相识半年光通信就有七八十封，差不多两天一封，再加上聚会，这显然超出了一般的友谊。徐志摩称凌淑华为"中国的曼殊菲尔"。曼殊菲尔是一位外国的女作家，徐志摩对她一直怀着一份特殊的情感。徐志摩把"中国的曼殊菲尔"这项桂冠颁给了凌淑华，可见徐志摩对她的赏识。

才华横溢、相貌英俊的徐志摩在当时是北平女孩子心目中的白马王子，他也曾与多位女性有过交集。徐志摩与张幼仪奉父命而结合，以离异告终；与林徽因相见恨晚，她是他心头挥之不去的记忆；陆小曼与徐志摩终成眷属后，被徐家所不容，婚姻以悲剧收场。有人说，如果凌淑华做徐的妻子、徐家媳妇，那么也许会是另外一副天地。徐志摩的父母非常欣赏凌淑华，一心期待凌淑华嫁入徐家。如果凌淑华嫁入徐家，那么也许就不会有徐陆的婚姻悲剧了。当时徐志摩的父亲徐申如去看望徐志摩，徐志摩知道父亲非常喜欢凌淑华，于是准备将自己与凌淑华之间的信拿给父亲看。没想到徐志摩拿给父亲的竟然是和陆小曼之间的通信，徐申如看到后，非常不高兴。

徐志摩和凌淑华之间的关系非常的朦胧暧昧，比朋友亲点儿，比恋人淡点儿。叫人雾里看花，说不清，道不明，欲说还休。凌淑华在与徐志摩交往的同时，也与陈西滢密切联系。徐志摩和陆小曼结婚后不久，凌淑华和陈西滢也迅速举办了婚礼。凌淑华的父亲凌福彭显然对陈西滢十分满意，把28间房的后花园给了女儿做嫁妆，这是一份厚礼。

为什么凌淑华没有嫁给徐志摩，却嫁给了他的好友，北大教授陈西滢？也许她发现徐志摩的目光被陆小曼吸引了，也许她知道徐志摩爱林徽因，她不想在林徽因的阴影下生活。凌淑华和林徽因的选择有些相似，她们感到徐志摩心中想象出来的那个完美的形象并不是真实的自己，而是诗人的影子。和浪漫的诗人生活在一起，或者诗人会有幻灭感，未来是不可预测的，或者诗人更适合谈恋爱，并不真的适合结婚。陈西滢很爱凌淑华，两人婚后的生活很平静。

当小曼活跃于徐志摩的视线后，徐志摩逐渐被她的艳丽、热情所融化，把所有的感情和希望都投入到小曼的身上了。此时的陆小曼被包办婚姻所折磨而窒息。如电石火光的一瞬间，两个人深深被对方所吸引了。徐志摩欣赏那些给他爱、美、自由理念的女人，这样的女人必定是漂亮的、活泼的、有性灵和天赋的，是爱、美、自由的体现。小曼就是这样的人，她具有徐志摩所期待的所有优点。

徐志摩不由自主地被小曼所吸引，他眼里的小曼是"一个最美最纯洁虽可爱的灵魂"，"一朵稀有的奇葩""不慕荣华富贵，追求真、爱、美的女神"。在他眼里她最美不过，最柔情不过，最"能做我的伴侣，给我安稳，给我快乐"。小曼是他生命中最重要的恋人。

小曼自己说过："后来老诗人走了不久，我同志摩认识了，可是因为环境的关系，使我们还不能继续交往，所以他又一次出国去。"小曼也曾同王映霞说，"我与志摩相识于1924年"。除了这个故事之

陆小曼
出笔多高致，一生半累烟云中

外，他们还有很多其他的方式会走到一起。因为他们之间有很多的交集，王庚、志摩、胡适都是留美派，也是梁启超的弟子，也是北京社交界的年轻才俊，有很多的朋友圈子可以促成他们的相识。在所有的社交聚会场所，小曼是理所当然的中心人物，是众人眼中的焦点，多情的志摩深深被小曼吸引，被她的魅力征服。志摩发现"众里寻他千百度，蓦然回首，那人却在灯火阑珊处"。这样灵性的女孩儿，不就是梦中的情人吗？徐志摩把小曼引为同道，到王家的次数也就多了起来，与王庚的聚会更是频繁得很，他爱上了小曼，爱上了朋友的妻子。

一个民国时代轰轰烈烈的最有争执的爱情故事，就这样拉开了帷幕。多年以后，人们对这个故事众说纷纭。对于故事中的人物，对他们的未来命运，或是赞扬，或是叹息。在世人的眼里，他们的爱情有些不可思议。一个是有妇之夫，一个是有夫之妇，但就是这样的两个人，的确相爱了，这是谁也不能否定的事实。小曼是有名望的有夫之妇，徐志摩是大众情人一般的著名诗人，他们之间的爱情注定是不被祝福的，等待他们的将是整个社会的反对。徐志摩接受了西方的教育，但他没有意识到当时人们的观念非常保守，没有爱情足够的生存空间。

徐志摩给了小曼一种全新的感觉。和王庚在一起的时候，小曼非常压抑，因为王庚是个刻板干练的工作狂，除了周末，平时家里是见不到他的，他回来得也很晚，回家后已经很累了，话也说得很少，更不用说去陪小曼谈心了。而年少的小曼非常喜欢热闹，希望有人陪。他们夫妻间有很多性格上的差异，经常会有矛盾出现，矛盾积累多了，夫妻之间会变得疏远。而志摩是性情中人，非常喜欢和志同道合的朋友交往，他和王庚都是梁启超的弟子，属于同门，又都曾经留学欧美，交往自然很多，因此他常常无所顾忌地找到王家来。

王庚实在太忙，对现实中的很多事情都疏忽了，包括男女之间的情，他在无意之中成就了另外一段感情，这是一件叫他抱憾终身的事。很多时候，王庚正在家里批改公文，忙得不可开交，看见徐志摩不请自到，也很客气，他会对徐志摩说："志摩，我有公务在身，不能出去，正好小曼没有事，叫小曼陪你去玩吧！"有的时候徐志摩刚来，小曼要出去玩，王庚也会对小曼说："叫志摩陪你去玩吧。"王庚知道徐志摩欣赏小曼，但他是个坦坦荡荡的人，非常相信妻子和朋友，感觉那只是一般男女之间的好感，并没有多想。可是，专注于事业的王庚却没有发现家中有一场大的暴雨即将来到，或者说是一场地震即将发生，信马由缰的后果是另一段感情开花结果。

徐志摩和陆小曼刚刚开始相识的时候，确实也只是男女之间的相互欣赏，相互有好感，并没有任何男女之间的私情。他们也都是受过良好教育的人，只是欣赏对方，开始并没有想得太多。可是，爱情就这样在没有任何征兆的前提之下不请自到。本来，一个是当代最富才情、风度翩翩的青年才俊，一个是貌美如花、北京城内最负盛名的社交名媛。这样两个当代最有盛名、性情相同，又互相欣赏、有很多共同语言和相似处境内心孤独的男女在一起，怎么会不日久生情？

正所谓"同是天涯沦落人，相逢何必曾相识"。等他们意识到"一日不见如隔三秋"的时候，已经不能控制自己了。那时候的徐志摩发表了许多诗作，名气很大。印度诗人泰戈尔来华讲演，又由他当翻译，红透了半边天。这个新诗坛的美男子，自然变成了北平少女界的大众情人，成了女孩子心目中的白马王子，这样的诗人走到哪里，

46 陆小曼
出笔多高致，一生半累烟云中

都是叫人瞩目的焦点人物。面对这样的才子，热情的小曼又如何不会动心？

有人说小曼和志摩是民国的杜丽娘，"情不知所起，一往而深。生者可以死，死可以生。生而不可与死，死而不可复生者，皆非情之至也"。杜丽娘是个有情有义的人，可以为爱而生，又可以为爱而死，徐志摩和陆小曼同样是有情人，他们为情所困，愁闷消瘦，一病不起，经历过百转千回，冒着天下之大不韪，顶着家庭和社会所带来的巨大压力，真诚地相爱了。爱情不在于结局，恰在于折磨的过程。徐志摩知道，小曼是好朋友王庚的妻子，他和王庚是同门，大家都有着不错的家庭，他们有着不同的生活轨迹，正如徐志摩写的那首诗：

> 我是天空里的一片云，
> 偶尔投影在你的波心，
> 你不必惊异，
> 更无须欢喜，
> 在转瞬间消灭了踪影。
>
> 你我相逢在黑夜的海上，
> 你有你的，我有我的，方向；
> 你记得也好，
> 最好你忘掉，
> 在这交会时互放的光亮。

小曼和志摩之间曲折的爱情就像飞鸟和鱼的故事。这个故事是这样的：有一条鱼，它生活在一片海域里，它每天就是不停地游来游去。一天，有一只迷途的鸟儿飞过这片海域的上空，那只飞鸟的世界只有深邃的天空，它的伙伴是其他的鸟儿和白云，鸟儿的心思是自由的、无拘无束的，它狂放不已，每天放声歌唱天空和自由，鸟儿的梦想是搏击蓝天。

此时鸟儿很疲倦，低下头寻找海中的一片陆地，鸟儿不小心遇见了一只鱼，一只浪漫的鱼，水里的鱼觉得水面的光线变得有些昏暗，就抬头望向天空，这样，鱼和鸟的视线交织到了一起。眼神相撞，久久凝望。

它们四目相望，不由得相互之间被深深地吸引了，爱情，就这么不可思议地像闪电一般来了，这是谁也无法抗拒的事实。就在那一刻，鸟儿忘记了天空，忘记了伙伴，忘记了所有，它的心中只有那条鱼。孤独的鱼和迷途的飞鸟深深地吸引着对方，它们惊讶地发现，彼此都已深深地爱上了对方。它们在一起谈论着自己的生活，忘记了不是同类，只想永远永远地在一起。

飞鸟给鱼讲辽阔的天空，讲广袤的大地……鱼给飞鸟讲深邃的海洋……它们为彼此打开了一扇未知的却又丰富多彩的窗；它们还有好多共同的话题：每个早晨的朝霞，每个傍晚的落日，每个夜晚的星空，每分钟空气里的味道，树木的，土地的，海水的，春天的，夏天的，秋天的，冬天的……它们深深爱慕着对方，这样过了好久，它们以为此生就这样厮守，飞鸟可以忘却飞翔的天空，鱼可以忘却深潜过的海底。

谁说鱼和飞鸟就不能在一起？一天，飞鸟看见别的鸟飞过，它想起了天空，它问鱼是否愿意和它一起感受风从身边掠过的自由，鱼看

陆小曼
出笔多高致，一生半累烟云中

看自己的鳍没有说话；又是一天，鱼为了躲避暴风雨，深深潜入水中，在太阳重现的时候，它兴奋地问飞鸟是否能看到水中珊瑚的灿烂，飞鸟只能看着波光粼粼的水面苦笑。它们知道了飞鸟与鱼是不可以在一起的，虽然彼此相爱，但是鱼终归是水里的鱼，鸟终归是天空中的鸟，飞鸟就在空中盘旋，迟迟不肯飞走，而这条鱼也久久不愿沉入水底。

虽然，他们的认识只是一场误会，一场美丽的错误，但是，这个误会是无法消除的，这个错误已经无法去改正了，他们就是这样毫无药救地相互凝视，不肯离去。鸟儿的世界从此不再是蓝天，从此再也飞不高了，从此唱的歌充满了忧伤和思念，鸟儿的心从此被系上了枷锁。它已不再是那只快乐的自由自在的飞鸟了，而变成了一只忧郁的鸟儿，好像吃了情花，那种毒素沉浸在了体内，定时地发作。鸟儿无法克制自己的思想，无法克制自己的感情，无法克制自己对鱼儿无穷无尽的思念。它们发现彼此再也无法离开对方，成了对方生命的组成部分。

然而，它们毕竟是有着两个完全不同境遇的生命，注定无法走到一起。飞鸟终于飞离了那片海域，再也没有回来，它并不知道，鱼亦再没有游回这片海域，它们都在小心翼翼地躲避那段往事，那段飞鸟与鱼的故事。

但是，小曼和志摩不是飞鸟，也不是鱼，他们是活生生的两个人，他们找到了知己，他们相爱了，他们从此不愿再离开，他们要永远在一起相守。陆小曼和徐志摩之间有很多动人的故事。磊庵在《徐志摩和陆小曼艳史》中提到这样一件事："志摩与小曼见到几面，老早就拜倒在石榴裙下，某一次义务演剧，内有《春香闹学》一阕，志摩演老学究,小曼饰丫鬟,曲终人散,彼此竟种下情苗。"

陆宗麟在给常州戴伯元的一封信中也提道:"姑母第一次演戏是在北京,大约1925年与徐志摩合演《春香闹学》,徐(志摩)演老师,陆(小曼)演春香。那时还未与徐志摩结婚。"

两个艺术感觉极为敏锐的人,他们是般配的一对,一个浪漫风流,一个如花美眷。人生如戏,戏如人生。在戏中,两个人非常投入,就像庄周梦蝶一般,不知道是蝴蝶做梦变成了自己,还是自己做梦变成了蝴蝶,他们一剧定真情,从此心意相通。陆小曼就像一只五彩缤纷的蝴蝶,从此在徐志摩的生命中翩翩起舞,无论在梦中,还是在现实中,小曼美丽的倩影,像蝴蝶那样随风舞动。

徐志摩说:"案上插了一枝花便不寂寞。最宜人是月移花影上纱窗。"他说的那枝花就是小曼。

徐志摩诗才敏捷,在爱情的滋养之下,自然诗如泉涌,在与陆小曼恋爱的过程中,他留下了很多脍炙人口的爱情诗句,直到现在还广为流传,如《花的快乐处》《春的投生》《一块晦色的路碑》《翡冷翠的一夜》。

这个时候,诗人徐志摩写出了他一生中最美丽、最有诗情的篇章《雪花的快乐》。

假如我是一朵雪花,
翩翩的在半空里潇洒,
我一定认清我的方向——
飞扬,飞扬,飞扬,——
这地面上有我的方向。

陆小曼

出笔多高致，一生半累烟云中

不去那冷寞的幽谷，
不去那凄清的山麓，
也不上荒街去惆怅——
飞扬，飞扬，飞扬，——
你看，我有我的方向！
在半空里娟娟的飞舞，
认明了那清幽的住处，
等着她来花园里探望——
飞扬，飞扬，飞扬，——
啊，她身上有朱砂梅的清香！
那时我凭借我的身轻，
盈盈的，沾住了她的衣襟，
贴近她柔波似的心胸——
消溶，消溶，消溶——
溶入了她柔波似的心胸！

在这首写给小曼的诗里，小曼是徐志摩最爱慕的人，徐志摩想变成翩翩的雪花去亲近他的爱人小曼，和她玩耍、嬉戏，接近她，像雪花一样清凉而温柔地融化在爱人的心里。徐志摩用轻柔飞扬自由和浪漫雪花的快乐，表现了自由美好的爱情和心情，写出了对自由爱情的想念和渴望。

徐志摩描述了他为陆小曼动情的事："今晚在真光我问你记否去年第一次在剧场觉得你的发鬓擦着我的脸（我在海拉尔寄回一首诗来纪念那初度尖锐的官感，在我是不可忘的），你理都没有理会我，许是你看电影出了神，我不能过分怪你。

今晚北海真好，天上的双星那样的晶清，隔着一条天河含情的互睇着；满池的荷叶在微风里透着清馨；一弯黄玉似的初月在西天挂着；无数的小虫相应的叫着；我们的小舫在荷叶丛中刺着，我就想你，要是你我俩坐着一只船在湖心里荡着，看星，听虫，嗅荷馨，忘却了一切，多幸福的事，我就怨你这一时心不静，思想不清，我要你到山里去也就为此。你一到山里心胸自然开豁的多，我敢说你多忘了一件杂事，你就多一分心思留给你的爱；你看看地上的草色，看看天上的星光，摸摸自己的胸膛，自问究竟你的灵魂得到了寄托没有，你的爱得到了代价没有，你的一生寻出了意义没有？你在北京城里是不会有清明思想的——大自然提醒我们内心的愿望。"

诗人袒露自己的内心世界，用轻灵美丽的文笔把他们的爱情描写得如诗如画，叫人读后如醉如痴。

在徐志摩的诗作《春的投生》里记述了他那天的感受：

　　桃花早已开上你的脸，我更敏锐的消受你的媚，吞咽你的连珠的笑；你不觉得我的手臂更迫切的要求你的腰身，我的呼吸投射到你的身上，如同万千的飞萤投向光焰？这些，还有别的许多说不尽的，和着鸟雀们的热情的回荡，都在手携着手的赞美着春的投生。

徐志摩走出了林徽因的影子，与陆小曼相爱了。在小曼爱情的滋养下，徐志摩写了很多脍炙人口的爱情诗，这个阶段是徐志摩诗歌创作最旺盛的时候。徐志摩对陆小曼说：

52 陆小曼
出笔多高致,一生半累烟云中

我较深的思想一定得写成诗才能感动你,眉,有时我想就只你一个人真的懂我的诗,爱我的诗,真的我有时恨不得拿自己血管里的血写一首诗给你,叫你知道我爱你是怎样的深。

眉,我的诗魂的滋养全得靠你,你得抱着我的诗魂像抱亲孩子似的,他冷了你得给他穿,他饿了你得喂他食——有你的爱他就不愁饿不愁冻,有你的爱他就有命!

眉,你得引我的思想往更高更大更美处走;假如有一天我思想堕落或是衰败时就是你的羞耻,记着了,眉!

已经三点了,但我不对你说几句话我就别想睡。这时你大概早睡着了,明儿九时半能起吗?我怕还是问题。

信中可见,痴情的徐志摩对小曼朝思暮想,深夜三点还给小曼写信,诉说衷肠。

广为流传的《翡冷翠的一夜》写于1925年徐志摩在意大利的翡冷翠山中。这首诗抒写出他对陆小曼浓烈而执着的爱情。情到深处,无怨无悔;为情所困,为情所死。正是因为他和小曼的爱情,才有了这些流传在文坛上的爱情诗。

你真的走了,明天?那我,那我,……你也不用管,迟早有那一天;你愿意记着我,就记着我,要不然趁早忘了这世界上有我,省得想起时空着恼,只当是一个梦,一个幻想;只当是前天我们见的残红,怯怜怜的在风前抖擞,一瓣,

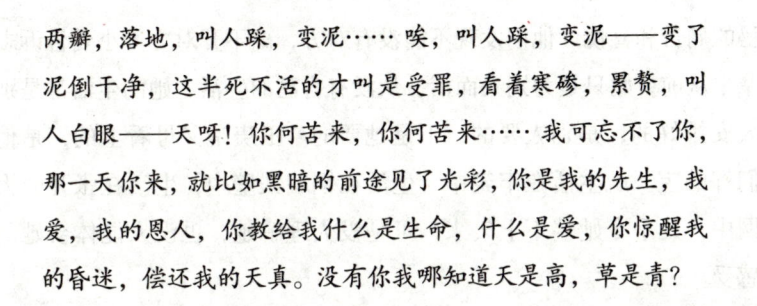

两瓣，落地，叫人踩，变泥……唉，叫人踩，变泥——变了泥倒干净，这半死不活的才叫是受罪，看着寒碜，累赘，叫人白眼——天呀！你何苦来，你何苦来……我可忘不了你，那一天你来，就比如黑暗的前途见了光彩，你是我的先生，我爱，我的恩人，你教给我什么是生命，什么是爱，你惊醒我的昏迷，偿还我的天真。没有你我哪知道天是高，草是青？

陆小曼婚后一直消沉的内心掀起了波澜，王庚是爱她的，因为接受过西方教育的他很重视家庭，尊重妻子。但是他却忙于工作，把她当作家里的一个摆设，从来没有过多关心过她，也从来不陪着她，给她更多的快乐。王庚不懂女人的心思，也许是没有更多的时间去讨其所好——他的事业心非常强，把精力都用在了工作上。而徐志摩却不是这样的人。心思敏捷细腻的他似乎读懂了小曼的内心——如此的丰富深沉。在小曼的眼里，他是一个完美的男子，一个风度翩翩的才子，一个能写浪漫爱情诗篇的诗人。两人意趣相投，有着说不完的话，感情越发深厚。徐志摩引导她看见了一个新的世界、新的生活、新的未来，这样的美丽生活和以往如同死水一般的生活形成了巨大的反差。无数次小曼在心里对自己伤感地说道："这才是我心目中的理想伴侣。可是，我们相识在不该相识的时候。"后来王庚调任哈尔滨警察局长后，小曼不愿意离开北京，不愿意离开北京的社交场所，去一个陌生的、寒冷的城市生活，于是小曼独自留在北京，这样，徐志摩与小曼接触的机会更多了，他们感情也越陷越深。

他们一起外出欣赏美景，分享着眼前的美景和各自的感受。他们一起唱戏义演，分享成功的喜悦。他们一起喝酒聊天，说出自己最隐

陆小曼
出笔多高致，一生半累烟云中

秘的痛苦和喜悦。他们发现不能没有对方，离不开对方。小曼告诉志摩：从前，她只是为别人而活，从没有自己的生活，她的生活都是别人安排好的，是别人要的，不是她要的。王庚是父母看上的，是他们押的宝。她生活在牢笼中，生活在铜墙铁壁中，生活在张开的大网中，几乎令她喘不上气来，可是没人理解她，也没人能体会她的感受。

恋爱中的徐志摩是个至纯至美的人，他告诉小曼，他愿意给她所期待的生活，他希望小曼勇敢地寻找自己需要的生活和爱人。小曼记录了这样一段生活经历，她说："这样的生活一直到无意间认识了志摩，叫他那双放射神辉的眼睛照彻了我内心的肺腑，认明了我的隐痛，更用真挚的感情劝我不要再在骗人欺己中偷活，不要自己毁灭前程，他那种倾心相向的真情，才使我的生活转换了方向，而同时也就跌入恋爱了。于是烦恼与痛苦，也跟着一起来。"俗话说得好，"情人眼里出西施"，确实如此。恋爱中的人一叶障目，不见泰山。很容易就把对方想得太好，按照自己主观的想法，给对方戴上一圈光环，在这光环的照耀下，一切都美妙无比。

在小曼的眼中，徐志摩是真性情的男人，他追求生命个体的自由，他真诚正直、包容体谅他人。他的心是那样宽阔和柔软。小曼想象着与这样柔情的男人生活在一起，一定是开心快乐的。在雪舞的时候，两个人会一起去看天空中飘落的晶莹雪花；在轻柔的月光下，两个人一起赏月。这种夫妻朝夕相伴的生活，在小曼的梦中出现过无数次了，小曼虽然已经是王夫人，可她只有二十出头，对未来有很多的梦想和期待。

徐志摩的心也全部都在小曼的身上，他说：弱水三千我只取她那一瓢饮。天下的千金小姐千千万，我非她不娶。为了得到小曼的心，徐志摩说："我有时真想拉你一同死去。我真的不沾恋这形式的生命，我只求一个同伴。"志摩向全世界宣布：

我有一个恋爱——
我爱天上的明星；
我爱他们的晶莹：
人间没有这异样的神明。

在冷峭的暮冬的黄昏，
在寂寞的灰色的清晨。
在海上，在风雨后的山顶——
永远有一颗，万颗的明星！

山涧边小草花的知心，
高楼上小孩童的欢欣，
旅行人的灯亮与南针——
万万里外闪烁的精灵！
我有一个破碎的魂灵，
像一堆破碎的水晶，
散布在荒野的枯草里——
饱啜你一瞬瞬的殷勤。

人生的冰激与柔情，

陆小曼
出笔多高致，一生半累烟云中

> 我也曾尝味，我也曾容忍；
> 有时阶砌下蟋蟀的秋吟，
> 引起我心伤，逼迫我泪零。
>
> 我袒露我的坦白的胸襟，
> 献爱与一天的明星，
> 任凭人生是幻是真，
> 地球存在或是消泯——
> 太空中永远有不昧的明星！

他问她："我如果往虎穴里走，你能不跟着来吗？"为了爱情，志摩什么都不怕，他说："别说得罪人，到必要时天地都得捣烂他哪！"徐志摩赞美小曼道："像一朵高爽的葵花，对着和暖的阳光一瓣瓣的展露她的秘密。"徐志摩的爱像春雨，滋润着小曼的心，小曼对生活又有了激情，她融化在徐志摩的诗情中，两人一日不见如隔三秋。

陆小曼和徐志摩之间的恋爱传得沸沸扬扬，陆小曼的丈夫王庚还蒙在鼓里，虽然他知道妻子和徐志摩来往密切，但他从来没有对徐志摩和陆小曼的事多想。当时王庚已到上海任职，平时很少回家，他的心思全在工作上，又对徐志摩以朋友相待，哪里会想到后院会失火。但一个偶然的事件，王庚才知道妻子和朋友之间的事并不只是男女朋友之间那么简单，事情源于徐志摩的粗心。

蒋复璁在《徐志摩先生轶事》中记载着这样一段文字：

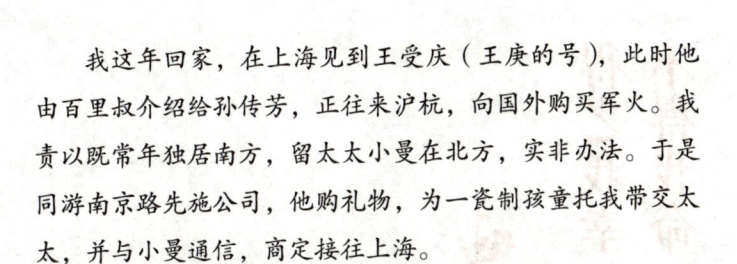

我这年回家，在上海见到王受庆（王庚的号），此时他由百里叔介绍给孙传芳，正往来沪杭，向国外购买军火。我责以既常年独居南方，留太太小曼在北方，实非办法。于是同游南京路先施公司，他购礼物，为一瓷制孩童托我带交太太，并与小曼通信，商定接往上海。

志摩自印度回国，就住在新新饭店，接到两信，一为凌淑华，一为陆小曼。晨间申如叔往看志摩，王受庆亦同时往候。志摩深知其父喜欢凌淑华，希望志摩与淑华联姻，故见申如七叔到来，即说：淑华有信。在枕边将信交与父阅，王受庆跟着同看。

志摩看受庆脸色大变，于是在枕边一看，淑华的信仍在，他给父亲看的是小曼的信。他知闯了祸了，因为小曼写得情意绵绵。赶快起来，将淑华的来信送及父亲，将小曼的信取回。王受庆信已看完，出门走了。数日后，小曼到了上海，住在百里叔家，夫妇见面，王受庆将其妻与志摩通信之事，面予责询，双方各不相让，大吵一场，卒致离婚。我劝王受庆接太太，用意在调虎离山，庶几志摩与王太太减少往还，结果变成离婚，实在出人意料。

得之我幸 不得我命

郁达夫在《怀四十岁的志摩》中说:"志摩和小曼的一段浓情,若在进步的社会里,有理解的社会里,这一种事情,岂不是千古的美谈?忠厚柔艳如小曼,热烈诚挚若志摩,遇合在一道,自然要发放火花,烧成一片了,哪里还管得到纲常伦教?更哪里还顾得到宗法家风?"当他们之间的恋情在北京的交际界里成了话柄的时候,郁达夫非常佩服志摩的纯真和小曼的勇敢。

虽然有郁达夫、胡适、刘海粟等人对徐志摩和陆小曼的事持赞同态度,但由于那时封建思想在一般人的脑子里还根深蒂固,妇女三从四德和一婚定终身的观念深入人心。陆小曼和徐志摩的交往在当时的社会里是一件伤风败俗的大事,受到了社会舆论的强烈谴责,人们认为他们的恋爱是破坏传统礼教的罪恶行为。

他们的爱情为世人所不齿,家庭和社会都是不谅解她和志摩的,更不愿意他们在一起,陆家和徐家都认为他们是不孝子女,极力阻止这样的丑闻发生。小曼的丈夫王庚把小曼交给她的父母,小曼被父母像看管犯人一样看了起来，不得离开家门半步，小曼再也见不到志摩。年迈的父母坚决反对她，所有的压力都朝着她来，有时候她真的灰心了，不想再争取了，她觉得自己没有足够的力量，社会和他人的压力太强大了。在那样一个封建社会，没有一个人同情她、支持她，站在她一边，更没有一个人理解她。

刘海粟说过："陆小曼离开王庚改嫁徐志摩后，当年在北京把她捧为天人，以一睹芳颜为快的名人雅士们，立即变成武士和猛士，对小曼大加挞伐。"和徐志摩的相遇，只能说是在错误的时间认识了对的人。本来只是一声叹息的过客，她却要终身相伴，这场飞蛾投火的爱情使她付出了身败名裂的代价。陆小曼的举动遭到当时社会强烈的抨击。徐志摩更是无法见到小曼，一对鸳鸯就这样被打散了。小曼成了毫无自由的囚犯，家庭给她施加的压力和恐吓使她身心俱碎。小曼恨父母不理解自己，也无力与整个家族和社会对抗，这时她痛苦灰心极了。徐志摩见不着小曼，只能写信与她沟通，支持她。虽则无法见面，但志摩决心已定，他不相信通过奋斗爱而不得，因此他在一封封的信中吐露真情，鼓励小曼。晚年的陆小曼能够冷静地反思他们年轻时代这段刻骨铭心的爱情了，当小曼谈到徐志摩的时候，说他"始终是个长不大的孩子，是真的，不是装出来的"。只有小孩子才会不顾一切地办事，不考虑后果。那个时候，两人在爱情的驱使下做好了牺牲的准备。徐志摩对小曼说：

让这伟大的灵魂的结合毁灭一切的阻碍，创造一切的价值，往前走吧，再也不必迟疑！眉，醒起来，眉，起来，你一生最重要的交关已经到门了，你再不可含糊，你再不可因

陆小曼

出笔多高致，一生半累烟云中

循，你成人的机会到了，真的到了。他已经把你看作泼水难收，当着生客们的面前，尽量地羞辱你；你再没有志气，也不该犹豫了；同时你自己也看得分明，假如你离成了，决不能再在北京耽下去。我是等着你，天边去，地角也去，为你我什么道儿都欣欣的不踌躇地走去。听着：你现在的选择，一边是苟且暧昧的图生，一边是认真的生活；一边是肮脏的社会，一边是光荣的恋爱；一边是无可理喻的家庭，一边是海阔天空的世界与人生；一边是你的种种的习惯，姨妈舅母，各类的朋友，一边是我与你的爱。认清楚了这回，我最爱的眉呀，"差之毫厘，谬以千里"，"一失足成千古恨"，你真的得下一个完全自主的决心，叫爱你期望你的真朋友们，一起致敬你才好呢！

眉，为什么你不信我的话，到什么时候你才听我的话！你不信我的爱吗？你给我的爱不完全吗？为什么你不肯听我的话，连极小的事情都不依从我——倒是别人叫你上哪儿你就梳头打扮了快走。你果真是我，不能这样没胆量，恋爱本是光明事。为什么要这样子偷偷的，多不痛快。

眉，要知道你只是偶尔的觉悟，偶尔的难受，我呢，简直是整天整晚的叫忧愁割破了我的心。"哦，眉！爱我；给我你全部的爱，让咱俩合二为一吧；在我对你的爱里生活吧，让我的爱注入你的全身心，滋养你，爱抚你无可畏惧的玉体，紧抱你无可畏惧的心灵吧；让我的爱洒满你全身，把你全部吞掉，使我能在你对我的热爱里幸福而充满信心地休息！"

志摩恨透了这可恶的道德、家庭和社会，他在《这是一个懦怯的世界》里写道：

> 这是一个懦怯的世界：
> 容不得恋爱，容不得恋爱！
> 披散你的满头发，
> 赤露你的一双脚；
> 跟着我来，我的恋爱，
> 抛弃这个世界
> 殉我们的恋爱！
> 我拉着你的手，
> 爱，你跟着我走；
> 听凭荆棘把我们的脚心刺透，
> 听凭冰雹劈破我们的头，
> 你跟着我走，
> 我拉着你的手，
> 逃出了牢笼，恢复我们的自由！
> ……

可事情并不像志摩想象的那么容易，周围所有的人都来说服小曼，让她悬崖勒马。那个时代，虽然上流社会的青年接受了最新式的教育，接受了欧美的思想，可是，社会还是旧社会。一个没有任何经济来源的女人离婚再嫁，会被社会所不容，等待她的将会是可怕的舆论和铺天盖地的指责。志摩让她勇猛地上进，可周围到处是铜墙铁

62 陆小曼
出笔多高致，一生半累烟云中

壁，她怎样上进？怎样搏斗？她唯一的办法是拖延和坚持，和周围铁板一块的黑暗现实做斗争。

徐志摩也向世人宣示："我之甘冒世之不韪，乃求良心之安顿，人格之独立。在茫茫人海中，访我灵魂之伴侣，得之我幸，不得我命，如此而已！"

徐志摩在日记中对陆小曼说：

眉，你救了我，我想你这回真的明白了，情感到了真挚而且热烈时，不自主地往极端方向走去，亦难怪我昨夜一个人发狂似的想了一夜，我何尝成心和你生气，我更不会存一丝的怀疑，因为那就是怀疑我自己的生命，我只怪嫌你太孩子气，看事情有时不认清亲疏的区别，又太顾虑，缺乏勇气。须知真爱不是罪（就怕爱而不真，做到真字的绝对义那才做到爱字），在必要时我们得以身殉，与烈士们爱国，宗教家殉道，同是一个意思。你心上还有芥蒂时，还觉得"怕"时，那你的思想就没有完全叫爱染色，你的情没有到晶莹剔透的境界，那就比一块光泽不纯的宝石，价值不能怎样高。昨晚那个经验，现在事后想来，自有它的功用，你看我活着不能没有你，不单是身体，我要你的性灵，我要你身体完全的爱我，我也要你的性灵完全地化入我的，我要的是你的绝对的全部——因为我献给你的也是绝对的全部，那才当得起一个爱字。在真的互恋里，眉，你可以尽量，尽兴地给，把你一切的所有全给你的恋人，再没有任何的保留，隐藏更不须说；这给，你要知道，并不是给，像你送人家一件袍子或是什么，非但不是给掉，这给是真的爱，因为在两情的交流中，给与爱再没有分界；实际是你给的多你愈富有，因为恋情不是像金子似的硬性，它是水流与水流的交抱，有明月穿上了一件轻快的云衣，云彩更美，月色亦更艳了。眉，你懂得不是，我们买东西尚且要挑剔，怕上当，水果不要有蛀洞的，宝石不要有斑点的，布绸不要有皱纹的，爱是人生最伟大的一件事实，如何少得一个完全；一定得整个换整个，整个化入整个，像糖化在水里，才是理想的事业，有了那一天，这一生也就有了交代了。

眉，方才你说你愿意跟我死去，我才放心你爱我是有根了；事实不必有，决心不可不有，因为实际的事变谁都不能测料，到了临场要没有相当准备时，原来神圣的事业立刻就变成了丑陋的顽笑。世间多的是没志气的人，所以只听见顽笑，真的能认真的能有几个人；我们不可不格外自勉。我不仅要爱的肉眼认识我的肉身，我要你的灵眼认识我的灵魂。

从这些信中可以看出徐志摩对陆小曼的热烈追求，他是在用生命恋爱。徐志摩坚定地认为："真爱不是罪恶，在必需时未尝不可以付出生命的代价来争取，与烈士殉国，教徒殉道，同是一理。"难怪小曼的母亲无奈地说："陆小曼是因为接触了徐志摩这种人和看小说太多才导致离婚的。"徐志摩这一封封热烈的情书，让小曼越发痴情。后来，徐志摩给小曼的母亲写信，她非常生气。到了后来，陆母只要一提到徐志摩三个字就生气。徐志摩看到小曼母亲阻止他们相爱，便开始怨恨徐母。不仅仅是徐母，社会舆论和大多数朋友都在反对他们之间的恋情，当时的杂志报纸大篇幅地报道，并且指责他们。朋友们出于好心也纷纷到他们家中劝说，告诉他们悬崖勒马，再走下去就是万丈深渊，万不可往前再迈一步，否则会粉身碎骨。但无奈，他们大多无功而返，纷纷摇头表示叹息。

这样的压力，叫两人窒息。正当志摩走投无路的时候，他收到印度著名诗人泰戈尔发来的信，说泰戈尔近来身体欠佳，在病中牵挂着志摩，希望他能到意大利与病中的老诗人相会，安慰老诗人。收到信后，徐志摩非常动心，他把这个消息告诉了胡适，胡适很同情他的处境，考虑到他与陆小曼之间的恋情陷于僵局，劝他最好借机离开一段时间，冷静思考一下。

胡适说："志摩，你该了解你自己，你并没有什么不可撼动的大天才。安乐恬嬉的生活是害人的，再像这样胡闹下去，要不了两年，你的笔尖上再也没有光芒，你的心再也没有新鲜的跳动，那时你就完了。你还年轻，应该出去走走，重新在与大文学家大艺术家的接触中汲取营养，让自己再增加一些作诗的灵感……"

胡适非常关心徐志摩，他的话非常有道理，徐志摩在胡适的劝说下，打算出去走走，换换新鲜的空气，因为现实叫人窒息。但处于热恋中徐志摩又想到与小曼离别，心里就像刀割一般。他想知道小曼的意见，两个人空间的距离很近，但是却被人为阻隔成了千山万水。为了临别前的一次相见，徐志摩费尽心思，在朋友的帮助下，终于找到机会与小曼相见。热恋中的情人即将远离，不知道是否还有相见的那天？两人真是柔肠寸断。

小曼对徐志摩说："虽然我舍不得你走，你不在我说不定会被他们逼疯，我也会感到势单力薄，但我不会妨碍你的前途，你这次出去游历，和大诗人在一起，肯定会对你的才艺有极大的促进作用。再说，这样的环境，你在，可能更糟糕，他们会防得更紧，不如你先离开，让我与他们周旋斗争，也让时间考验一下我们的情感，看看能不能忘掉对方？"

在给徐志摩的饯行宴上，小曼非常痛苦，不停地喝酒，借酒消愁愁更愁。因为她的心在滴血，撕心裂肺地疼，那天，小曼终于醉了，她不承认，小曼说："我不是醉，我只是难受，只是心里苦。"真是酒不醉人人自醉。徐志摩的痛苦无人可知，小曼的话真像"一声声像钢铁锥子刺着我的心：愤、慨、恨、急的各种情绪就像潮水似的涌上了心头；那时我就觉得什么都不怕，勇气像天一般的高，只要你一句话出口什么事我都干！为你我抛弃一切，只是本分为你我，还顾得什么性命与名誉……顶好是醉死了完事。"由于周围有很多人，王赓也在场，所以两人之间只能用眼神传情，却无法多说。

徐志摩犹如万箭穿心，他的心在流血，徐志摩不明白，他和小曼之间是真正的爱情，难道爱情有罪吗？难道志同道合之间的男女相恋反倒是罪人，那些阻碍爱情的人反倒成了正人君子，成了道德的审判者？

"我知道我的龙儿的心坎儿只嚷着，我冷呀，我要他的热胸膛偎着我；我痛呀，我要我的他搂着我；我倦呀，我要在他的手臂内得到我最想望的安息与舒服！——但是实际上我只能在旁边站着看。这样生离的场面怎能让人不为之同情，落泪？"

陆小曼
出笔多高致，一生半累烟云中

他们的痛苦，他们的爱情，叫人感慨万分。

他们是至情至性的人，"情不知所起，一往而深。生者可以死，死可以生。生而不可与死，死而不可复生者，皆非情之至也"。外界的压力越强大，他们之间的感情就越深，志摩给小曼写了一封信："想你，疼你，安慰你，爱你。我人虽走，我的心不离开你，要知道在我与你的中间有的是无形的精神线，彼此的悲欢喜怒此后是相通的，你信不信？"

志摩鼓励小曼："你这回冲锋上去吧，死了也是成功！有我在这里，阿龙，放大胆子，上前去吧，彼此不要辜负了……天下没有不可能的事，只要你有信心，有勇气，腔子里有热血，灵魂里有真爱。龙呀！我的孤注就押在你的身上了！再如失望，我的生机也该灭绝了。"

1925年3月10日，那是一个月明如水的夜晚，王庚夫妇和众多朋友到车站为志摩送行。小曼笑着，其实她的心里最苦，志摩一走就是半年，小曼将独自面对着众人的指点，在痛苦的思念中煎熬。她不敢走上前去和志摩单独说几句话，无法告诉志摩她的相思之苦，两人都流出眼泪来。车开动了，越走越远，小曼还呆呆地站在那里看着，她发现留下的只是自己的躯壳，她的心已经被志摩带走了，没有一点儿知觉。徐志摩含着眼泪，看着送别的人影逐渐变小，最后什么都看不见了，他经历着生离的痛苦，为了争取幸福，为了得到灵魂的伴侣，他付出的太多了，为什么寻找真爱这样难？

徐志摩出国去了。走的时候，他对小曼说："有一件事不知你能否做到，如能倒是件有益而且有趣的事。我想要你写信给我，不是平常的写法，我要你当作日记来写，不仅记你的起居等等，并且记你的思想情感。——能寄给我当然更好，就是不寄也好，留着我回来时一总看，先生再批分数。你如其能做到这点意思,那我就高兴而且放心了。"

回到家里,回到那个没有爱的屋子里,小曼魂魄出窍,一切都了无生趣,四面都露出一种冷清的静,好像连时钟都不走了似的,一切都无声无息了。她呆呆地坐到书桌前,也不知道自己要做点什么才好,志摩远走了,仿佛把她的心也带走了,小曼魂不守舍。她感慨命运,叫两个人相识、相知,却无法相爱。

> 如果我和徐志摩从来没有相见过该有多好,那就不会相互思恋。如果我和徐志摩从来没有相知过该有多好,那就不会相互思念。如果我和徐志摩从来没有相伴过该有多好,那就不会相互欷歔。如果我和徐志摩从来没有相惜过该有多好,那就不会相互回忆。如果我和徐志摩从来没有相爱过该有多好,那就不会相互抛弃。

属于你的跑也跑不掉,不属于你的争也争不到。缘分就是这样,有很多的偶然,有很多的错过,有很多的未知,还有很多期待和折磨。有缘的人不一定有份,有的情注定只能是一声叹气,只能在心里默默地喜欢她,却无法换取她的芳心。不是所有的情都有结果,很多时候,对一个人有情只是一种痛苦,只是一种毫无结果的等待,守望,这种情装点着人间的繁华。

王庚在小曼的身边,看着小曼想着心事,他心如刀绞。或许两人就是两颗不在同一轨道上的卫星,最终擦肩而过,从此变成陌路。王庚不知道自己的感情还有没有未来。他想着世上的因果,世上的缘分,缘分的长短,虽然佛早在前世就已约定,但世间的凡人,谁又能

陆小曼
出笔多高致，一生半累烟云中

做到先知先觉？但他还是期待与小曼成为有缘人，而不是彼此生命中的一个过客。

在王庚的感情世界中，小曼是他的唯一，他全心地爱着小曼，可是，小曼的心却在志摩那里。虽然他们是夫妻，将要相伴相随，走过人生的风雨，但是，王庚却感觉在小曼的心里，自己只不过是个过客，并非真正的归宿。他的爱，或许就是一场错误。王庚遥想在他当年的人生旅途中，看见小曼如莲花般美貌的容颜，他努力走进小曼，他发现小曼的心是个小小寂寞的城，心窗对他紧紧地掩盖着，从来没有打开过。对他来讲，那座城里，没有东风，三月的柳絮也不飞，王庚走进了一座不属于自己的城堡。王庚感觉自己不是归人，只是一个过客，一个误入围城的过客。

人生最大的痛苦就是爱着的人的心里有了别人，而这个错误是由自己的疏忽造成的。小曼是他生命的唯一，他从来都没有想到过两个人会分开，他很苦恼。小曼好像是个永远也长不大的孩子，他期待小曼能够心回意转，也期待这只是两个人生活中的一段小插曲。王庚希望这一切都随着时间的流逝而成为过去，他比小曼大7岁，小曼在他的眼里还是个没有长大的孩子，他希望时间能改变一切。王庚高官厚禄，他把所有家里的财产都交给小曼，叫小曼过着豪华的生活，从来不用考虑钱的问题。

飞蛾投火 生死相随

　　在世人的眼里，王庚远远比徐志摩更爱小曼，小曼是他生命里的唯一，而小曼却不是志摩生命的唯一。小曼和他离婚后，他终身未娶，后来志摩飞机失事，王庚还想着和小曼再续前缘。在世人的眼里，王庚这样至情至圣的男子，小曼轻易地得到了却没有珍惜，是把钻石当作石头，也是人生的一大憾事。但小曼绝不是徐志摩生命里的唯一，在徐志摩的生命里，有很多优秀的女人，他天生就是多情的才子，与徐志摩有过感情纠葛的女人有很多。

　　结婚后，两人确实有过一段甜蜜的生活，可是，后来却长期分居。分居的原因有很多，但其中有一条和徐志摩的多情有关系。单纯的小曼没有意识到，在很多时候，恋爱和婚姻不是一回事儿，相爱的人在一起未必就会有一段美满的婚姻。在这点上凌淑华看得就比较透，她曾经对小曼说："男女的爱一旦成熟结为夫妇，就会慢慢地变成怨偶，夫妻间没有真爱可言，倒是朋友的爱较能长久。"爱情是可以消失的，那个时候婚姻也会变质。有些情种天生适合恋爱，但绝

陆小曼
出笔多高致，一生半累烟云中

对不适合婚姻，有些人适合婚姻，但却未必有爱情。有人说，婚姻是爱情的坟墓，找个爱我的人做丈夫，找个我爱的人做情人，这样才会幸福。婚姻、家庭对于个人，有时是爱巢，有时可能就是围城。

而浪漫多情的徐志摩，似乎更加适合做个大众情人，而不适合做丈夫，很多女人都看出了这点。林徽因是爱徐志摩的，两个人之间有过一段刻骨铭心的爱情。但最终，林徽因就听从父命嫁给了恩师梁启超的公子梁思成。林长民虽然欣赏徐志摩的才华，但对其人品却并不放心。认为他现在能与张幼仪离婚，将来移情别恋，与林徽因离婚也有可能。

林徽因认为徐志摩当时爱的并不是真正的她，而是他用诗人的浪漫情绪想象出来的林徽因，如果他的感情过去了，不知道是否还会对自己钟情。过日子还是梁思成这样的人可靠，梁思成可以给她一份稳定的爱情，稳定的婚姻生活。而把徐志摩当作朋友，这样他们的友谊一直保持着。虽然，林徽因嫁给了梁思成，但谁又能否认林徽因对徐志摩的感情？尽管她嫁给了梁思成，她仍是爱着徐志摩的。她知道，人生除了爱情以外，还有事业。林徽因是浪漫的，但她的骨子里却有建筑学家严谨冷静的一面。在人生的关键时刻，她能做出最合适的选择，所以，她的人生是圆满的，事业爱情都如愿。

多才多艺的凌叔华和徐志摩来往密切，他们之间是有过一段感情的，相识半年光通信就有七八十封，差不多两天一封，再加上聚会，可以说这显然超出了一般的友谊。但凌叔华是理智的，她知道相爱的男女真的走进婚姻就会变成怨偶，关系还不如朋友之间来得长久。

唯独小曼，任性随意，更注重活在当下，凭着真性情享受人生，却没有意识到生活的另外一面。她像个投火的飞蛾，毫不犹豫地选择了诗人徐志摩，最终婚姻饱受磨难，不被世人所容，落得半生凄凉，不知道小曼和志摩的为爱结合是幸还是不幸。林徽因与凌淑华都出生于姐妹众多的大家庭，从小她们的一切都靠自己去争取。因为孩子众多，父母没有更多精力关注她们，她们什么都得自己争取。

林徽因的妈妈何雪媛是因为大房不能生育而续的二房，很不得宠，林徽因的兄弟姐妹林燕玉、林桓、林恒、林暄、林煊都是三娘程氏生的。林徽因一直在维系着大家庭的和谐关系，但是总夹在母亲与其他人的矛盾之中。在众多姐妹之间，要得到父亲的欢心，需要很大的努力和表现。

凌淑华的情况也有些相似，她出生于大家庭，锦衣玉食，但在家里并不都是快乐，在那所数不清有多少个套院、多少个房间，小孩子独自走在里面都会迷路的大宅子里居住的，还有父亲的其他几位妻子，以及诸多同父异母的兄弟姐妹。按凌淑华的自传《古韵》所写，父亲先后娶六房，有10个子女，母亲朱兰为四房，凌淑华排行老四，10个子女中排行第十，是最幼小的一个，故"小十"就成了她的小名。

而在凌淑华晚年回忆及亲属讲述中，凌福彭共娶了四房太太，生有15个子女，母亲李若兰为第三房，凌淑华排行老三，总排行仍为第十。当"小十"的绘画天赋通过她在家中后花园墙上的涂鸦偶然被父亲发现后，立即受到了父亲的重视和培养，此后，每有客人到来，父亲便让她和哥哥一起出来作陪，别的姐妹没有能够享受这个待遇的，为此"小十"也遭到姐妹们和她们的母亲的嫉妒和讽刺。聪明的"小十"一直深得父亲的宠爱，她26岁结婚的时候，父亲给了她28间房作陪嫁，非常风光。

陆小曼
出笔多高致，一生半累烟云中

或许林徽因和凌淑华的母亲在家中的地位不高，她们从小就看到母亲在家庭中得不到重视。接受过高等教育，心高气傲的她们不会再去选择母亲那条路。况且徐志摩的家中还有个聪明能干而又得宠的张幼仪。小曼的母亲是原配，夫妻恩爱，她又是家中唯一的女孩子，从小没有兄弟姐妹之间的竞争，她自然不知道家庭内部争斗的激烈，也不知道与公公婆婆之间的相处难易，她对社会、对家庭还是一张白纸。她爱徐志摩就想和他在一起，并不考虑他的家庭，也不考虑他的婚姻状况、是否有孩子。她以为走到哪里都会像在自己家里那样受宠。

至于徐志摩的经济收入，更不是小曼所考虑的，她从小富贵，花钱如流水，哪里有金钱的概念？她从来不知道诗人和王庚的收入是不可同日而语的。如果知道，她和志摩结婚后，就不会过那种挥霍的生活。那样奢侈的生活并不是诗人所能承担的。小曼好像就是为爱而生的，她的眼里只有爱情。小曼从小没有那么多想法，也没有多世俗生活的经验。喜欢就是喜欢，爱就是爱，她想过自己的生活，想要和心上人在一起快乐地生活，"愿得一人心，白首不相离"。她实在太单纯了，不知道这样任性的选择会给今后的生活带来那么多麻烦。

徐志摩走后，小曼开始写日记了，这就是著名的《小曼日记》。徐志摩也写了一本日记，其中满是对小曼的思念。小曼说过，提起这两部日记，就不由得想起当时志摩说的几句话，他叫我"不要轻看了这两本小小的书，其中哪一字哪一句不是从我们热血里流出来的？将来我们老了，可以把它放在一起发表，你不要怕羞，这种爱的吐露是人生不易轻得的"！

《小曼日记》是从1925年3月11日开始写的，到7月11日结束,一共有19篇。这19篇日记的内容非常丰富,有和志摩说的话,向他诉苦,诉说自己的勇气,怨恨丈夫,埋怨父母,想念志摩,记录来自周围的压力,内容非常详细。

徐志摩走后,身体虚弱的小曼饱受相思之苦,从4月份就开始生病。因为徐志摩走后,小曼要独自面对来自各个方面的巨大压力,这些压力都是来自至亲至爱的亲人。首先是小曼的母亲,她非常看好王庚,认为女儿找了当今世上最优秀的才俊,王庚有足够的能力,让小曼一生都过着富贵的生活,将来自己养老也有了指望;最可贵的是,王庚用情专一,没有风花雪月的风流事。但小曼却像着了魔一般,非要离婚。在那个时代,社会是不容离婚女人的,小曼毁灭的不仅仅是个人的名声,家族的名声也会受到影响,更重要的是,找了徐志摩这样多情的且在仕途上不会有什么前途的人,自己的后半生也不会安稳,小曼还没有意识到社会舆论的可怕。吴曼华对徐志摩的事有所耳闻,女儿找了这样一个多情的人,将来肯定会为情所困。小曼单纯,可是吴曼华却是老于世故的,她从来就没有看好过徐志摩。她不希望小曼和徐志摩有任何接触,看见徐志摩远走,短时间不会再打扰小曼的家庭,她的心里踏实多了。

可是,徐志摩竟然从海外给她寄过来一封信。徐志摩期待吴曼华帮助自己,能够支持和小曼的来往。信里婉转地劝小曼的母亲同意,并希望她能创造条件帮助他们。吴曼华一看到信是徐志摩写的,恨不得立刻把信烧掉,她强忍心头怒火,勉强把信看完。于是,她马上叫小曼过来,把信往她面前一扔,生气地说:"你拿去看看吧。"

吴曼华恨铁不成钢,在当时的社会里,离婚是辱没门风的大事,离婚的女人在社会上是没有地位的。女儿涉世不深,不知道爱情和

陆小曼
出笔多高致，一生半累烟云中

婚姻根本不是一件事。在那个时代，男人有几个女人是件非常正常的事，况且徐志摩又是一介多情的风流书生，谁能保证他会和小曼白头到老？到时自己靠谁养老？指望谁？再说一个离婚的女人到了未来的婆家怎么会有地位？徐志摩的家庭又是非常正统精明的商人之家，他家里有老婆，有孩子，虽然离婚，可是孩子还是徐家的，小曼进门后，能应付这样的家庭吗？放着受人尊敬的夫人不做，偏偏跑到人家家里去做受气的媳妇，小曼怎么就看不明白这件事最终可怕的后果呢？作为那个时代有见识的女人，吴曼华似乎已经预见到小曼未来不幸的前景，小曼要置自己于万丈深渊，她要全力去阻止这场悲剧的发生，否则自己的后半生也会过不安生。

可处于热恋中的小曼却无论如何也听不进这些话，小曼只希望按照内心的想法生活。她不会像一般女孩那样安分守己地臣服于命运的安排，她心比天高，敢想敢干，执拗无比，不会轻易改变想法。她要掌握自己的命运，认准的事，会像飞蛾投火一般不顾一切。在小曼平静如水的外表之下，埋藏着烈火一般的感情，有种不达目的不罢休的执着态度。她炙热的感情如岩浆一般，随时会爆发，融化别人，融化自己。此时，陆小曼看着徐志摩的信，眼泪忍不住流下来。她想到徐志摩一片痴心，想到两个人相恋是如此的痛苦，可母亲却如此的绝情，她真是伤心欲绝。

　　母亲，你生我养我，给我生命，给我所有的爱，可是，你为什么不考虑我的感情？你是最爱我的那个人，可是，你为什么要扼杀我的爱情自由？难道爱是有罪的吗？

　　母亲，你可知道，爱就要专一，不能三心二意，我是真的付出我的心，交付给了志摩。我和志摩是真心相爱，生生死死将不再分离了吗？为什么第一个站起来阻止我们的，不是别人，却是你这个生我养我的人？

小曼和母亲本来是最亲近的人，但是现在却水火不容。她在家里住得非常窒息，就到西山大觉寺清静几天，调养一下身心。大自然是治愈心灵的一剂良药，在远离家庭与社会的大自然中，小曼完全与自然景色融为一体，她的心情好多了。她激动地写信告诉徐志摩：

你看那一片雪白的花，白得一尘不染，哪有半点人间的污气？我一口气跑上了山顶，站上一块最高的石峰，定一定神往下一看，呀，摩！你知道我看见了什么？咳，只恨我这支笔没有力量来描写那时我眼底所见的奇景！真美！从上往下斜着下去只看见一片白，对面山坡上照过来的斜阳，更使它无限的鲜丽。那时我恨不能将我的全身滚下去，到花间去打一个滚，可是又恐怕我压坏了粉嫩的花瓣儿。

小曼被这里的景色吸引住了，她想着如果将来有一天，能和徐志摩一起到这里赏花该有多好。或者两个人就住在这里，远离世间所有的烦恼该有多好。小曼多希望这一天会早日到来啊，那个时候，两个人每天都呼吸着自由的空气，再也不会为情所困。但目前这却只是一个不现实的梦，现实是无法逃避的，也逃避不了。小曼很快又回到了那个没有希望的尘世。

相爱容易相见难

王庚是爱小曼的,他要尽最大努力挽回婚姻。王庚再也不愿意分居了。他回想当初因为工作的原因,两个人不在一起,才使徐志摩有机可乘,他不会再重蹈覆辙。到了同年5月下旬,王庚坚决要求小曼和自己一起南下,他知道,感情会随着时间的推移渐渐冷却,但婚姻会是长久的,他希望小曼回心转意。小曼不想去,她现在的心思全在徐志摩的身上,她已经尝到了自由的空气,自由的空气里有着迷人的芬芳,她不愿再过以前那种独守空房的窒息生活了。两个人发生了尖锐的冲突,最终是冷战,小曼心里非常抑郁,为了躲开家人,躲避丈夫,她出去跳舞,打麻将,到外面借酒消愁,逛戏院……以此麻痹自己。

5月21日,在一个酒店里,她被旁边的人含沙射影地说了几句,这对她来讲,真是雪上加霜。那段时间,小曼内外交困,诸事不顺,徐志摩又杳无音讯。为了爱情孤军作战的小曼终于受不了这样的压力,晕了过去,被一帮朋友抬回了家。小曼这次病得非常厉害,外国医师给小曼打了好几针，吃了一些药，她才稳定了下来。身体不好，精神不好，前途一片昏暗，小曼心乱如麻。爱情是毒药，相思最折磨人，正在热恋中的人，音讯全无，不知道何时再次相见，她的心就像被人撕扯成了碎片。小曼的病越来越重，她处于半昏迷的状态。难道和徐志摩的爱需要以生命为代价？志摩，你知道我因你而煎熬吗？志摩，你在哪里？小曼在昏迷中呼唤。

"志摩回来了。"不知道谁在耳边轻轻地说道。

"什么？志摩？他在哪里？"小曼的眼睛突然睁开了，她茫然地看着四周，只见胡适站在一边。

"要不要志摩回来？"胡适看着小曼，他的眼睛洞穿一切，胡适看到陆小曼病成这样，知道"解铃还须系铃人，心病还须心药医"，现在能治好小曼病的只有志摩。

"我是不是要死了？"小曼听得此话，以为自己的病十分凶险了。

"病是不要紧，我怕你想他，所以问你一声。"心思被胡适一眼看穿，小曼脸色绯红，她多么希望徐志摩立刻回到身边，但她不敢直接地讲出来，低头闷了半天，眼泪便哗哗地流了出来。

这一切都被在旁边的王庚看到，王庚心如刀绞，他看出小曼对徐志摩的感情，远远超出自己的想象。作为她的丈夫，王庚内心非常痛苦，他一直形影不离地陪着小曼，心里着急，却不知道怎样去安慰她。但他觉得在小曼的身边，为她做些什么，心里会踏实些。王庚现在说什么小曼都听不进去，看到妻子为情所困，病成这样，他只能得过且过了。王庚只好暂时收回成命，让小曼在北京住上几天，先把病养好。养好病再去，他不想再叫小曼难过了。

王庚深爱着小曼，可两人性情不同，他想挽回妻子的心，却无能

陆小曼
出笔多高致，一生半累烟云中

为力，王庚陷入了极端的苦闷之中。他能做的，只能无声地陪着小曼，"精诚所至，金石为开"，也许时间久了，小曼会被自己的诚心所感动。他不知道这样做对不对，但是他尽力去挽救婚姻。王庚还是相信小曼会回心转意的，一切的激情都会过去，平淡才是生活的真相。

但小曼却一心要挣脱这样的生活。小曼说："我从前常听人言，生离死别是人生最难忍受的事情，我老是笑着说人痴情，谁知今天轮到了我身上，才知道人家的话不是虚的，全是从痛苦中得来的实言。"是啊，没有经历爱情怎么会知道它的苦，怎么知道会伤心流泪？

"我欲与君相知，长命无绝衰！山无棱，江水为竭，冬雷震震，夏雨雪，天地合，乃敢与君绝。"古人这首诗道出了两个人的爱情之强烈。

志摩说："曼，我已经决定了，跳入油锅，上火焰山，我也得把我爱你洁净的灵魂与洁净的身子拉出来。"在志摩的眼里，没有小曼的爱，就像没有呼吸。小曼是他的生命，是他的阳光，是他未来的希望。

小曼说："做人为什么不轰轰烈烈地做一番呢？我愿意从此跟你往高处飞，往明处走，永远再不自暴自弃了。"热恋之中的小曼，眼里只有徐志摩，他就是小曼的全部。

爱情就像看不见的细线，剪不断理还乱，叫人在绝望和希望之间苦苦挣扎，却无法解脱。爱情就是折磨，给人希望，却又叫人绝望，在希望中生存，在绝望中死亡。有了爱情的人，不被撞得粉身碎骨，浑身是伤，纵然是内心难以平静。爱情，对人类不知道是幸福还是折磨？有情人看着那些痴男信女们为情所困，被情所苦，心有不忍。

第二章

问世间情为何物

她生来就是可以为爱而生,又可以为爱而死的一朵香气四溢带刺的玫瑰。

历尽千辛 与你相遇

　　小曼为情所困,她与尘世之间的纠葛,剪不断,理还乱。也许小曼知道未来的一切,但她依旧无怨无悔。小曼就是小曼,一个为了爱情,不顾一切的女人,她不甘心屈服于命运的安排,她要努力为自己去争取幸福,尽管被现实碰得浑身是伤。她生来就是可以为爱而生,又可以为爱而死的一朵香气四溢带刺的玫瑰。小曼为情离婚,不考虑世俗,她尽情尽兴,一副赤热的心肠,碰出绚丽的火花。问世间情为何物,直叫人生死相许。徐志摩和小曼不想分离,他们一心要在一起,这是他们的选择。

　　小曼病了很长时间,远在欧洲的志摩也在忍受着相思之苦。他写道:"我唯一的爱龙,你真得救我了!我这几天的日子也不知怎样过的,一半是痴子,一半是疯子,整天昏昏的,惘惘的,只想着我爱你,你知道吗?早上梦醒来,套上眼镜,衣服也不换就到楼下去看信,——照例是失望,那就好比几百斤的石子压上了心去,一阵子悲痛,赶快回头躲进了被窝,抱住了枕头叫着我爱的名字,心头火热

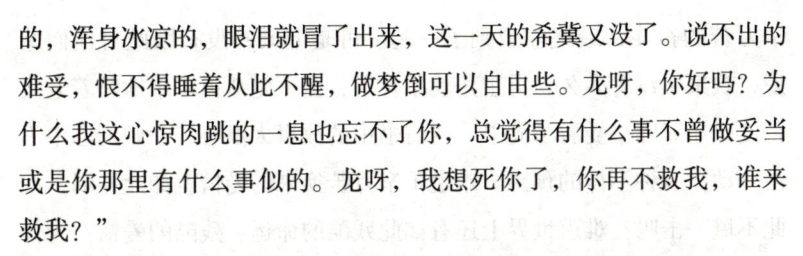

的，浑身冰凉的，眼泪就冒了出来，这一天的希冀又没了。说不出的难受，恨不得睡着从此不醒，做梦倒可以自由些。龙呀，你好吗？为什么我这心惊肉跳的一息也忘不了你，总觉得有什么事不曾做妥当或是你那里有什么事似的。龙呀，我想死你了，你再不救我，谁来救我？"

徐志摩在巴黎看过一出瓦格纳的音乐剧：《特里斯坦和伊索尔德》。Tristan 与 Isolde 因为不能在这世界上实现爱，他们就死，到死里去实现更绝对的爱。徐志摩在给小曼的信中写道："伟大极了，猖狂极了，真是'惊天动地'的概念，'惊天动地'的音乐。龙，下回你来，我一定伴你专看这戏，现在先寄给你本子，不长，你可以先看一遍。你看懂这戏的意义，你就懂得恋爱最高，最超脱，最神圣的境界。"

6月20日，陆小曼出院了，由于她的身体很弱，便在北京的家里静养。她不想离开北京，因为只有在这里可以等待徐志摩，可以得到他的音讯。小曼心底一直有所期待，期待徐志摩和她重逢的那一刻。她想要是南下，徐志摩回到国内就无法再见到她了。相爱的人无法相见，真是生不如死。

小曼每天要仆人给她买《晨报》，因为《晨报》的副刊上或许会发表志摩从国外寄回来的文章。到6月中下旬，她果然看到了几篇志摩的文章，如《开篇》《自愿的充军》《离京》《旅伴》等。看到志摩的文章，就像看到了徐志摩，她心里宽慰了许多。6月28日，病中的陆小曼随手拿起一篇外国小说，本来她只是出于无聊，用以打发时间。但很快她就被书中的情节所打动，细细地读起来。

这是一个感人的爱情故事，书中的主角为了爱，经过了无数次千辛万苦的奋斗,最终才走到了一起。可是上天并没有因此对他们厚爱,欢聚了没有多久,男主角就不在了,留下她孤孤单单地跟着老父苦度残年。陆小曼看了此书,觉得书中的故事太揪心了,她的心中不由一动,有种不祥的预感。难道千辛万苦换来的爱情就如此脆弱,如此不堪一击吗?难道世界上还有如此残酷的命运、残酷的爱情?为什么外国也有如此悲剧的爱情故事?难道爱情是一种罪过吗?小曼不由得哭了,她越哭越伤心,病又开始重了起来。

那时,她根本想不到她和徐志摩以后的故事竟然和这本书中的情节如此相似,如果她知道了,是否还会不顾一切地以付出生命为代价去追求这样的爱情呢?也许她会的,这就是小曼,为爱情而生的小曼。徐志摩是个疯子,爱情的疯子,为了爱情甘愿飞蛾投火。他把爱情视为阳光、生命,视为人生最美好的事情。小曼走进了他的内心,敢于和徐志摩一起面对追求爱情所付出的任何代价。小曼为了他不惜放弃了一切,当年北平那些捧她的人,如今都成了陌路。

徐志摩对小曼的爱情是这样的深刻,这期间,徐志摩写给小曼的很多信都充满了热情:

龙龙:

我的肝肠寸寸的断了,今晚再不好好的给你一封信,再不把我的心给你看,我就不配爱你,就不配受你的爱。我的小龙呀,这实在是太难受了,我现在不愿别的,只愿我伴着你一同吃苦——你方才心头一阵阵的作痛,我在旁边只是咬紧牙关闭着眼替你熬着,龙呀,让你血液里的讨命鬼来找着我吧,叫我眼看你这样生生的受罪,我什么意念都变了灰了!

啊我的龙,这时候你睡熟了没有?你的呼吸调匀了没有?你的灵魂暂时平安了没有?你知不知道你的爱正在含着两眼热泪在这深夜里和你说话,想你,疼你,安慰你,爱你?我好恨呀,这一层的隔膜,真的全是隔膜,这仿佛是你淹在水里挣扎着要命,他们却掷下瓦片石块来算是救渡你,我好恨呀!这酒的力量还不够大,方才我站在旁边我是完全准备了的,我知道我的龙儿的心坎儿只嚷着:"我冷呀,我要他的热胸膛偎着我,我痛呀,我要我的他搂着我,我倦呀,我要在他的手臂内得到我最想望的安息与舒服!"——但是实际上我只能在旁边站着看,我稍微的一帮助就受人干涉,意思说:"不劳费心,这不关你的事,请你早去休息吧,她不用你管!"

哼,你不用我管!我这难受,你大约也有些觉着吧!

龙我的至爱,将来你永诀尘俗的俄顷,不能没有我在你的最近的边旁,你最后的呼吸一定得明白报告这世间你的心是谁的,你的爱是谁的,你的灵魂是谁的!龙呀,你应当知道我是怎样的爱你,你占有我的爱,我的灵,我的肉,我的"整个儿"。永远在我爱的身旁旋转着,永久的缠绕着,真的龙龙,你已经激动了我的痴情。我说出来你不要怕,我有时真想拉你一同情死去,去到绝对的死的寂灭里去实现完全的爱,去到普遍的黑暗里去寻求唯一的光明。

徐志摩在实现自己诗意的理想时,拽上了小曼,在追求爱情这件事上，她与志摩站在一起，表现出了相当的勇气和魄力。徐志摩告诉小曼：

> 眉，这事情清楚极了，只要你的决心，娘，别说一个，十个也不能拦阻你……眉，救人就是自救，自救就是救人。我最恨的是苟且，因循，懦怯，在这上面无论什么事就是找不到基础的。有志者事竟成，没有错儿。奋勇上前吧，眉，你不用怕，有我整个儿在你旁边站着，谁要动你分毫，有我拼着性命保护你，你还怕什么？……我的心怀里，除了挚爱你的一片热情外，我决不容留任何夹杂的感想；这册爱眉小札里，除了登记因爱而流出的思想外，我也决不愿夹杂一些不值得的成分。眉，我是太痴了，自顶至踵全是爱，你得明白我，你得永远用你的柔情包住我这一团的热情，决不可有一丝的漏缝，因为那时就有爆裂的危险。
>
> 爱给我们勇，能勇就是成功，要大抛弃才有大收成，大牺牲的决心是进爱境唯一的通道。我们有时候不能因循，不能躲懒，不能姑息，不能纵容"妇人之仁"。现在时候到了，龙呀，我如果往虎穴里走（为你），你能不跟着来吗？

小曼自然是要跟着志摩这个爱情的疯子的，爱情已经是她生命的全部了。但她是不自由的，因为她的压力太大了。7月王庚来信，信上说，若小曼再不来上海，就不用去了。王庚这句话说得非常明白，小曼无可奈何，小曼父母慌张不已。小曼在日记中写道："我现在反而觉得是天害了我，为什么天公造出了你又造出了我？为什么又使我

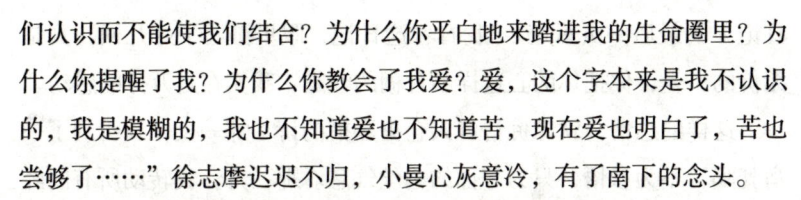

们认识而不能使我们结合？为什么你平白地来踏进我的生命圈里？为什么你提醒了我？为什么你教会了我爱？爱，这个字本来是我不认识的，我是模糊的，我也不知道爱也不知道苦，现在爱也明白了，苦也尝够了……"徐志摩迟迟不归，小曼心灰意冷，有了南下的念头。

小曼对徐志摩留下了这样的话："你我的一段情缘，只好到此为止了，此后我的行止你也不要问，也不要打听。你只要记住那随着别人走的是一个没有灵魂的人。我的灵魂还是跟着你的，你也不要灰心，不要骂我无情，你只来回地拿我的处境想一想，你就一定会同情我的，你也一定可以想象我现在心头的苦也许比你重三分呢……你快不要伤心，我走了，暂时与你告别，只要有缘，也许将来会有重见天日的一天……"

徐志摩得知小曼即将南下的消息，万分焦急。1925年7月下旬，徐志摩回到北京，这使得陆家如临大敌，加紧了对小曼的控制。徐志摩回来后不能单独和陆小曼见面，只在朋友的聚会上碰过两次，两人只能用眼睛来说话，因为有那么多双眼睛在看着他们。

一次舞会上，陆小曼只能和别人跳舞，却不能搭理志摩，徐志摩实在忍不住了，就不顾别人的目光，上前邀请陆小曼跳舞。陆小曼当着全场所有人惊讶的目光，勇敢地接受了他的邀请。徐志摩十分激动，他明白，小曼是深爱自己的，正如自己深爱小曼一样。他明白陆小曼这是对整个社会的挑战，小曼用行动证明爱的坚贞。

徐志摩在写给陆小曼的日记中说："今晚与你跳的那一支舞，在我最 Enjoy 不过了，我觉得从没有经验过那样浓艳的趣味——要知道你偶尔唤我时我的心身就化了。"在这次聚会上，陆小曼偷偷把她写的日记交给了徐志摩。读完日记，徐志摩不禁激动万分，他在《小曼

陆小曼
出笔多高致，一生半累烟云中

日记》的最后一页写道："我看着这日记，眼里湿润了好几回，真是无价的，爱，你把你的心这样不含糊的吐露，我实在是万分的感动。"

这样的感情，就像痴情诗人仓央嘉措的诗：那一夜，我听到了一宿梵唱，不为参悟，只为等你的一丝气息。那一月，我转动所有的经筒，不为超度，只为触摸你的指纹。那一年，磕长头拥抱尘埃，不为朝佛，只为贴着你的温暖。那一世，我翻遍十万大山，不为修来世，只为途中能与你相遇。虽然故事不同，但他们之间的心意却是如此相通。

8月的一天，徐志摩对陆小曼表白道："老师梁任公以前批评我的时候，我曾对他说：'我将于茫茫人海中访我唯一灵魂之伴侣，得之，我幸；不得，我命。'小曼，今天我得到了，我只要你，有你我就忘却一切，我什么也不想什么也不要了，因为我什么都有了。"

有了志摩这句话，陆小曼也什么都有了。他们都觉得"今天早上的时刻，过得甜极了"。然而，这一切都被陆家发现了，他们对陆小曼的管制越来越严，根本不叫小曼跨越家门一步。

徐志摩鼓励小曼，两个人一定要一起战胜困难。在《起造一座墙》里，他发了誓言：我要你的爱有纯钢似的强，在这流动的生里起造一座墙，任凭秋风吹尽满园的黄叶，任凭白蚁蛀烂千年的画壁；纵使有一天霹雳震翻了宇宙，也震不翻你我爱墙内的自由！

世间越是真爱，越是要历经磨难。许是上天对他们的考验，他们的爱情在磨难中越发忠贞坚强。只是，就在那一夜，我忘却了所有，抛却了信仰，舍弃了轮回，只为那曾在佛前哭泣的玫瑰，早已失去旧日的光泽，这是他们的爱情。

社会和家庭的压力太大，有时候，徐志摩很失望，觉得世间的一切都没有光亮，生活没有希望。但当他偶尔见到小曼，他又高兴得像小孩儿一样，高兴地说：像这样的艳福世上能几个人享着，像这样奢侈的光阴这宇宙间能有几多？爱情就是这样简单，见上一面，看上一眼，日子便有了激情，一切都是美好的。可是这样的好日子总是太少，更多的时候既不能见面，也无法自由交谈。

有一次小曼说好晚上给他打电话，但因有事没有打成，他就从夜晚一直等到凌晨，一个小时一个小时地等，一分一秒地等，每一秒钟都好像在经历着地狱之火的煎熬，他就是这样痴傻的情种。他说："恋爱中人的心境真是每分钟变样，绝对的不可测度。昨天那样的受罪，今儿又这般的上天。"恋爱中的志摩和小曼经历着爱的陶醉与爱的折磨，经受着天堂和地狱的变换，经受着爱的考验。难怪人们说恋爱中的人都是病人，是情绪的病人，经历着大喜大悲。爱情是浪漫的，但现实却是残酷的，他们之间的爱情，由于时机不对，缘分未到，所以历尽无数的艰辛。

来自小曼的家庭阻力很大。8月下旬，徐志摩首次尝试去拜访陆小曼的母亲，他感觉这是两个人在一起的第一步，即使是刀山火海，为了爱情，徐志摩也要跳进去。谁知吴曼华看到他怒不可遏，她恨透了徐志摩，指着徐志摩大骂，要他不要再来妨碍别人的家庭生活。小曼和王赓虽然有些小摩擦，但是还算不错，王赓是前途远大的青年才俊，对小曼那么好，这么好的家，他一定要搅乱吗？要知道，在那个时代，已婚女性和其他男性来往过密是件不光彩的事。作为长辈，她怎么能看着孩子和整个社会为敌？

遇了陆家冷脸的徐志摩也恨透了小曼的母亲，说她母亲"横蛮真叫人发指"，灰心的志摩无可奈何地说："罢了，罢了，真罢了！"8

陆小曼
出笔多高致，一生半累烟云中

月中旬，徐志摩约小曼与他的父母一起游西湖，但怎么也等不来小曼。原来小曼的母亲早已发现了他们的计划，看出两个疯子要私奔，于是，她把小曼看管了起来，不让她离开公寓一步。小曼不来，徐志摩不仅无心游玩，看着西湖风景还勾起了无限的愁。他整天怔怔的，打不起精神来，走到哪里想的都是小曼。回到上海后，徐志摩几近万念俱灰，朋友们说他不仅近痴，简直已经痴了，被爱情折磨得死去活来了。徐志摩没有办法，只好到处去搬救兵。他想起了胡适，他是一个靠得住的朋友。胡适一直很欣赏小曼，他为小曼做了很多事。他也支持小曼的爱情，所以，他义不容辞地做起了说客的工作。"宁拆十座庙，不毁一桩婚"，劝人离婚的事胡适竟然满口答应，真不知道徐志摩费了多大的口舌才打动他。

8月24日，胡适向陆母开了口。胡适是中国有名望的学者，吴曼华久闻他的大名，因此对他比较客气。吴曼华对胡适说道："我何尝不知道他们两人相爱，但王赓也是爱她的。这种有伤风化的事真的做了，要我们两个做老人的面子往哪儿放？"王赓是吴曼华相中的，她一直对王赓抱有好感。吴曼华不愿意伤害无辜。她坚决不愿意小曼和徐志摩走到一起，况且对志摩的行为，吴曼华也是有所了解的，她不放心小曼和这样的人交往，害怕她吃大亏，胡适也是无可奈何。最终徐志摩请来了刘海粟出面斡旋，这其中的故事也非常的曲折。

后来，王赓和小曼之间出现了一个不小的冲突。王赓最不喜欢的事就是陆小曼去跳舞，由于陆小曼在舞场上遇见了徐志摩，所以他越发制止小曼去舞场。没有多久，小曼和和王赓又发生了一次大的争执。此事由唐瑛引起，在当时，有"南唐北陆"之说，南唐就是指南方的上海有唐瑛，北陆就是指北方的北京有陆小曼，她们皆在两地以美艳出名。陆小曼到了上海之后，结交了唐瑛，她是上海的名门闺秀，唐瑛为尽地主之谊而请小曼夫妇吃饭，王庚正好有事，临走之前吩咐小曼不要单独随他们外出跳舞。当同伴们约小曼跳舞的时候，她没有马上答应。有人激小曼说："我们总以为受庆（王庚的号）怕小曼，谁知小曼这样怕他，不敢单独跟我们走。"小曼也是年轻气盛，受不了别人的激将法。她一听便走出去，刚要上车，正巧王庚的车驶到家门口，看到小曼要出门跳舞，非常生气，当着众人的面大声责骂："你是不是人，说定了的话不算数。"然后一把把小曼拉到家中。陆小曼在众人面前受到王庚的训斥，颜面尽失。两个人之间又是一场尖锐的争吵。第二天小曼就找到吴曼华，一定要回到北京。

回京后，陆小曼将在上海受王庚当众训斥的事告知父亲，陆定听后非常气愤，表示支持女儿的行动。但吴曼华却坚决不同意女儿和王庚离婚，为此与陆定经常有争吵。为了小曼的婚姻，她的父母操碎了心，最终也没有换来小曼的幸福。要是小曼和王庚真过不下去了，也情有可原，但小曼和徐志摩在一起，过得并不幸福，甚至很痛苦。他们是好的恋人，却不是好的婚姻伴侣。

徐志摩回北京后找到了刘海粟，年方廿九的刘海粟血气方刚，他以反封建为己任，在中国画坛上以叛逆著称，首创男女同校，增加用人体模特和旅行写生。他在家里不满封建婚姻而逃出来，况且也是小曼的老师。刘海粟感慨，能为爱不顾一切，也只有小曼、徐志摩了。在徐志摩的一再要求之下，就去拜访小曼的母亲了。他对小曼的母亲晓之以理，动之以情："老伯母休怪我轻狂雌黄，我学的虽是艺术，

陆小曼
出笔多高致，一生半累烟云中

但我也很讲实际。目前这样，把小曼活活逼到上海，又能解决什么问题？她和王先生就能白首偕老吗？小曼心里也是苦，整日里跟你们二老闹的话，你们也得不到安宁啊！"

小曼的母亲最近心里也不舒服，她看出小曼和徐志摩之间为情所苦，被情所困，小曼的病为徐志摩的来去而反反复复，心里也渐渐犹豫。于是她叹息道："我们何尝不知道，可是因为我们夫妇都喜欢王庚，才把亲事定下来的。我们对志摩印象也不坏，只是人言可畏啊！"

刘海粟看出小曼母亲的犹豫，便讲了许多因婚姻不自愿而酿出的悲剧，但是吴曼华始终下不了决心。她说："老实说，王庚对我们二老还算孝顺，对小曼也还算厚道，怎么开得了口要他和女儿离婚？"刘海粟就对陆母说："如果晓之以理，让王庚自己有离婚的念头，这样便不难为二老了，你看怎样？"陆母说："恐怕没么容易吧？"吴曼华虽然不再反对小曼离婚，但她还在犹豫。

于是，刘海粟帮人帮到底，他亲自陪着小曼母女去上海，找王庚谈判，徐志摩自然也追到上海。刘海粟亲自出面在上海有名的素菜馆"功德林"宴客，所请的客人中除徐志摩、王庚、陆小曼母女外，还有张歆海、唐瑛、唐瑛的哥哥腴庐和杨铨（杏佛）、李祖德等人。

这场宴会对王庚来讲有些鸿门宴的味道，他和徐志摩握手，徐志摩却躲开他的眼光，毕竟他心里对王庚还是有所愧疚的。王庚发现，对方似乎已经准备了很长时间，从宴会的地点，一直到每句话怎么说，都像演练了似的。王庚外表很绅士，他用自己的方式爱小曼，但却发现虽然小曼的人还在，但心已经不在了。无论他如何努力，却发现小曼离他越来越远。他痛苦，犹豫，内心在挣扎着，不知道他和小曼的缘分是否将尽。难道爱一个人有错吗？难道小曼不知道自己对她的苦心？难道到场的这些人都是说客？就连站在自己这边，一直赏识自己的岳母，也改变了主意？该来的自然会来，王庚平静地看着这场戏如何开场。

上菜了，刘海粟只是招呼大家吃，琢磨如何开口。倒是张歆海忍不住了，冲着刘海粟就问："海粟，你这个艺术叛徒到底请我们干什么？"刘海粟端起酒杯说："今天我把大家请来，是纪念我当年拒绝封建包办婚姻，从家里逃出来，后来终于得到了幸福婚姻。"于是他侃侃而谈，最后谈到青年男女一定要冲破封建婚姻，追求夫妻平等。

果然不出所料，一切都明了了，王庚什么都明白了，他想了想，起来敬酒，向志摩，向小曼："愿我们都为自己的幸福，并且为别人的幸福干杯！"说完后，便托词有事，提前走了。俗话说，劝和不劝分，但这场聚会，明明就是叫自己放手，叫妻子与曾经的同门结合，这是任何男人都不愿意经历的场面，王庚感到前所未有的压力。

宴会结束了，似乎一切都没有变化，日子一天天过去，大家都小心地避免谈及那个话题，好像那是个伤口，一碰就要流血，谁也不愿意再在伤口上撒盐。这样的平静，就像火山爆发的前夜，小曼、徐志摩不知道等待他们的将会是什么样的结局。这件事似乎就过去了，表面上大家都相安无事。

但真的是相安无事吗？这三个人的内心一定是痛苦和不平静的，尤其是王庚，更是煎熬。他又收到了徐志摩用英语写的信，信上满是对自己妻子的感情。对于男人，这简直是莫大的讽刺。谁愿意收到另

陆小曼
出笔多高致，一生半累烟云中

外一个男人对自己妻子表达感情的信？两个月后的一个晚上，王庚和小曼推心置腹地谈话。

"小曼，和我在一起，你一直不开心，是吗？我知道你一直怨我，可我又何尝痛快了。开始的时候，我很愤怒，感觉命运对我的不公正。我如何对你，你应该知道，可你却和我最好的朋友有了私情。我怨过你们，我也恨过你们。看得出来，你们之间并不是逢场作戏，确实是真心相爱。

"这两个月，我想了很多很多，我一直都是爱你的，或许到生命的最后。遗憾的是，你爱的是徐志摩。既然你跟我一起生活感到没有乐趣，既然我不能给你所希冀的那种生活，也许我们分开对你也是一种解脱，或者你和徐志摩更加般配。"

俗话说一日夫妻百日恩，百日夫妻情海深。小曼吃惊地看着王庚，突然想起他的种种好，今天又听见他说了这许多，心里有很大的震撼，眼泪流了出来。王庚非常感动，心里又有所期待。

"我知道你的好，可是，我没有办法控制我的感情，我也没有办法欺骗我的心。"

"你是真诚的，我在美国很多年，知道真爱是无罪的，婚姻是缘分，合则聚，不合则散，我明白你的意思，我不会再阻拦了。"

那夜，面对王庚这样深情的人，小曼是否有过犹豫动摇，不知道她是否想过王庚一直以来对她的好？王庚曾经私下跟刘海粟说："我并非不爱小曼，也并不舍得失去小曼。但是我希望她幸福。她和志摩两人都是艺术型人物，一定能意气相投。今后作为好朋友，我还是可以关心他们。"

很多年后，王庚想起小曼，他说："爱情是人类最崇高的感情活

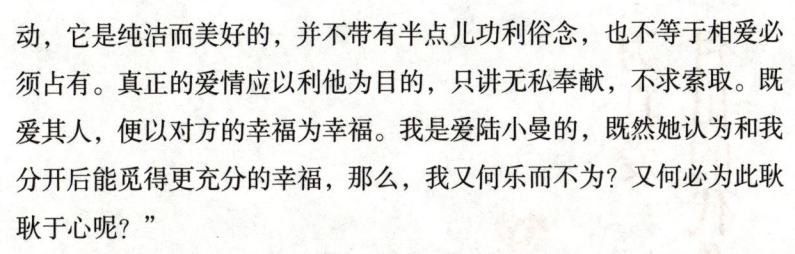

动,它是纯洁而美好的,并不带有半点儿功利俗念,也不等于相爱必须占有。真正的爱情应以利他为目的,只讲无私奉献,不求索取。既爱其人,便以对方的幸福为幸福。我是爱陆小曼的,既然她认为和我分开后能觅得更充分的幸福,那么,我又何乐而不为?又何必为此耿耿于心呢?"

如果一个男人不是对一个女人怀着深深的爱情,怎么能说出这样深情的话?不知道如果小曼能听到他这些话,会有何想法?如果小曼被王赓所感动,想起王赓对她种种的好,两个人不再分手,也算是个不错的故事;如果小曼知道放手,知道人生并不是所有的事都能称心如意,或许她的人生将是另外的一种活法;如果小曼知道恋爱和婚姻不是一回事儿,相爱的人在一起未必都合适;如果小曼知道离婚后,等待她的将会是一种什么样的生活,她还会做离婚的选择吗?

为真爱付出的代价

叫人不顾一切的爱情，引导着小曼按照她一直所期待的方式去生活。小曼就是小曼，她似乎就是为爱情而生的，她不会放弃即将到手的爱。小曼一直在哭，她想到了王庚的好，虽然他有时对她很严厉，但心底还是爱她的。小曼也是有情之人，她此时也是痛苦的。王庚又告诉小曼，手续很快就会办好的，听了这话，小曼不知道是喜还是忧，但心里对王庚不由得敬重几分。

似乎一切都会水到渠成，但在此时，小曼却发现自己怀孕了，这是王庚的骨肉。似乎上天也不支持小曼离婚，它不忍心看到小曼放弃优越的生活，去追求一个不确定的未来。

孩子在不该来的时候来了，怎么办？小曼痛苦万分。如果生下孩子，肯定不能和王庚离婚了，所有为爱所做的努力都将会付之东流，小曼不愿意失去爱情。可是，如果不生下孩子，怎么能对得起孩子，

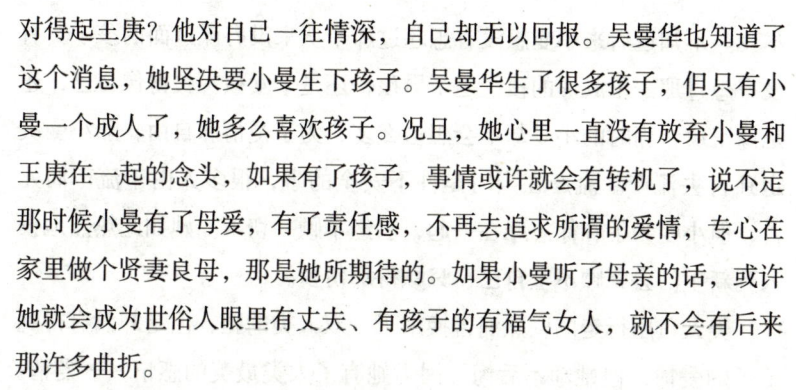

对得起王庚？他对自己一往情深，自己却无以回报。吴曼华也知道了这个消息，她坚决要小曼生下孩子。吴曼华生了很多孩子，但只有小曼一个成人了，她多么喜欢孩子。况且，她心里一直没有放弃小曼和王庚在一起的念头，如果有了孩子，事情或许就会有转机了，说不定那时候小曼有了母爱，有了责任感，不再去追求所谓的爱情，专心在家里做个贤妻良母，那是她所期待的。如果小曼听了母亲的话，或许她就会成为世俗人眼里有丈夫、有孩子的有福气女人，就不会有后来那许多曲折。

　　面对这许多事，不知道小曼心里衡量了没有？或者她曾经在人生的十字路口徘徊犹豫过，一边是父母之命，遵循世俗的道德，安分守己过日子，像母亲那样，享受世间的富贵荣华，然后有个聪明的孩子，夫贵妻荣。另外一边是选择自己的生活，为了爱情和徐志摩在一起。不同的选择，决定了未来的道路。小曼就是小曼，她要按照自己的想法去生活。她心想，生下孩子就意味着离不了婚。王庚已经答应离婚了，虽然还没有签字，但已经有了希望，这是她盼望已久的。为爱而生的小曼想要孩子，她也是有母爱的，但她更想要爱情。可是只能选择一个，最终她选择了烈火一般的爱情，她想要纯粹如水的爱情，为了爱情，她已经抗争了很久，她不想半途而废。

　　小曼选择了爱情，她放弃了家庭，放弃了深爱她的丈夫，放弃了腹中的孩子，放弃了世俗的道德，放弃了父母为她选择的这条被当时无数个女孩子羡慕不已的生活道路。她冲破了世俗的茧，她选择了爱情，选择了一条艰辛的路。这个决定注定了她今后的人生悲剧：婚姻生活受尽磨难，没有子女，众叛亲离，凄惨孤独过一生，被世人所不齿，被道义所不容。但她一辈子没有后悔，她就是这样任性，自我，

陆小曼
出笔多高致，一生半累烟云中

本真。不知道后来小曼想没有想起过那个从来没有谋过面的孩子？有没有想过那个未成形的孩子是个男孩，还是个女孩？长得像自己，还是像王庚？当时的小曼却不会想这么多，为了爱情和自由，陆小曼决定独自去流产。流产在当时是件不安全的事，很多人由于流产而死亡，但小曼为了和徐志摩在一起，已经不顾一切了。她如此热烈地投入到新生活去，顾不上自己，只顾得那份爱。

美人鱼用行走的剧烈痛苦换来了一双人类的腿，但是却没有得到王子的爱情，但她却不后悔，因为她有了人类最美的感情——爱情。在剧烈的痛苦中，她与心上人朝夕相处。小曼也像那个美人鱼，忍受着巨大的痛去堕胎，可见她为今后的幸福寄予了多大的期待。不谙世事的小曼，在处理这件事上却有着出乎平常的冷静。小曼想了很长时间，最终没有把流产的事告诉任何人，就连徐志摩也没有说，更没有告诉王庚，她只是告诉周围的人，最近身体不好，出去疗养了。

小曼悄悄地带上一个贴身丫头，到德国医生那里做手术。小曼没有预料到，这次手术非常失败，本来身体就不好的她，落下了病根，从此身体更加虚弱。她不仅以后再也不能生育，而且就连过夫妻生活也是一种痛苦。堕胎的痛苦，阴魂不散地缠绕了小曼一生。在封建社会，一个没有生育能力的女人到了婆家，等待着她的将会是什么样的悲剧命运？公婆对她的冷脸和她的没有生育，并不是没有任何关系。对于一个女人来说，一生的悲哀莫过于此。

那个时候，小曼真的是太年轻了，不知道孩子有多重要，她只是天真地想着，未来和徐志摩的路还很长，她要怀着纯净的心，为徐志摩生很多的孩子，他们将来会有很多美丽的孩子。婚后，徐志摩很想与小曼有孩子。志摩在信中曾这样说过："淑华长胖了好些，说是个

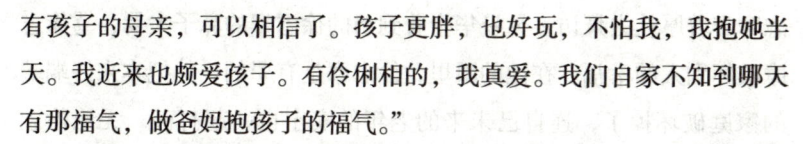

有孩子的母亲，可以相信了。孩子更胖，也好玩，不怕我，我抱她半天。我近来也颇爱孩子。有伶俐相的，我真爱。我们自家不知到哪天有那福气，做爸妈抱孩子的福气。"

小曼看后心里痛苦万分，但她却有苦说不出。是为了和志摩在一起，她才失去了做母亲的机会。小曼只能无可奈何地说道："你不是有阿欢了吗？这就足够了。"后来，小曼特别喜欢认干闺女，就是因为自己生不出孩子，依赖这样的形式来弥补自己缺失的表达母爱的机会。为了爱情，小曼付出的太多太多。爱情，真是得之不易。徐志摩走后，小曼没有孩子，晚年过得非常孤独，不知道她为当初的决定后悔了吗？

陆小曼与王庚于1925年底解除了维持4年的婚姻，离婚时陆小曼年仅23岁。王庚和小曼离婚时对志摩说："若对不起小曼，我不会饶过你的。"有了何等的爱情才能说出这样感人肺腑的话？在与王庚离婚的拉锯战中，当事人都浑身伤痕累累。在正确的时间里，遇见正确的人，是一种缘分；在正确的时间里，遇见错误的人，是一种悲伤；在错误的时间里，遇见正确的人，是一种遗憾；在错误的时间里，遇见错误的人，是一声叹息。

如果小曼经历了人生中刻骨铭心的爱情，知道了爱情，但却最终没有和徐志摩走到一起，而是与王庚白头偕老，那样他们之间的婚姻应该不会有后来的变数，这样该有多好。因为那个时候，小曼或许就会知道，婚姻和爱情未必是一回事儿。但人生没有如果，经历了就是经历了，必须努力向前走。况且尘世间的俗人又怎能了解小曼？

吴曼华一直坚决地站在王庚这边，她把下半生的养老押在小曼与王庚的婚姻幸福上。吴曼华竭尽全力，拼命阻挡小曼婚姻的破裂。徐

陆小曼
出笔多高致，一生半累烟云中

志摩带着厚礼去拜访，吴曼华指着到访的徐志摩的鼻子大骂，骂徐志摩破坏别人的幸福。在她的眼里，徐志摩是有罪的，他把本来好端端的家庭破坏掉了，连自己未来的老年的安宁也一起打破。无论徐志摩邀请多少人去做说客，她一概拒绝。她看出了徐志摩和小曼真的走到一起，婚姻未必会幸福，况且，徐家有着那样能干又给他们生了两个孩子的儿媳妇，母以子贵，小曼真到了徐家，也未必会受到徐家老人的待见。吴曼华辛苦为小曼筹划了那么多，还是没有阻止小曼的选择。后来的事实证明吴曼华预见到的有多么准确。

徐志摩和陆小曼，一个是充满浪漫幻想的诗人，一个是众星捧月的贵小姐，他们一帆风顺，活在虚幻的世界中，心智似乎都没有成熟。小曼的前夫王庚和徐志摩的前妻张幼仪都是务实的人。他们和原来的配偶在一起生活，虽然缺少情调和品位，但却可以安稳度日；他们虽然不是合适的情人，但却是合适的婚姻对象。

徐志摩说过，最容易化、最难化的是一样东西——女人的心。现在他终于如愿以偿地得到了他所期待已久的爱情，新生活开始了。但现实永远不像人们所设想的那样美妙，单纯的他们把爱情看作人生的全部，把婚姻和爱情画等号。可婚姻和爱情是不一样的，爱情是两个人的事，婚姻是一群人的事。婚姻还要讲究天时地利人和，还要讲究缘分，所以他们的痛苦自然难免，婚后等待着他们的是家庭和社会的巨大压力。

他们之间苦中有甜。婚后，两个人也度过了一段非常甜蜜的时光，在家乡的几个月是他们一生中最快乐的日子。志摩走后，小曼对这段生活念念不忘。为了过上这样的生活，他们抗争了很久，但这段生活却非常短暂，更多的时间是凄风苦雨。不知道小曼是否有种幻灭

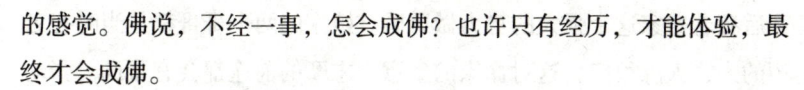

的感觉。佛说，不经一事，怎会成佛？也许只有经历，才能体验，最终才会成佛。

情人之间常常会互换小礼物，小曼送给志摩一枚戒指，上面镶着一块"勒马玉"。关于这个"勒马玉"，有一个美丽的故事：从前有个王子，手上戴着一块翠玉。有一天，一匹马忽然无来由地朝王子狂奔而来，危险将至，千钧一发，王子情急之下，举起手上戴着的翠玉，马儿看到翠绿的戒指，以为眼前的是青草，就情不自禁地停下来，轻吻翠玉。翠玉挡住了马，是为"勒马玉"。如果说志摩是匹狂奔的马儿，小曼就是那块翠玉。她停住了他的脚步，得到了他的心。只不过不知道是永远的，还是暂时的。但那段时间，徐志摩的一颗心确实全在小曼的身上。

虽然陆小曼和王庚离婚了，两个人可以在一起了，但她和徐志摩的婚事却好事多磨，她们之间遭到了强大的阻力。首先是陆小曼母亲强烈的反对，陆小曼离婚后，徐志摩经常去陆家，陆母对他很不满意，而徐志摩对陆母却十分恭敬。那时小曼的身体不好，如果徐志摩来了，小曼的病就轻了。小曼是心病，心病还需心来治，徐志摩是最好的良药，吴曼华是爱孩子的，所以她对徐志摩也不能完全地拒之门外。当徐志摩委托胡适求婚的时候，她没有一口拒绝，只是有两个条件：一是要请梁启超证婚，二是要在北京北海公园图书馆的礼堂里举行婚礼。这两个条件很难办，但最终胡适还是办妥了。与陆家的压力相比，徐家给他们施加的压力超乎他们的想象。徐父不肯松口答应这件婚事，所以事情没有任何进展。7月，徐志摩南下，回家做父母的工作，小曼在北京默默苦等。

徐家对张幼仪非常满意，张幼仪本身出身于富豪官宦之家，她的

陆小曼
出笔多高致，一生半累烟云中

背后有着娘家这个强大的势力做后盾。娘家的两个哥哥都是当时有名望的人，人脉很广，这对徐家的生意、志摩的前途都会有帮助。张幼仪本人相貌不错，性格也很温柔，而且知书达礼，内外兼修。在家里，她孝敬公婆，深得两位老人的欢心；在外精明强干，拿到了德国的文凭，又有管理的才干，处世精明。她里外都是一把好手，又为家里生了孩子。徐志摩的父母认为儿子简直瞎了眼，这样好的儿媳妇怎么能说不要就不要了？儿子离婚真是大逆不道，更可气的是又找了陆小曼这样的人。

如果徐志摩选择凌淑华，徐父不会反对。她是未婚的，而且家世人品都是一流，与这样的人家联姻，对徐家的产业和志摩的将来肯定会有好处。偏偏志摩找了陆小曼。她陆小曼算什么？据说是个整天不着家的交际花，品行肯定有问题。据说还花钱如流水，只会出，不能进。儿子找了这样的女人，还会有好日子过吗？况且陆家已经开始走下坡路，没有当年强大的实力了，徐父对小曼有一万个不满意。

为了做他的工作，小曼写来了言辞恳切的长信，他却丝毫不为所动。他给徐志摩设置了很多障碍，他告诉徐志摩，要是结婚，必须先征得张幼仪的同意，张幼仪要是反对，徐志摩就不能再婚。没有想到，张幼仪是个很贤惠的女人，在国外的时候，她就知道徐志摩的心全都在林徽因的身上，为了她，徐志摩连孩子都不要，叫自己流产，那时，她对徐志摩已经绝望了。况且，张幼仪在德国独自生活过一段时间，又拿到了德国的学位，她的眼界已经很开阔了，变得什么都不害怕。她看见徐志摩这样急切地想与另外的女人成婚，干脆就一口答应，成其好事，也算是君子成人之美。徐申如把张幼仪作为反对儿子和小曼结婚的筹码和底牌。当他听到张幼仪亲口承认已经和徐志摩离婚，并且不反对他和陆小曼结婚的话后，不由露出绝望的神情，他第一次对这个一直中意的儿媳妇感到绝望，不明白为什么她不反对。

在一旁紧张等待的徐志摩听到此话，大喜过望。徐志摩非常感激张幼仪，没有想到她竟然帮助自己说话。于是，徐志摩像孩子一般大叫一声跳起来，像要拥抱整个世界似的伸出手臂，这个时候，仿佛有种不祥的预示，他把陆小曼送给他的贵重的勒马玉戒指从开着的窗户甩了出去。徐志摩看见戒指飞了，立刻变得惊慌失措，僵在那里，目瞪口呆。等了一会儿，徐志摩立刻奔下楼去，像个没头苍蝇一般，在草丛中胡乱地找了起来，结果一无所获。徐志摩的心里蒙上一层阴影，不知道这是不是他和小曼未来的不祥之兆，或者是一种悲剧的开始。

最后胡适、刘海粟等人又出面做了很多工作，徐申如只好无可奈何地答应了，但是他依旧不甘心，提出了一堆苛刻的条件，他就是想着阻止志摩的婚事。一是结婚费用自理，家庭概不负担。二是婚礼必须由胡适做介绍人，梁启超证婚，否则不予承认。三是结婚后必须南归，安分守己地过日子。

第一条表示徐父想用经济来制裁他们，你们不是不在乎金钱吗？那好，我就不给你们一分钱，看你们怎么办？还有一点是徐父不想叫他们结婚的时候太张扬。

第二条是他想借用梁启超来压制他们。他心里打着梁启超不出面的谱，但是没有想到碍于胡适等人的面子，梁启超竟然也出面了。仗着梁启超的威望，婚礼也算说得过去。

另外，请梁启超做证婚人，还有另外的原因。因为梁启超是徐志摩的老师，他们之间的关系有着很长的渊源。1918年6月，正在北京大学读书的徐志摩，在蒋百里和张幼仪的哥哥张君劢的引荐下终于如愿以偿地成为梁启超先生的门下弟子。爱子心切的徐父得知独生儿子拜上梁启超这样知名的学者为师，非常高兴。为表心意，徐申如拿出1000大洋作为拜师礼金。后来的事实证明，徐父的这1000大洋的教育投资非常有眼光，回报也是巨大的。

梁启超将徐志摩收为门徒后，就开始认真地为他的前途筹划起来。为了让徐志摩拓宽视野，为将来立身报国做准备，梁启超建议他到国外留学。于是，在北京大学读了一年预科的徐志摩，到美国后进入了克拉克大学历史系，继而到哥伦比亚政治系，然后渡海进入伦敦大学和剑桥大学学习。1922年12月，梁启超介绍学成归国的徐志摩在北京松坡图书馆担任英文干事。1924年，梁启超以讲学社的名义邀请亚洲第一位诺贝尔文学奖获得者——印度诗哲泰戈尔来华讲学。梁启超安排徐志摩做泰戈尔访华期间的随身翻译。从此，国内学术界认识了这位青年才俊。于是，徐志摩顺利地被聘用为北京大学英美文学教授，这一切都与梁启超的帮助有关，没有梁启超的帮助，徐志摩未必能有那么大的成就。

1924年秋天，梁启超写了一副大楹联赠给徐志摩："临流可奈清癯，第四桥边，呼棹过环碧；此意平生飞动，海棠影下，吹笛到天明。"从中可见梁任公对徐的喜爱程度。胡适说："徐志摩是梁任公先生最爱护的学生。"在才学方面，梁启超很赞赏徐志摩，天资好，有才气。但是在婚姻上，梁启超却不赞成他的做法。

1922年3月，徐志摩和结发妻子张幼仪离婚，许多亲朋好友对他不理解，梁启超为此专门给徐志摩写了一封信，信上说："其一，万不容以他人之苦痛，易自己之快乐。其二，恋爱神圣为今之少年所乐道。""兹事盖可遇而不可求。"是啊，你得到了理想的伴侣，可是别人却承受着巨大的痛苦；你用别人的痛苦换来自己的幸福，这样的事是不道德的。

又告诫他："天下岂有圆满之宇宙？"人生不是圆满的，很多事是可遇而不可求的。梁启超反对徐志摩再婚，害怕才华横溢的志摩会为爱情而自毁前程。可见梁启超对徐志摩非常关心，就像对自己的孩子一样，但持有爱情至上观念的徐志摩是不认同的他的观点的。他回复梁启超自己的做法是为了"求良心之安顿，求人格之确立，求灵魂之救度耳"。

第三条意思就是不叫小曼出门交际，在家里安分守己地过日子。做了徐家的媳妇就不允许出门，徐家要的是精明强干的管家，而不是舞场上的交际花。

每一条都很难办到，但是徐志摩全都答应了，而且竟然全部都办成了。如果不是对小曼的感情，哪里会答应这些苛刻的条件？结婚徐家不给钱，小曼根本不在乎。小曼出生在富豪之家，从来都没有缺过钱花，况且，只要她愿意，就有大把的钱。

有情人最终成眷属

　　两个人终于克服了所有的障碍，迎来了梦寐以求的新生活。他们是敢于与世俗抗争的勇士，为了新生活，他们付出的太多太多。他们的爱情在当时可谓惊天动地，他们不惧怕一切红尘风雨，不屑于世俗的目光。1926年农历七月初七是小曼和徐志摩大喜的日子，他们选择了这个牛郎织女在天上相会的日子。他们精心设计了婚帖，在请帖上印有一幅《野竹青霄》的竹图，折页上写的是：

> 夏历七月七日即星期六正午十二点钟
> 洁樽候叙
> 志摩，小曼拜订
> 座设北海董事会

　　他们的婚礼上来了很多贵客，这些宾客都是当时最有名望的人，陈寅恪、赵元任、金岳霖，还有证婚人梁启超。遗憾的是徐志摩家的二老却没有到场，只是送来一封信，这叫两个人很尴尬。没有想到后面还有更叫人们尴尬的事，证婚人梁启超的证婚词叫所有来宾都大吃一惊。

梁启超在徐志摩、陆小曼婚礼上的证婚词是这样说的：

> 我来是为了讲几句不中听的话，好让社会上知道这样的恶例不足法，更不值得鼓励——徐志摩。你这个人性情浮躁，以至于学无所成，做学问不成，做人更是失败，你离婚再娶，就是用情不专的证明！陆小曼，你和徐志摩都是过来人。我希望从今以后你能恪守妇道，检讨自己的个性和行为，离婚再婚都是你们性格的过失所造成的，希望你们不要一错再错自误误人，不要以自私自利行为行事的准则，不要以荒唐和享乐作为人生追求的目的，不要再把婚姻当作是儿戏，以为高兴可以结婚，不高兴可以离婚，让父母汗颜，让朋友不齿，让社会笑话，让……

徐志摩实在受不了了，这可是他和小曼用生命与全世界对抗换来的婚姻啊，梁启超说的哪里是婚姻的祝词？这分明给他们的婚姻开了一个不好的兆头，为他们将来的生活埋下很多阴影。

他打断了梁启超的话："恩师，请为学生和高堂留点儿面子。"梁启超想到背后还有父母，勉强地控制住自己："总之，我希望这是你们两个人这辈子最后一次结婚！这就是我对你们的祝贺！——我说完了。"

小曼前夜心情颇不宁静，彻夜失眠，本来身体就不舒服，没有想到婚礼开始的时候，竟然听到了梁启超这样的证婚词。她没有想到梁启超会对他们的婚姻抱着这样的态度，她和徐志摩面面相觑、惊慌失措、心有余悸。梁启超的表现叫人不免有些费解，他为什么会这样做？他本人又是如何解释这件事的？

这可以从他本人的家书上找到答案：

孩子们：

我昨天做了一件极不愿意做之事，去替徐志摩证婚。他的新妇是王受庆夫人（王受庆是徐志摩的朋友，陆小曼的丈夫），与志摩恋爱上，才和受庆离婚，实在是不道德之极。我屡次告诫志摩而无效。

胡适之、张彭春苦苦为他说情，到底以姑息志摩之故，卒徇其请。我在礼堂演说一篇训词，大大教训一番，新人及满堂宾客无一不失色，此恐是中外古今所未闻之婚礼矣。今把训词稿子寄给你们一看。青年为感情冲动，不能节制，任意冲破礼法的罗网，其实乃是自投苦恼的罗网，真是可痛，真是可怜。

徐志摩这个人其实聪明，我爱他不过，此次看着他陷于灭顶，还想救他出来，我也有一番苦心。老朋友们对于他这番举动无不深恶痛绝，我想他若从此见摈于社会，固然自作自受，无可怨恨，但觉得这个人太可惜了，或者竟弄到自杀。我又看着他找这样一个人做伴侣，怕他将来苦痛更无限，所以想对于那个人当头一棒，盼望他能有觉悟，免得将来把志摩累死，但恐不过是我极痴的婆心便了。闻张歆海近来也很堕落，日日只想做官，此外还有许多招物议之处，我也不愿多讲了。品性上不曾经过严格的训练，真是可怕，我因昨日的感触，专写这一封信给思成、徽音、思忠们看。

附：在徐志摩、陆小曼婚礼上的训词

十月四日 爹爹

从信上可以看出，梁启超虽然显示了对徐志摩的关心和爱护，但在婚礼上的这些言辞却对徐志摩、陆小曼不公平。在婚礼上大骂新人，对新人来说有些不吉利。赵清阁就表示了强烈的不满：为了争取有力的支持，他们请了维新派名流梁启超老夫子出面做他们的证婚人。原想借助这块盾牌抗衡一下封建势力，不期梁启超老夫子也只是一个以封建反封建的权威人物；他假惺惺地同情徐志摩、陆小曼的结婚，而在大喜之日却当众批评了他们的反封建行径，使得两位新人一时啼笑皆非，只好委屈地承受了批评。从信中还可以看出，梁启超并不喜欢陆小曼，并不赞同她的行为。

梁启超的新婚证词实在叫人难以接受，没有多久，徐志摩就收到了林徽因从美国邮寄过来的信件，信中对他们的结婚表示祝福，"祝你和小曼恩恩爱爱、白首偕老"。接着，她代梁思成，为梁启超在徐陆婚礼上坦率的言辞表示歉意，从这点上看，林徽因办事非常得体。

不过，陆小曼和徐志摩后来的生活，有些确实是让梁启超说对了。他们结婚后，开始度过了短暂的幸福时光，但总体来说却有很多痛苦和无奈。无论家庭、社会给了他们什么样的压力，也无法阻止他们之间的爱情。小曼的婚姻只为了自己的心，她用爱呼吸。小曼的勇敢，是为了追求爱，追求完美婚姻中的爱。小曼从来都是爱的信徒，亲人的爱、朋友的爱，现在又有男女之爱，小曼觉得即使全世界都反对他们，只要有徐志摩的爱就足够了。小曼说："他给我的那一片纯洁的真情，使我不能不还他整个的，从来没有给过人的爱。"

徐志摩和小曼婚后尽管出现种种不协调的地方，但他们有一个共同点：都是按照内心想法生活的人。徐志摩对人待友非常真诚，喜欢就是喜欢，不喜欢就是不喜欢。自小娇生惯养的小曼也是这样。她的婚姻、她的爱情，都是这样。

虽然徐志摩和张幼仪离婚了，但张家依旧和徐志摩保持着良好的关系。张家对徐志摩非常友善，张幼仪的八弟张禹九不仅支持徐志摩和陆小曼谈恋爱，还把出席他们的婚礼看作一件重要的事。他对张幼仪说："姐姐，原谅捧花的我盛装出席，只为参加你前夫的婚礼。"也不知道张幼仪听了亲弟弟的这句话，心里会怎么想。张禹九还和徐志摩合伙开服装公司，邀请张幼仪来管理。徐志摩空难离世，他立刻放下手中的事赶赴空难现场，为徐志摩料理后事。张禹九的孙女张邦梅为张幼仪写回忆录《小脚与西服》的时候，他多次叮嘱孙女，要把徐志摩写得忠厚些，可见，他对徐志摩是多么喜爱，把徐志摩当作最好的朋友。张禹九晚年在遗嘱中说，他离去后，家人不要放哀乐，只要朗诵几首徐志摩的诗就可以了。

1926年10月，新婚后的陆小曼按照公公的要求，随着徐志摩离开北京南下，这是他们婚后的蜜月之旅。这是徐志摩真正意义上的婚姻，虽然以前他结过婚，有过孩子，但那只是父母强加给他的，他的心思从来没有放在婚姻上。现在，他真正有了心仪的对象，心甘情愿地走入围城，开始了期待已久的新生活。徐志摩心情舒畅："身边从此有了一个人——究竟是一件大事情，一个大分别。向车外望望，一群带笑容往上仰的可爱的朋友们的脸盘，回身看看，挨着你坐着的是你这一辈子的成绩、归宿。这该你得意，也该你出眼泪，——前途是自由吧？为什么不？"

此时的小曼是幸福的，她坐在心上人的身边，看着窗外的秀美景色，心中充满了柔情蜜意，她感觉漂泊多年的心终于找到了归宿，一生都有了依靠。小曼心目中的爱情生活开始了。

小曼在《爱眉小札·序》中写道：以后日子中我们的快乐就别提了，我们从此走入了天国，踏进了乐园……一同回到家乡，度了几个月神仙般的生活。

惊天动地的恋爱结束了，家庭生活开始了，他们沉醉于甜蜜中。难道她今后的人生就不再有坎坷，全是幸福了吗？等待着他们的就全是神仙般的生活了吗？世外桃源般的生活开始了，只是徐志摩和小曼都没有意识到这段生活如昙花般一现便流逝了。这对浪漫的新人对现实的估计严重不足，现实给了他们很多打击，他们的理想，在现实面前就像泡泡一个个的开始破灭。上天也许是公平的，给了你多少就叫你拿回多少，它叫小曼的前半生如烟花冲天般的辉煌，又给了她后半生孤苦无依的凄凉，小曼的悲凉下半生的故事拉开了序幕。

1926年11月，他们一起回到了徐志摩的家乡海宁硖石。

虽然徐志摩的父母不喜欢小曼，但他们看出，徐志摩像着了魔一样非要结婚的时候，也只好让步。看在儿子的份儿上，他们勉强地接受了陆小曼。既然儿子喜欢，肯定有他的道理，徐申如希望儿子过得好。

于是在1926年8月，徐志摩的父母专门花重金为他们建了一所小洋楼。这栋小洋楼是徐申如为徐志摩夫妇准备的新房，从中可以看出徐家老人对晚辈的关爱。新居是中西合璧的洋楼，共20余间，有冷热水管、电灯、浴室。楼下的深黄印花地砖以及窗户上的彩色玻

陆小曼
出笔多高致，一生半累烟云中

璃，都是当年从德国进口的，房间内摆放着粉红色的西式家具。为了适应陆小曼的生活习惯，光电灯就装了86盏，为了让小曼住得开心、舒适，徐志摩事必亲劳，每个细节都是按照小曼的喜爱来设计的。这座新房布置得非常漂亮，非常气派，可见，当时的徐家对陆小曼也算不薄。

对张幼仪，徐申如也安排得不错，把她认为养女，她在徐家操劳这么多年，也为徐志摩生了儿子，徐家自然不能亏待她。况且张幼仪娘家的势力非常强大，她的两个哥哥，一个是中国银行的董事长，还一个是中国有名的哲学家，徐父自然不能得罪。徐申如考虑得非常周全。在二楼徐志摩夫妇主卧的对面，徐申如专门为张幼仪留有一间客房，当然张幼仪也从未踏足这栋洋楼半步。

从父母的角度看，既然两人之间关系这么好，非要结婚，他们也希望徐志摩夫妇成家后安心做事，夫妻恩爱，照顾家里的生意，好好地过日子，孝敬公婆，生一群孩子。如果小曼能够如徐家二老所愿，如果小曼像张幼仪那样精明强干，见风使舵，又能里外都担起来，再给徐家添几个有出息的孙子，在那个母以子贵的封建社会里，也许就会被徐家渐渐认可，最终成为徐家真正的少奶奶。

在那里小曼又做了一次新娘，乡下的礼节很多，叩头就不下一百次，非常热闹。虽然小曼从小就在公开场合抛头露面，但乡下的人们长时间直勾勾地看着小曼，只把小曼看得窘相毕露，不知所措。闹完洞房后，两个人就开始了蜜月生活，每天九点前后起床，然后就是吃，晚上很早就上床。小曼嫌冷，徐志摩依偎着她，用自己的体温温暖着她。

但是没有多久，小曼就遭受到徐家的第一个打击。徐志摩的父母思想是传统的，对于这个洋派陆小曼，很难有什么好感，虽然说她出身名门，相貌出众，但她却是个结过婚又闹离婚的女人，还是个交际花，肯定不是安分守己的好女人，她就没资格做家里的儿媳妇，徐家接受她也是看在儿子的份儿上。既然小曼进了门，成了家里的女主人，就得为家里做事，徐申如开始想着叫小曼管理家里的钱庄。没有想到徐志摩连连摇头，说小曼见到数字就头疼。

"我们家是经商之家，管钱庄是最基本的事，你学了文学，我已经伤透了脑筋，她再不管家事，你说这个家以后怎么办？我不要她打扫卫生，也不要她烧菜烧饭，但分给你的那份家产总要依赖于她来管理。"徐父推心置腹地对徐志摩说，他的话句句在理。但徐志摩却很为难。

徐申如很失望，他万万没有想到，出身于富豪之家的小曼从小就挥金如土，对钱没有概念，而且最怕看见数字，根本不会管钱。徐父发现，相比于精明强干的张幼仪，陆小曼简直是一无是处。不错，她能诗会画，精通外语，能说会道，外貌出色，但对于商人之家却没有任何用处。经商人家更需要的是管家，需要的是为家里做点实际的事情。可是徐申如发现，陆小曼是个只会花钱，不会挣钱的人，除了吃喝玩乐，什么都不知道。从小被仆人伺候惯了的陆小曼什么都不会做，就连仆人把饭菜做好了，她都懒得吃。陆小曼花钱如流水，她的衣食住行极为讲究，什么都买最好的，她买一双鞋要花普通鞋几十倍的价钱，她用的香水、化妆品、手绢和衣服等有固定的品牌和产地，不肯随便凑合着用。这对于精打细算的商人之家来讲，实在是不可思议的事情。徐家虽然资产雄厚，但这也是辛苦挣下的家业，两个老人很节俭。他们不喜欢铺张浪费，而小曼不是一般的浪费，简直是败家。陆小曼的作息时间也有问题，晚上不睡，白天不起，徐家二老实在看不惯。

陆小曼
出笔多高致，一生半累烟云中

陆小曼的行为也叫徐志摩的父母无法接受，更让徐志摩母亲无法接受的是，陆小曼竟然想坐6个人抬的轿子。"什么人啊，一点儿规矩都没有，那种轿子只有头婚的女人才有资格坐，她凭什么坐啊？"陆小曼平时与徐志摩的亲昵在长辈面前也从不避讳，与徐志摩你一口我一口地吃苹果，徐家老人感觉她举止轻浮。更叫他们吃惊的事还在后面，志摩的母亲后来告诉张幼仪说："吃晚饭的时候，她才吃半碗饭，就可怜兮兮地说：'志摩，帮我把这碗饭吃完吧。'那饭是凉的，志摩吃了说不定会生病呢！"

"你有没有听过这么懒的事情。这是个成年女子啊，她竟然要我儿子抱她上楼，她的脚连缠都没有缠过啊！"徐志摩的母亲愤怒地说道。这些都是什么行为？和以前张幼仪在二老面前恭恭敬敬的举止大相径庭。两位老人在保守的小镇上活了一辈子，哪里见过这样的事？在他们眼里，陆小曼的这些举动根本不对，儿子怎么能娶这样的人？

陆家二老需要的是能干的、会管家的、能够管理账目的儿媳妇，就像张幼仪那样的人。拿张幼仪一比较，陆小曼什么都不行，就连身体也不行，这么年轻却整天病恹恹的，一副无精打采的样子。不能支撑家业也就罢了，连早上起床这点事也做不到。除了会享乐，什么都不会干。他们实在看不惯陆小曼，两人婚后一个月，徐家二老就离家到北平找张幼仪去了。徐志摩父母一直把张幼仪当作正牌的儿媳妇。徐志摩的父母认张幼仪为义女，并放出话说以后再也不回家了。这是陆小曼与徐志摩婚后在徐家受到的第一个打击，但远远不是最后的打击，以后徐家对陆小曼的打击越来越多，越来越重。公公婆婆离开后，陆小曼得了肺病。过了很长一段时间，陆小曼的身体才渐渐恢复，经过调理，她便从那段不愉快的情绪中解脱出来了。

二老走了，家里成了两个人的世界，陆小曼不用受约束，反倒感觉放松了。他们两人在硖石这座舒适的住宅中养花种草，过着一种"草香人远，一流清涧"的生活。这段生活对陆小曼和徐志摩来说，是真正意义上的蜜月。夫妻你恩我爱，当时两个人为了在一起，承受了家庭、社会的巨大压力，现在所有的压力都远离他们了。以前所有的思恋、所有的委屈两个人都可以倾诉。婚后两个人之间的不和与矛盾还没有显露出来，更没有外界的引诱。他们梦寐已久的幸福生活就是这样——采菊东篱下，悠然见南山；夫妻双双把家还。在乡间居住非常快乐自由，白天两人读书写诗，磨墨作画；晚上两人倚窗望月，数着星星。志摩说："快活人尽是有出息的。我俩一块儿作诗，还要写剧本，只要有志气，在真的情爱上，有什么事不成功？"

这是甜蜜的乡间生活，他们在风起的日子笑看落花，他们在雪舞的时节举杯向月，他们一起面对来自家庭和社会中的一切凄风冷雨，他们一起走过人生中的每一个低潮，他们一起迎接每一个清晨和白昼，他们彼此相爱到地久、到天荒，一起陪伴走过海角天涯。

他们要白头到老，他们要永远不分离。有了徐志摩这样的终身伴侣，一生何求？陆小曼沉醉了，以前所付出的努力终于有了回报。他们的一些朋友很关心他们的未来。胡适在欧洲游历的时候，曾经致函泰戈尔的助手恩厚之："他们两口子，在那小地方住得太久，就会受害不浅了。他们多方面的才华会浪费消逝于无形。能找出办法把志摩夫妇送到英国或欧洲其他地方，让他们有两三年时间读点书，那就好极了。"恩厚之在他们婚后就给徐志摩寄来一笔钱，叫他们出国，但是由于陆小曼身体的缘故，不方便远行，所以他们一直没有出国。没有多久，由于战争的缘故，徐志摩和陆小曼中断了这一段甜蜜的新婚生活。

繁华都市 奢华生活

1927年1月,由于各种原因,陆小曼和徐志摩被迫移居上海。上海这座最繁华的国际大都市,也是陆小曼生活时间最长的地方。她曾在上海度过了她人生中最初的时光,直到她7岁到北京,那时候,她还是个天真烂漫的孩童,也是父母的掌上明珠。这一次,陆小曼和徐志摩又一次来到了上海,在上海的弄堂里开始了她的又一段婚姻生活。陆小曼没有想到,她一直在这座城市生活了38年的时间,一直到她故去。这38年,小曼在上海经历了很多。

1927年到1931年,徐志摩飞机失事前,这个阶段小曼有徐志摩的宠爱,她的生活是甜蜜的、幸福的。她衣食无忧,随意做任何喜欢的事,后来因为各种压力和引诱,她变得奢侈放任,开始吸食鸦片,把大好时光都轻飘飘地消耗在交际和舞场上了,辜负了天生的才华。

1931年徐志摩失事后到1949年这个阶段,小曼的生活很不容易。徐志摩乘坐的飞机失事后,亲友都把责任归罪于她,对她很不满,很多人都和小曼断绝来往,不再理会她。小曼自己也背负着沉重的包袱。她极为伤心，充满了深深的自责，一直没有从对徐志摩的愧疚中走出来。她变得消极而沉寂，从此闭门谢客，不再出去交际。她在与翁瑞午同居后仍把徐志摩的画像挂在自己的卧室，小曼一直在悔恨中生活。为了那份感情，她敢于与整个世界做斗争，最终她只是一声叹息。后来，小曼振作起来，开始作画，最终遇到贵人陈毅市长，在陈毅市长的帮助下，小曼有了工作，有了经济收入，有了自信，开始了自食其力的生活，并结交了不少朋友。

言归正传，小曼、徐志摩来到上海，徐志摩开始找工作。他们住在一个客栈里度日。因为从徐家那里拿不到钱，所以生活很窘迫。后来徐志摩在大学里找到了工作，经济条件好了起来。手里的钱多起来后，小曼又开始任性地花钱。两人的经济条件好起来后，他们就搬了新家。先是在一个有名的弄堂里租下了一层楼，后来又搬到延安路上的四明村，这个居所条件非常好，可以说是豪宅。他们的新家是一栋上海老式石库门洋房，楼下当中是客堂间，正中设摆佛堂，没有更多的家具，一般没有人过来。边上的统厢房是陆老太爷的房间。二楼有内外两间之分的亭子间是陆老太太的房间，内间是陆老太太的卧室，外间是留给亲戚住的。陆小曼和徐志摩住在二楼统厢房前的那间，后面只有一张烟榻的那间是她的私人吸烟室。客厅在二楼，中间一张八仙桌是吃饭用的，三楼是徐志摩的书房。

陆小曼的这个家装饰豪华，幽静典雅。家里的布置非常讲究，洋气十足。在卧室的四周，全是红木家具，左为梁启超的立轴，右为刘海粟的油画，院内有轿车。陈设也极精致，有古玩、花卉、文房四宝，是一处上乘的住宅。这样的住宅，价位自然不菲，月租就要100多块大洋，养尊处优的陆小曼，有了钱后，就开始挥金如土，她在物

陆小曼
出笔多高致，一生半累烟云中

质上的欲望有增无减。

由于生长在官僚、银行家里，家产丰厚。她又是家里仅有的孩子，父母自然是百般宠爱，便逐渐养成奢华的习惯；再加上在教会学校受教育，在社会上接触的都是上层人物，因此慢慢地就形成了当时称之为"名门闺秀"的做派——贪图享乐，铺张浪费，挥霍钱财。

陆小曼派头很大，家里的用人很多，有出入开车的司机，专门做拿手菜的厨师，看门管家的男仆，还有好几个贴身伺候的丫头，每个丫头都很有派头，不知道的还以为是小姐。小曼出入还有私人轿车。她挥霍无度，经常逛街，想买什么就买什么，不顾家里需不需要，更不会去问价格。她每月的花销达600多块，这些钱在当时可以买7两黄金。

陆小曼在上海的生活真是如鱼得水。这段时间陆小曼的生活非常舒心。陆小曼喜欢吃，但从小她正餐吃得不多，零食却吃得不少，甚至以零食果腹。她手里经常拿着吃的东西，嘴也不闲着。徐志摩发现她一天到晚总是惦记着吃。在上海的初期，正是他们感情最好的时期。徐志摩宠爱陆小曼，于是，想方设法地给陆小曼买美食，有些美食不好买，他就托人买。有时，徐志摩托人给陆小曼买日本的大樱桃、枇杷。有时候给她买杨梅、荔枝、石榴、芒果、白果。陆小曼的吃相，并不像她本人那样娇滴滴的，而是颇有些豪爽之气。

陆小曼贪吃杨梅、荔枝，把嗓子都吃哑了，无法唱戏，徐志摩很心疼。陆小曼爱吃石榴，吃石榴的时候，她不是像其他女孩子那样一个个地剥，而是拿着刀子用尽力气去砍石榴。如果发现石榴颜色不红，尝尝不好吃，她就会毫不犹豫地丢掉。徐志摩说她一天到晚就是吃，从起床到上床睡觉就是吃。还打趣道："也许你想芒果或者想白果的时间倒比想老爷更亲热，更急。"在徐志摩的眼里，小曼的吃相很可爱，他就像看孩子一样，看着小曼不断地吃各种美食。徐志摩一边埋怨，一边四处帮她打听，托朋友从各处买来美食送给小曼，叫她开心。陆小曼喜欢美食，在吃中找到不少乐趣。在没有水果的季节，她就吃雪里蕻烧细花生。上街遇见路边香味扑鼻的烤白薯，看见冰糖葫芦，她会毫不犹豫地买下来。徐志摩买回家的罐头，她很快就吃光了。

徐志摩对陆小曼非常好，知道小曼是个美食家，于是，家里专门请了上好的厨师烧菜。小曼还喜欢吃大餐，上海那些有名的高端饭店：新利坦、大西洋、一品香，都是她经常光顾的地方。和朋友们一起聚会，点一桌子美食，大家边吃边聊，非常开心。小曼在上海过圣诞节，过节那天，她在大华饭店订了很多座位，请朋友们吃饭。这需要大笔钞票，小曼却毫不在意地消费了。在小曼的眼里，钱是身外之物，花钱全凭心情。小曼除了爱吃，还喜欢打扮。在穿戴方面，小曼的灵性很高。她喜欢素的服饰。小曼一直喜欢穿蓝色旗袍，样式简单，但却别有风致。有时，她在旗袍的肩膀上配上毛皮的披肩，把她衬托得娇小玲珑。小曼喜欢穿平底鞋，留着学生那种短发，照片上的小曼没有烫头，非常纯净。徐志摩对陆小曼细致体贴，在日本的时候，他给小曼买漂亮的手绢；在北京的时候，徐志摩给小曼买缎面的布鞋。

1927年，上海云裳时装公司开业，这个公司专门做女性服装，张幼仪是总经理，全面负责公司的业务。江小鹣是艺术总监，他从法国留学归来，见过西方的时装模特表演。于是，他邀请陆小曼和唐瑛这两个上海最有名的女性帮公司宣传。她们穿着公司的衣服，引来了

118　陆小曼
出笔多高致，一生半累烟云中

无数的目光。1927年8月26日的《上海画报》刊登了小曼穿着云裳时装公司新款时装的照片，小曼成了时尚界的知名人士。陆小曼对于穿着打扮非常有见解，她曾经对郁达夫的夫人王映霞说："我不喜欢花花绿绿的衣服，那太俗气了。我喜欢穿淡色的服装。有一次，我穿蓝布旗袍得到志摩的称赞，他说朴素的美有胜于香艳美。"王映霞第一次见到陆小曼的时候，她穿着一袭银色的丝绸旗袍，非常淡雅端庄。徐志摩死后，赵清阁也说过："她毫未修饰，这说明了她的心境，但她依然是美丽的，宛如一朵幽兰，幽静而超然地藏匿在深谷中。"

小曼渐渐爱上了上海的夜生活，当时上海是殖民统治下的十里洋场，在外国租界里，可以看见漂亮的居室，最新潮时尚的商品，豪华气派的舞厅剧场，谈吐高雅的交际界。这一切对陆小曼来说，是个崭新的天地，她过得如鱼得水。她每天总是跳舞、打牌、看戏或玩票，直到半夜三更。

她出手阔绰，经常领着朋友到处玩，小曼的干女儿何灵琰说陆小曼非常会玩，领着她们去著名的一百一十八号赌场，那是一所私人大花园洋房，布置得相当豪华，客人都是当时社交场所的有名人物。赌场的客人可以随便点东西吃，不用掏钱。在赌场，何灵琰第一次吃到桃子罐头，她感到非常好吃。

在上海，小曼热衷于结交名人、名伶。小曼喜欢穿梭于各种社交场合，由于她原是北京社交界的名媛，如今成了徐志摩的夫人，别有一番风韵，很快便成为上海社交界的中心人物。这样风花雪月的社交圈才是她的领地，上海这个城市非常适合小曼的天性。她不但喜欢看戏，还喜欢捧角儿，尤其喜欢捧刚出道的旦角。有些旦角就被她认作干女儿。小曼捧红过十几个旦角，自然又是花钱如流水一般。

小曼爱听戏，又结交了一帮唱戏的朋友，在她们的影响下，小曼也成了票友，她会唱昆曲、皮黄。小曼貌美，扮相俊俏，往舞台中间一站，便成了焦点，台上台下自然是一片叫好声。说来奇怪，小曼的身体不好，几乎没有一会儿是舒服的，时不时地大喊大叫，严重的时候还会晕过去。但唱起戏来，她却一反常态，竟然能连续站几天台，即使昏厥也不离开舞台。由于陆小曼是交际界的名人，上海上流社会的男女老少都希望一睹她的风采，所以她唱戏的风头甚至盖过了一般名角。

在上海，陆小曼结交了不少朋友，唐瑛就是她多年的朋友。唐瑛生于1910年，父亲唐乃安是清政府获得庚子赔款资助的首批留洋学生，也是中国第一个留洋的西医，回国后在北洋舰队做医生，后来，唐乃安在上海开私人诊所，专给当时的名门望族看病，所以唐家的家境非常殷实。唐乃安一家住在宽大的房子里，有很多用人，光厨子就养了4个：他们各有分工，一对扬州夫妻专门做中式点心，一个厨师专门做西式点心，还有一个专门做大菜。虽然唐瑛的父亲深受西方文化的影响，信奉基督教，唐家的女孩子地位很高，但也不能随便出门交际，必须等到有男士上门邀请或者婚后才能开始社交。唐瑛正式进入交际圈是在1926年左右，完全符合16岁开始社交的西方规矩。

唐瑛毕业于中西女塾，接受了最好的教育，她的英文讲得很流利。唐瑛很漂亮，穿戴时尚，她比陆小曼小7岁，却是小曼最要好的朋友。陆小曼在上海的时候，经常和唐瑛及其她的哥哥唐腴胪一起参加社交活动。

接受西式教育的唐瑛，对中国传统戏曲非常痴迷，并且有很深的造诣。她经常以玩票性质登台，舞台上的她光彩照人。1927年，在

陆小曼

出笔多高致，一生半累烟云中

中央大戏院举行的上海妇女界慰劳剧艺大会上，唐瑛与陆小曼联袂登台演出昆剧《拾画》，那时候唐瑛年仅17岁。后来报纸上大幅刊登两人的戏照，照片中陆小曼轻摇折扇，唐瑛走台步，两人配合默契，这是唐瑛第一次给公众留下深刻印象。后来，唐瑛出席重要场合的机会越来越多。有一年，英国王室到上海访问，唐瑛去表演钢琴和昆曲，所有报纸上都登出她的玉照，唐瑛的光彩完全盖过了王室。1935年秋，唐瑛还在卡尔登戏院用英语演出整场的京剧《王宝钏》，这也是国内第一次用英语演出的京剧。唐瑛扮相好，戏演得好，还能说一口地道的牛津英语，这样的才华在当时无人匹敌。

有人说唐瑛是全上海最摩登的女人，此话不假。作为顶级的交际花，唐瑛非常爱打扮。她的家境富有，本人又有良好的修养，所以，她在穿戴上有很好的品位。当时的女性杂志《玲珑》就鼓励新女性们向唐瑛看齐，把唐瑛作为学习的榜样，学习她会交际，会打扮。在当时，唐瑛的穿戴是旧上海时尚潮流的风向标。唐瑛很讲究品牌，她喜欢用国际一流的大品牌，比如说香奈儿5号香水，喜欢菲拉格慕高跟鞋，喜欢迪奥口红，喜欢赛琳服饰，喜欢LV手袋。

唐瑛的家里有十只镶金大箱子，里面装满了衣服。昂贵的裘皮大衣，更是挂了满满一整面墙壁的壁橱，款式各异，多得都穿不过来。她即使有一天不出门交际，在家里也要换三次衣服。唐瑛有件旗袍绲边上面有上百只金银线绣的蝴蝶，上面的纽扣全是清一色的红宝石。知道唐瑛喜欢穿戴，唐家专门给她配了个裁缝，每次唐瑛出去高档商店逛街，看见中意的新式时装，她都把样子记下来，回家吩咐裁缝做。当然，她自己根据喜好会做一些改动，所以唐瑛穿戴的衣服都是精挑细选，非常有品位的，能牢牢地吸引路人的目光。唐瑛对饮食非常讲究，每顿饭都严格按照合理的营养要求进行搭配，甚至会精细到几点吃早餐，几点喝下午茶，几点吃晚饭。她吃饭的时候，非常讲究仪表，不玩弄碗筷餐具，不能边吃边说；汤要是太烫，也不能用嘴吹。

唐瑛的感情生活也丰富多彩，当年拜倒在唐瑛石榴裙下的身份显赫的男人不计其数。唐瑛与宋子文有过一段爱情，却因为意外的原因而分手。宋子文与唐瑛的哥哥唐腴胪是要好的朋友，他们曾在美国一起留学，回国后，唐腴胪做了宋子文的秘书。宋子文经常去唐家做客，不仅仅是他和唐腴胪关系密切，更因为唐腴胪的妹妹唐瑛。那时候的宋子文风度翩翩，有学识，有权利，有金钱。他比唐瑛大16岁，被唐瑛深深地吸引住了。宋子文猛追唐瑛，他给唐瑛写了无数的情书。无奈，他们之间的交往却遭到唐瑛的父亲唐乃安的强烈反对。儿子与宋子文越走越近最后从了政，唐乃安已经非常不高兴了。唐乃安是个知识分子，他劝唐腴胪，和政界的人联系越少越好，否则早晚会有麻烦。但唐腴胪却固执己见，最终唐腴胪因为宋子文的缘故果然出事了。

1931年的一天早晨，唐腴胪陪宋子文到上海火车站乘火车。两人朝车厢走的时候，突然有人放烟幕弹，随即烟雾升腾，人们看不见几米之内的事。就在大家惊慌失措的时候，传来一阵枪响，唐腴胪应声倒地。这是一起刺杀案，刺客的目标是宋子文，但是唐腴胪替他死了。当时有传言说是唐腴胪帮宋子文挡子弹。事实上，唐腴胪是因为那天穿戴与宋子文极为相似而被误杀的。这件事使得唐家悲痛万分，更不愿意和宋家有任何来往。宋子文对唐家也是内疚万分，他只能割舍与唐瑛的恋情。只是唐瑛把宋子文写给自己的20多封信珍藏起来，

陆小曼
出笔多高致，一生半累烟云中

她一直锁在抽屉里，只有她本人才能打开，也许是对这段感情的纪念吧。由此可见，她对宋子文也是有真情的。

与宋子文分手后，唐瑛很快便嫁给了沪上豪商李云书的公子李祖法。他是宁波豪商的儿子，从耶鲁大学留学归来的青年才俊。李家是社会名流，更是沪上巨商。嫁入这样的豪门望族，唐瑛的生活自然非常舒服，她有足够的财力维持着交际花的排场，继续风光无限地生活着。与唐瑛的生活方式相反，她的丈夫李祖法却是一个喜欢安静的人，他不喜欢交际，也不喜欢妻子过着交际花生活，更不喜欢妻子在上海十里洋场、灯红酒绿的场合穿梭。李祖法认为，女人就应该传统一些，过相夫教子的生活。这一切，与喜欢出风头的唐瑛格格不入。1937年，唐瑛与李祖法终因性格不合而离异，唐瑛带着六岁的儿子李明觉离开李家。离婚后，唐瑛活得依旧光鲜靓丽，开心快活。她是一个非常会爱自己的女人，家庭、生活、孩子，这些琐事都不会影响到她开心快活的交际生活。

不久之后，唐瑛遇上了在友邦保险公司工作的容显麟。容显麟是广东人，他性格活泼，爱好多样，如骑马、跳舞、钓鱼等，更是文艺爱好者。他们是一类人，在共同兴趣的基础上，他们渐渐熟识，最终于1937年在新加坡结了婚，然后去了美国，在大洋彼岸继续她的生活。

俗话说得好，近朱者赤，近墨者黑。物以类聚，人以群分。和唐瑛这样出身豪门，花钱如流水的小姐交往，陆小曼的消费自然也不会低。那个时候，小曼的父亲事业不顺利，父母家中已经开始败落，钱自然就少了。陆小曼又嫁给了徐志摩，手里的钱虽然还可以，但却无法维持小曼挥霍的习惯。徐志摩出身于富有家庭，从来不为金钱操心。由于和陆小曼结婚，徐家二老出于对小曼的极度失望，最终在经济上与他们夫妇一刀两断。这样，家里的花销全落在徐志摩一个人的身上了。徐志摩只是个教书先生，虽然他的收入在当时算高的，但是小曼的消费更高，她每天大手大脚地花钱，从不关心钱是怎么挣来的，这叫徐志摩很头疼。他发现小曼的消费远远超出了自己的财力。

小曼似乎不知道教书先生和将军的收入是不一样的。王庚的职位高，自然可以供得起小曼豪华的生活，但徐志摩却没有那么雄厚的资产。小曼的任意消费给徐志摩造成了很大的压力。没有更多金钱的徐志摩窘迫不堪，疲于应付。徐志摩想叫小曼过得好一些，他只得在光华大学、东吴大学、大夏大学三所学校讲课，做《晨报副刊》主编，课余还赶写诗文，用来赚取稿费，徐志摩如此辛苦地工作，却仍旧不够支持陆小曼的消费。

高傲的诗人，为了挣钱，竟然做起了熟人间房屋中介买卖，不得已时就将一些玉器带到北京卖给外国人。到京时为省钱就吃住在胡适家，为节省往返京沪的交通费，经常找免费飞机乘坐。他竟然还穿着带着补丁的衣服，把挣来的钱都给了陆小曼。志摩给小曼的信札中，不断地诉说着因囊中羞涩的无奈，他为钱而发愁："我至爱的老婆：钱的问题，我是焦急得睡不着。现在第一盼望节前发薪，但节前有，寄到上海定在节后……我不知如何弥补得来？借钱又无处开口。钱真可恶，来时不易，去时太易。"

　　至爱妻眉：

　　　　你送兴业五百元是哪一天？请即告我。因为我二十以前

陆小曼
出笔多高致，一生半累烟云中

共送六百元付帐，银行二十三来信，尚欠四百元，连本月房租共欠五百有余。如果你那五百元是在二十三以后，那便还好，否则我又该着急得不了了！请速告我。

车怎样了？绝对不能再养的了！

明天我叫图南汇给你二百元家用（十一月份），但千万不可到手就宽，我们的穷运还没有到底；自己再不小心，更不堪设想。

我不愿意你过分爱物，不愿意你随便花钱，无形中养成"想什么非要到什么不可"的习惯；我将来决不会怎样赚钱的，即使有机会我也不来，因为我认定奢侈的生活不是高尚的生活。

爱，在俭朴的生活中，是有真生命的，像一朵朝露浸着的小草花；在奢华的生活中，即使有爱，不能纯粹，不能自然，像是热屋子里烘出来的花，一半天就衰萎的忧愁。

论精神我主张贵族主义；谈物质我主张平民主义。眉，你闲着时候想一想，你会不会有一天厌弃你的摩。

不要怕想，想是领到"通"的路上去的。受朋友怜惜与照顾也得有个限度，否则就有界限不分明的危险。小的地方要防，正因为小的地方容易忽略。

"你猜我替你买了什么衣料？你看了准喜欢，只是小宝贝，你把摩摩的口袋都掏空了，怎么好？"

可怜的徐志摩，这个不食人间烟火的浪漫诗人，由于陆小曼的挥霍，终于开始算计着花钱了。那段时间，由于现实生活的巨大压力，徐志摩觉得自己整天奔波劳碌，不再有任何灵感，笔端越发生涩，很难再写出轻灵的文章了，作为生活在诗歌中的诗人，这是一个不小的打击。

1927年的一天，江小鹣、翁瑞午邀请陆小曼去演一出《玉堂春》。没多久，陆小曼就和徐志摩谈话，要求徐志摩答应她两件事：第一件事是叫徐志摩在戏里扮演王金龙，第二件事自然是要钱。演戏自然需要行头，没钱怎么能有好的行头？听了这话，徐志摩非常发愁。他对演戏和掏钱都很头疼。

徐志摩是留学英美的学者诗人，深受西方思想的影响，又在大学任教，他喜欢作诗交友，喜欢高雅的生活，喜欢和当代的青年才俊谈论诗歌。他并不喜欢听戏，更不擅长唱戏，他不敢想象自己登台后会不会在大庭广众之下出洋相。他费了很大的劲去挣钱，但依旧不能填补小曼无休止消费的窟窿。说实在的，他拿不出更多的钱任由小曼挥霍。但他又不忍心拒绝小曼，于是，徐志摩把泰戈尔当初给他们那笔去欧洲游历的钱拿了出来。虽然徐志摩在舞台上闹出了不少笑话，但最终小曼的演出获得了满堂彩。

所谓红颜薄命，此言不假。小曼是个多病的西施，一生被病魔所缠绕，苍白、病弱、常昏厥，她对自己的身体毫无办法，也叫身边的人爱莫能助。徐志摩说："曼的身体最叫我愁，一天24小时，她没有小半天舒服，我没有小半天完全定心。"可见徐志摩对陆小曼是牵肠挂肚，一刻也放心不下。

小曼的表妹吴锦说过："陆小曼所受的病痛是常人无法想象的。"陆小曼在《随着日子往前走》中也谈到自己的身体状况：

陆小曼
出笔多高致，一生半累烟云中

实在不是我不写，更不是我不爱写：我心里实在是想写得不得了。自从你提起了写东西，我两年来死灰色的心灵里又好像闪出了一点儿光芒，手也不觉有点儿发痒，所以前天很坚决的答应了你两天内一定挤出一点东西。谁知道昨天勇气十足的爬上写字台，摆出了十二分的架子，好像一口气就可以写完我心里要写的一切。说也可笑，才起了一个头就有点儿不自在了：眼睛看在白纸上好像每个字都在那儿跳跃。我还以为是病后力弱眼花。不管他，还是往下写！再过一忽儿，就大不成样了：头晕，手抖，足软，心跳，一切的毛病像潮水似的都涌上来了，不要说再往下写，就是再坐一分钟都办不到。在这个时候，我只得掷笔而起，立刻爬上了床，先闭了眼静养半刻再说。虽然眼睛是闭了，可是我的思潮像水波一般的在内心起伏，也不知道是怨，是恨，是痛，我只觉得一阵阵的酸味往我脑门里冲。

我真的变成了一个废物么？我真就从此完了么？本来这三年来病鬼缠得我求死不能，求生无味；我只能一切都不想，一切都不管，脑子里永远让他空洞洞的不存一点东西，不要说是思想一点都没有，连过的日子都不知道是几月几日，每天只是随着日子往前走，饿了就吃，睡够了就爬起来。灵魂本来是早就麻木的了，这三年来是更成死灰了。可是希望恢复康健是我每天在那儿祷颂着的。所以我甚么都不做，连画都不敢动笔。一直到今年的春天，我才觉得有一点儿生气，一切都比以前好得多。在这个时候正碰到你来要我写点东西，我便很高兴地答应了你。谁知道一句话才出口不到半月，就又变了腔，说不出的小毛病又时常出现。真恨人，小毛病还不算，又来了一次大毛病，一直到今天病得我只剩下了一层皮一把骨头。我身心所受的痛苦不用说，而屡次失信于你的杂志却更使我有说不出的不安。所以我今天睡在床上也只好勉力的给你写这几个字。人生最难堪的是心里要做而力量做不到的事情，尤其是我平时的脾气最不喜欢失信。我觉得答应了人家而不做是最难受的。

不过我想现在病是走了，就只人太瘦弱，所以一切没有精力。可是我想再休养一些时候一定可以复原了。到那时，我一定好好地为你写一点东西。虽然我写的不成文章，也不能算诗（前晚我还做了一首呢），可是他至少可以一泄我几年来心里的苦闷。现在虽然是精力不让我写，一半也由于我懒得动，因为一提笔，至少也要使我脑子里多加一层痛苦：手写就得脑子动，脑子一动一切的思潮就会起来，于是心灵上就有了知觉。我想还不如我现在似的老是食而不知其味地过日子好，你说是不是？虽然躺着，还有点儿不得劲儿：好，等下次再写。

因为身体不好，经常生病，陆小曼自然是浑身慵懒无力，不能专心做事。虽然有几次去国外发展的大好机会，无奈她的身体却不允许。1926年，小曼与王赓离婚的时间不长，美国好莱坞电影公司注意到小曼的名声和影响力，还有她身上所具备的明星潜质，为了表示对小曼的诚意，公司给她汇了大约5000美金的巨款，邀请她去美国拍电影。5000美金在当时可谓一笔叫人眼热心跳的天文数字。但陆

陆小曼
出笔多高致，一生半累烟云中

小曼认为自己去当外国的电影明星，是一件不光彩的事，而且她是独生女，不愿意离开父母。另外她和徐志摩正处于热恋阶段，她是不会为了演艺事业放弃爱情的，更不想去美国。此外，小曼从小娇生惯养，也不愿意去海外接受未知生活的考验。她是富豪家的阔小姐出身，自小就生活在富贵之中，对金钱从来没有更多的概念。她是为爱情而活的，在小曼的眼里，爱情远远比金钱更重要。于是，便将那笔巨款退回去了。这真是件遗憾的事，她放弃了提升自己实力的平台，也放弃了作为经济独立女性的机会。如果小曼抓住了这个机会，好好发展，说不定就能成为好莱坞的明星，把自己社交演艺的才能发挥到极致。她就会有大把的金钱，她的晚景也不会如此的贫困交加。但是人生没有如果，小曼也不会去好莱坞，她的心里只有爱情。不得不说，小曼放弃了很多人梦寐以求的机会。还是因为身体不好，小曼逐渐学会了吸食鸦片，用鸦片来麻醉自己，忘记病痛。徐志摩虽然很无奈，却也毫无办法。由于身体不好，小曼无法随心所愿地游山玩水，只好在画室里，将对大自然的热爱倾吐到画笔之下。后来拜刘海粟为师，学习国画，由于她悟性好，到20世纪30年代，她在上海画界已经小有名气。

第四章

生如夏花之灿烂

那个时候的小曼正是成熟的年龄,有才华,有能力,只要她愿意,完全可以做些有意义的事……

同心编就《卞昆冈》

由于小曼无法生育,所以她和徐志摩没有孩子,为此,徐志摩非常遗憾,但在艺术上,她们却有一个最好的孩子,那就是他们共同创作的五幕话剧《卞昆冈》。《卞昆冈》是徐志摩与陆小曼合作的唯一一部作品,也是徐志摩创作的唯一一部剧本。这是夫妻二人心血的结晶,是他们浪漫艺术合作的结晶,更是夫妻二人爱的结晶,也是他们爱的精神最好的诠释。这个话剧的由来就是个迷人的故事。

小曼与徐志摩两个人的乡间生活是温馨、宁静的,陆小曼的心全在家里。但到了上海这座五光十色的城市后,小曼立刻投入上海的花花世界中,她穿梭于社交界,结交各界名人、名伶,每天光顾的场所是酒宴、舞会、牌桌、戏院。小曼喜欢这样的生活,在北京的时候,她就是这样过的,到了上海,更是如鱼得水。小曼每次回到家里都是子夜时分,那个时候,小曼过着醉生梦死的社交生活,这和徐志摩理想中夫唱妇随的婚姻生活天差地别，所以二人的生活经常会有各种波澜出现。

　　志摩追求爱、自由和美，他对富有才华的小曼有着很多的期待，希望她成为中国的伊丽莎白·白朗宁。他送给小曼的新年礼物是曼殊斐儿的日记，上面写着："一本纯粹性灵所产生，亦是为纯粹性灵而产生的书。"他希望小曼也达到性灵，成为文艺女神。虽然小曼花钱如流水，成天沉溺于各种交际，志摩却始终相信那只不过是暂时的，他始终相信小曼会沉溺于文学，成为一代才女。

　　徐志摩很想规劝她，但是却很难有合适的机会；又怕小曼不高兴，所以一直没有开口。有一天晚上，徐志摩看见小曼回来得比较早，心情不错，便和她商量联手创作话剧剧本。他这么做是为了激发她的兴趣，陶冶她的情操，把她在红尘中浮华享乐的心拉回到文学的世界中。小曼是个才女，她很爽快地答应了，徐志摩非常开心。

　　徐志摩知道，在东西方文学史上，有很多夫妻、兄妹合写了很多作品，所以徐志摩也想和小曼共同创作一部作品。徐志摩对戏剧有着特殊的爱好，他翻译过《死城》《墨梭林尼的大饭》等意大利、英国戏剧作品，发表过大量介绍西方戏剧的文字，曾经与林徽因合演过泰戈尔诗剧《齐特拉》，跟小曼同演过昆剧《玉堂春》。在徐志摩的影响下，陆小曼也译过意大利戏剧《海市蜃楼》。

　　共同的爱好，使得两个人开始了创作。小曼苦思冥想，为剧本提供了素材。这个故事是这样的：在山西云冈农村，有一个叫卞昆冈的石匠，他的妻子故去了，给他留下一个活泼俊秀的8岁儿子阿明。阿明那双明亮的眼睛像极了母亲，石匠看到就思念起亡妻。邻居坏心肠的寡妇施展女人的手段与石匠结了婚，她出于嫉妒，想尽了各种手段

陆小曼
出笔多高致，一生半累烟云中

折磨阿明，最终弄瞎了他那双美丽的眼睛。最后寡妇和姘夫一起逃走了，石匠悔恨交加，用刀抹了脖子。

这个剧本写于他们爱情最甜蜜的时期，我们可以想象这样一幅美丽的图画：美丽的小曼和俊朗的志摩坐在书房里，他们夫妻非常恩爱，两个人相互依偎在梳妆台旁。有时，两个人默默不语深情凝望着，有时，他们你一言我一语地讨论着剧情发展。他们回想着两个人当初的相识，回想起两个人当初的相恋，又回想起两个人顶着全世界都反对的压力，最终走到一起。他们把所有关于爱和美的情感，全部都寄托于话剧中。他们苦苦地思考着剧中的情节和故事发展，把自己的感情倾注于作品中。小曼和徐志摩一边说着，徐志摩一边写着，最终由徐志摩用诗一般的语言，执笔完成了这部美丽的作品。

这部戏有很多地方都模仿了莎士比亚的戏剧，它专门安排了一个弹三弦的老瞎子，说唱些预示未来的话："我是天空里的一片云，偶尔投影在你的波心——你不必讶异，更无须欢喜，在转瞬间消失了踪影……"后来这首诗广为流传，影响了很多人。这首诗太美了，想象丰富，意境深远，还有一种伤感的格调，叫人遥想到神秘的命运。两个人偶然走到一起，相爱了，但是最终却不得不分手，剧本中这样美的诗句很多。

徐志摩是个诗人，他写出的文字非常有诗的韵律，剧本的语言和徐志摩的诗歌一样美。字句的工整，音节的唯美，想象的丰富，人物的选择，在《卞昆冈》里处处流露出来。可以说在《卞昆冈》里处处流露出的诗意美，把徐志摩、陆小曼的唯美主义诗意表现得淋漓尽致。

《卞昆冈》也是一部诗歌话剧，很多台词单独欣赏就是一首诗，一首唯美的诗歌。虽然这出戏写的是村里的事,但连村里肉铺老板的语言都很有文采。卞昆冈的孩子被后妈和奸夫害死了,卞昆冈也跳崖自杀。美追求的极致就是死亡,这也正是徐志摩爱、美、死的唯美艺术特色。

戏剧中的对话之所以如此动人逼真,尤其是剧中女人说的话,那是陆小曼的贡献,只有小曼才会说出如此绝妙的语言。可以说,《卞昆冈》是一部凝结着徐志摩、陆小曼爱情结晶的五幕悲剧,是两颗心灵的融合体,也是他们之间碰撞出的火花。

为爱而牺牲是浪漫剧主角的唯一选择。徐志摩是浪漫剧的主角,他是一个理想主义者,对现实有很多不切实际的理想或是幻想,《卞昆冈》可以看成是徐志摩为理想婚姻所做的最大努力。然而,理想与现实有着不可调和的冲突。《卞昆冈》中的主人公最后自杀了,徐志摩也在他最年轻、最绚烂的时候离去,给他的人生戏剧抹上最浪漫的一笔。真是人生如戏。戏就是另外的人生。从这部戏里可以看出作者对爱与美的追求,也可以看出作者的影子。最终这个剧本发表于1928年《新月》杂志第一卷二期和三期上,剧的核心是"美、恋爱、死",具有悲剧色彩的美。题首注明:与陆小曼合撰。现在,这部剧依旧有着独特的艺术魅力,人们看到这出戏,就想起小曼,想起志摩,想起他们之间美丽的爱情故事,想起他们婚姻中那些最甜蜜的生活,这是叫人神往的生活,可惜就像昙花一现般的流逝了。

徐志摩是个很有想法的人,他曾经把白朗宁夫妇作为他与小曼的榜样。徐志摩自视甚高,他对另一半的要求也很高。他希望小曼不仅仅是一个美丽聪明的妻子,更希望小曼能够成为他事业的一部分。徐

陆小曼
出笔多高致，一生半累烟云中

志摩认为，他们之间的爱情可以给小曼新的生活。徐志摩在结婚前，多次向陆小曼谈论自己的想法，不知道是不是羡慕梁思成、林徽因夫妇的志同道合，他希望小曼也拿起笔来，两人一起在文学创作上有一番作为。遗憾的是，陆小曼结婚后依然故我，她结交了唐瑛这样时尚新潮、花钱如流水的女性，物质需求有增无减。徐志摩在三家大学兼职，月收入好几百元，也支撑不了小曼挥霍的生活方式。小曼就是小曼，她不会按照徐志摩的设想，变成白朗宁夫人。

很多朋友都看出来了，他们虽然有爱情，但并不是合适的伴侣。他们都是不食人间烟火的、浪漫的理想主义者，尤其是小曼没有独立的经历来源，却依旧过着豪华的生活。往日那炙热的爱情找不到了，志摩很迷茫，他在梦里感受"悲哀里心碎"。

徐志摩困惑痛苦，他觉得世界非常的冷漠。1928年6月中旬，徐志摩再一次出国访问泰戈尔，他对小曼吸鸦片很不满，也对婚后两人之间的关系有些失望，想着外出排解心中的烦恼与苦闷。他希望通过短暂的分离化解矛盾，说不定那个时候，小曼就会有所变化。于是，徐志摩选择了去欧洲旅游，去印度拜访泰戈尔。

1929年，泰戈尔在去日本、加拿大讲学前，路过中国，专门到上海看望志摩和小曼。泰戈尔对徐志摩就像亲儿子一样，他在上海时就住在小曼和徐志摩的家里。当时徐志摩与陆小曼住在延安中路四明村。来沪前，泰翁就打电报叮嘱徐志摩，他的行踪一定要保密。泰戈尔婉拒了在沪的印度人为他提供的豪华住宅，他只想着静悄悄地在徐志摩和陆小曼家里住上几天。徐志摩的新家成了泰戈尔在上海的一段美好的记忆，也见证了两个国度老少诗人的友谊。泰戈尔的日常起居和中国人相似，非常随便。知道泰戈尔来上海的都是徐志摩通知的几个很要好的朋友。当天中午,蒋百里在家里举办午宴招待泰戈尔,到场的只有徐志摩夫妇和胡适等几位老朋友。徐志摩的好朋友邵洵美和妻子盛佩玉也去徐家拜访过泰戈尔,他们一起吃了饭。盛佩玉说,泰戈尔身材高大,灰白的大胡子散在胸前,一身灰色的大袍,一顶黑色平圆顶的帽子端端正正戴在头上,就好像她看到过的大寺院中的老方丈的打扮。虽然泰戈尔停留的时间不长,但她与泰戈尔之间的那段情谊对她的影响却是巨大的,陆小曼后来专门写了文章《泰戈尔在我家》回忆和泰戈尔的交往。

谁都想不到今年泰戈尔先生的八十大寿倒由我来提笔庆祝。人事的变迁幻妙得怕人了。若是今天有了志摩,一定是他第一个高兴。只要看十年前老人家七十岁的那一年,他在几个月前就坐立不安思量着怎样去庆祝,怎样才能使老人家满意。他一定要亲自到印度去,但同时环境又使他不能离开上海,直急得搔头抓耳,连笔都懒得动;一直到去的问题解决了,才慢慢地安静下来。后来他费了几个月的工夫,从欧洲一直转到印度,见到老人家本人,才算了足心愿。归后他还说:"这次总算称了我的心,等老人家八十岁的时候,请老人家到上海来才好玩呢!"谁知一个青年人倒走在老人家的前头去了。

本来我同泰戈尔是很生疏的,他第一次来中国的时候,我还未曾遇见志摩;虽然志摩同我认识之后,第一次出国的时候,就同我说此去见着泰戈尔一定要向他介绍我,还叫我送一张照片给他,可是我脑子里一点感想也没有。一直到志

陆小曼
出笔多高致，一生半累烟云中

　　摩见着老人家之后，寄来一封信，说老人家见了我们的相片之后，就将我的为人、脾气、性情都说了一个清清楚楚，好像已见着我的人一样。志摩对于这一点钦佩得五体投地，恨不能立刻叫我去见他老人家。同时老人家还叫志摩告诉我，一二年后，他一定要亲自来我家，希望能够看见我，叫我早一点预备。自从那时起，我心里才觉得老人家真是一个奇人，身为文学家而同时又会看相！也许印度人都会一点幻术吧。

　　我同志摩结婚后不久，他老人家忽然来了一个电报，说一个月后就要来上海，并且预备在我家下榻。好！这一下可忙坏了我们，两个人不知道怎么办才好。房子小，穷书生的家里当然没有富丽堂皇的家具，东看看也不合意，西看看也不称心，简单的楼上楼下也寻不出一间可以给他住的屋子。回绝他，又怕伤了他的美意；接受他，又没有地方安排。一个礼拜过去还是一样都没有预备，只是两个人相对发愁。正在这个时候，电报又来了，说第二天的下午船就到上海。这一下可真抓了瞎了，一共三间半屋子，又怕他带的人多，住不下，一时搬家也来不及，结果只好硬着头皮去接了再说。

　　一到码头，船已经到了。我们只见码头上站满了人，五颜六色的人头，在阳光下耀得我眼睛发花！我奇怪得直叫起来："怎么今天这儿尽是印度人呀！他们来开会吗？"志摩说："你真糊涂，这不是来接老人家的嘛！"我这才明白过来。我心中的钦佩之情到这时候竟有一点儿不舒服起来，因为我平时最怕看见的是马路上的红发外国人，今天偏要叫我看见这许多，他们一个个盯着我们两个人直看，看得我躲在志摩的身边连动也不敢动。那时除了害怕，别的一切都忘怀了，连来做什么的都有点糊涂。一直到挤进了人群，来到甲板上，我才喘过一口气来，好像大梦初醒似的，经过船主的招呼，才找到老人家的房间。

志摩高兴得连跑带跳地一直往前走，简直连身后的我都忘了似的，我也只好悄悄地跟在后面；直到走进一间小房间，我才看见志摩正在同一个满头白发的老人家握手亲近，我知道那一定就是他一生最崇拜的老诗人。我留心地上下细看，同时心里觉出一阵奇特的意味，第一感觉，就是怎么这个印度人生得一点儿也不可怕？不带一点儿凶恶的目光，脸色也不觉得奇黑，说话的音调更带有一种不可言喻的美，低低的好似出谷的黄莺，在那儿婉转娇啼，笑眯眯地对着我直看。我那时站在那儿好像失掉了知觉，连志摩在旁边给我介绍的话都不听见，也不上前，也不退后，只是直着眼看他，连志摩在家中教好我的话都忘记说，还是老人家看出我反常的情态，轻轻地握着我的手细声低气地和我说话。

在船里我们就谈了半天，老人家对我格外亲近，他没有一点儿骄人的气态。我告诉他我家里实在小得不能见人，他反说愈小他愈喜欢，不然他们同胞有的是高厅大厦请他去住，他反要到我家里去吗？这一下倒使我不能再存丝毫客气的心，只能遵命陪他回到我们的破屋。他一看很满意，我们特别为他预备的一间印度式房间他不要，倒要我们让他睡我们俩的破床。他看上了我们那张有红帐子的床，他说他爱它的异乡风情。他的起居也同我们一样，什么都很随便，只是早晨起得特别早，五时一定起身了，害得我也不得安睡。他一住一个星期，倒叫我见识不少，每次印度同胞请他吃饭，他一定要带我们同去，从未吃过的印度饭，也算吃过几次了，印度的阔人家里也去过了，真有许多不同的地方。那段时间真是说不出的愉快，志摩更是乐得忘乎所以，一天到夜跟着老人家转。虽然他住的时间不长，可是我们三人的感情因此而更加亲密了。

这个时候志摩才答应他到他七十岁的那年一定亲去祝寿。谁知道志摩就在去的当年遭难。老人家这时候听到这种霹雳似的噩耗，一定不知怎样痛惜的吧。本来也难怪，志摩对他老人家特别的敬爱，他对志摩的亲挚也是异乎寻常，不用说别的，一年到头的信是不断的。只可惜那许多难以得着的信，都叫我在志摩故后给遗失了，现在想起此事也还痛惜！因为自得噩耗后，我是一直在迷雾中过日子，一切身外之物连问都不问，不然今天我倒可以拿出不少的纪念品来，现在所存的，就只有泰戈尔为我们两人作的一首小诗和一幅名贵的自画像而已。

小曼回忆他们之间的交往时说：

真有趣！他是那样的自然、和蔼、一片慈爱地抚着我的头，管我叫小孩子。他对我特别有好感，我也觉得他那一头长长的白发拂在两边，一对大眼睛晶光闪闪地含着无限的热忱对着我看，真使我感到一种说不出的温暖。他的声音又是那样好听，英语讲得婉转流利，我们三人常常谈到深夜还不忍分开。

　　虽然我们相聚了只有短短两三天，可是在这个时间，我听到了许多不易听到的东西，尤其是对英语的进步是不可以计算了。他的生活很简单，睡得晚，起得早，不愿出去玩，爱坐下清谈，有时同志摩谈起诗来，可以谈几个钟头。他还常常把他的诗篇读给我听，那一种音调，虽不是朗诵，可是那低声的喃喃吟唱，更是动人，听得你好像连自己都走进了他的诗里边去了，可以忘记一切，忘记世界上还有我。那一种情景，真使人难以忘怀，至今想起还有些儿神往，比两个爱人喁喁情话的味儿还要好多呢！

　　在这几天中，志摩同我的全副精神都溶化在他一个人身上了。这也是我们婚后最快活的几天。泰戈尔对待我俩像自己的儿女一样的宠爱。有一次，他带我们去赴一个他们同乡人请他的晚餐，都是印度人。他介绍我们给他的乡亲们，却说是他的儿子媳妇，真有意思！在这点上可以看出他对志摩是多么喜爱……

　　所以在泰戈尔离开我们到美国去的时候，我们二人都十分伤感。在码头上昂着头看到他老人家倚在甲板的栏杆上，对着我们噙着眼泪挥手的时候，我的心一阵阵直发酸！恨不能抱着志摩痛哭一场！可是转脸看到我边儿上的摩，脸色更比我难看，苍白的脸，瘪着嘴，咬紧牙，含着满腔的热泪,不敢往下落,他也在强忍着呢!我再一哭,他更要忍不住了。离别的味儿我这才尝到。在归途中,志摩只是低着头一言不发,好几天都没有见着他那自然天真的笑容。过了一时,忽然接到老头子来信,说在美国受到了侮辱,所以预备立刻回到印度去了,看他的语气是非常之愤怒。志摩接到信,就急得坐立不安,恨不能立刻飞到他的身旁。所以在他死前不久,他又到印度去过一次,这是他们最后一次的会面。他在印度的时候大受当地人们的欢迎,报上也时常有赞扬他的文章,同他自己写的诗,他还带回来给我看呢!他在泰戈尔的家里住了没有多久,因为生活不大习惯,那儿的蛇和壁虎实在太多,睡在床上它们都会爬上来的,虽然不伤人,可是这种情景也并不好受,讲起来都有点儿余悸呢!他回来后老是闷闷不乐,对老头子受辱的事是悲愤到极点,恨透美国人的蛮无情理,轻视诗人,同我一谈起就气得满脸绯红,凸出了大眼睛乱骂。我是不大看见志摩骂人的,因为他平时对任何人都是笑容满面、一团和气的。谁若是心里有气,只要看到他那天真活泼的笑脸,再加上几句笑话,准保你的怒气立刻就会消失。可是那一个时期他一直沉默寡言,我知道他心里有说不出的愤怒在煎熬着他呢!

泰戈尔对徐志摩的爱护比自己的父亲还要深厚得多,他对小曼也非常慈爱,远远比徐志摩的父亲对小曼好。徐志摩的父亲处处看小曼不顺眼,而泰戈尔却把她当作小孩子。他临走时为表示感谢还曾赠予小曼两件工艺品，她一直珍藏着，至今仍留存世上。

　　徐志摩离去后，在1949年，陆小曼接到泰戈尔孙子写来的一封信。泰戈尔的孙子在北大留学，研究中文，找了小曼很长时间，终于找到她住的地方。他告诉小曼，祖父泰戈尔已经去世了。他要小曼给他几本志摩的诗、散文，他们的图书馆准备把它们翻译成印度文。遗憾的是，那个时候，小曼生重病，家里人没有拿这封信给她看。直到1950年，小曼病好以后，才看到这封信。等着小曼给北大回信的时候，才知道他已经离开北大了，从此便失去联系了。小曼对此非常遗憾，一直没有放弃寻找他。

　　泰戈尔来访的这段时间是志摩和小曼婚姻中最甜蜜的一段日子，也是最舒心的一段时间。两个人之间有感情，有诗歌，有剧本，有朋友。房屋虽小，但都是当代的大家。这些都是他们付出巨大代价换来的，虽然时间短暂，但这样充满诗歌友情和爱情的高雅生活是他们一直以来梦寐以求的。如果生活一直这样发展下去，他们的婚姻该有多么美满。

才子佳人的日常

遗憾的是，蜜月之后，两个人之间的矛盾渐渐显露出来。由于两个人性格不合，生活方式不同，家庭和社会各方面的压力，都让他们在走进婚姻围城之后摩擦不断。时间长了，两个人的婚姻生活便有了很多阴影。小曼感觉徐志摩对自己没有过去那么好了，而且还干预自己的生活，管头管脚，她真过不了这种拘束的生活。陆小曼感到结婚成了爱情的坟墓。

陆小曼曾对郁达夫之妻王映霞说过："照理讲，婚后生活应过得比过去甜蜜而幸福，实则不然，结婚成了爱情的坟墓。徐志摩是浪漫主义诗人，他所憧憬的爱，最好处于可望而不可即的境地，是一种虚无缥缈的爱。一旦与心爱的女友结了婚，幻想泯灭了，热情没有了，生活便变成白开水，淡而无味。志摩对我不但没有过去那么好，而且干预我的生活，叫我不要打牌，不要抽鸦片，管头管脚，我过不了这样拘束的生活。我是笼中的小鸟，我要飞，飞向郁郁苍苍的树林，自由自在！"

她的感觉并不是没有道理，徐志摩是个浪漫的理想主义诗人，他把一切都想象得很美好。林徽因的分析很有道理："徐志摩当时爱的并不是真正的我，而是他用诗人的浪漫情绪想象出来的林徽因。可我其实并不是他心中所想的那个人。"恋爱是浪漫的，但现实是严峻的。后来，徐志摩又遇到了陆小曼，他同样把陆小曼想象成他理想的女性，并且希望用心目中理想女性的形象改造小曼。但他却忽视了重要的一点，每个人都是独特的、不可改变的个体。两人走入婚姻，所需要的是相互包容、相互理解，而不是相互改造。徐志摩对理想的婚姻生活有许多失望的地方。

虽然婚姻生活有很多不如意的地方，但徐志摩不甘沉沦，他是个有志向的人，经常来往于南京和北京，做了很多有意义的事。在他的奔走和提议之下，"新月派"的朋友们聚集在上海，把上海作为聚会的大本营。徐志摩和闻一多、胡适、邵洵美、梁实秋等人，在上海环龙路环龙别墅办了新月书店，胡适担任董事长。1928年，徐志摩在几所大学担任教授的同时，又创办了《新月》月刊。

就在徐志摩在文坛上大展身手的时候，没想到后院再次失火了。由于小曼不善于和公婆相处，他们之间的关系越来越紧张。当时徐志摩父母和他们住在一起，徐志摩的母亲看见冰箱里有火腿，就让用人用火腿做好饭，和徐志摩父亲吃了。这本来不算事，没想到小曼在冰箱里找不到火腿，很不高兴，她不满地说："怎么做这种事？那块火腿是特意留给翁先生的。"公婆听了这句话后，非常生气。

另外一次，徐志摩母亲看见徐志摩很辛苦，于是叫用人把人参做成参药，给徐志摩吃。用人竟然告诉他们，这些人参都是小曼留给翁先生吃的。

最让公婆不满的事就是，小曼和翁先生经常在徐府的烟榻上吸烟解乏，而志摩竟然不管，这让徐申如夫妇非常生气。他们不明白为什么志摩一点儿也不在乎这件事。徐母气愤地对张幼仪说："这是谁的

陆小曼
出笔多高致，一生半累烟云中

地盘呀？是公婆的，是儿媳的，还是那个男朋友？"

琐事越堆积越多，最终矛盾不可收拾。徐申如夫妇再也不想和陆小曼住在一起了。他们找到张幼仪，要和她和阿欢住在一起。张幼仪劝他们先回到老家硖石住一段时间，作为过渡，回上海的时候，大家再住到一起，徐志摩就不会怪罪她了。张幼仪的一席话让徐志摩的父母点头称是，于是两位老人按照她的话去做了。

虽然陆小曼和公婆之间有矛盾，但那个时候，他们之间还是有来往的。毕竟是父子连心，徐志摩的父亲看见儿子这么辛苦地挣钱养家，想帮他一下。在徐志摩出国的那段时间，徐申如决定整顿家务，减少他认为不必要的开支。徐申如从老家坐火车到了上海，对陆小曼说："你没必要这样子一个人守着一处大房子，何不把车子停在车库，只留一个用人看房子，过来和我们一起住乡下？"

说完这些话，徐申如就回到硖石乡下等陆小曼的消息。陆小曼从小就非常任性，一直按照自己的想法过日子，她不愿意离开繁华的上海。徐申如在家里一直等不到陆小曼，觉得陆小曼根本不听话，也不把自己放在眼里，非常生气，便打算给小曼点儿颜色看看。

1929年1月，徐志摩从国外回到上海，发现他们的婚姻状况更加糟糕。小曼依旧懒散，她与翁瑞午的关系好像更近一层。和自己父母的关系倒是彻底破裂了，家庭矛盾升级了。

徐申如亲自去火车站接徐志摩。父子俩说完旅途情况后，徐申如告诉徐志摩："我已经决定不再和你老婆讲话了，如果她不搭理我，我又何必想办法善待她！"从此以后，他和陆小曼势不两立，不再和陆小曼见面。家庭矛盾搞得徐志摩左右为难，看着徐申如这么固执，他也无可奈何，后来他身体状况不佳也与家庭矛盾有关系。

在上海的时候，由于小曼经常生病，再加上徐申如对她的拒绝接纳及小曼为了治病而吸上了鸦片。小曼变得非常娇慵、懒惰、贪玩，一点儿也没有了当初恋爱时的激情，似乎不再有灵性了。小曼每天过午才起床，在洗澡间里摸弄一个小时，然后吃饭。下午作画、写信、会客。晚上大半是跳舞，打牌，听戏。徐志摩发现现实的婚姻生活和他所设想的完全不一样。

徐志摩热爱自然，喜欢过超然脱俗的生活。他喜欢诗歌，喜欢一切充满灵性的美丽事物。而小曼却喜欢浮华的世俗，她日日沉迷于社交场，还要徐志摩陪她同台演戏，徐志摩虽然答应，但是心里却不高兴，他对这样的生活深感痛苦。如若不归隐山林，只是纠缠于日常琐事，那么自己的灵性和快乐会有被啃噬的危险。徐志摩曾写下这样苦涩的文字："我情愿，在冬至节独自到一个偏僻的教堂里去听几首圣诞歌，但我却穿上了臃肿的袍服上舞台去串演出不自在的'腐'戏。我想在霜浓月淡的冬夜独自写几行从性灵暖处来的诗句，但我却跟着人们到涂蜡的跳舞厅去艳羡仕女们发金光的鞋袜。"

徐志摩想远远地离开这样庸俗尘世的喧嚣，他喜欢伦敦的雨雾，每一天都那样若有若无地飘着，无休无止。在雾里有着浪漫的风情，还有柔波粼粼的河水中的倒影和水草。他喜欢婚前风情万种的小曼，那个时候小曼是轻灵的，是他诗歌的源泉。徐志摩希望能够和小曼过着安静优雅、富有诗意、超越世俗的生活。徐志摩希望在有雪的夜晚，和小曼独自待在居所，调一杯飘香的咖啡，相互依偎在壁炉旁，他写诗，她欣赏。或是小曼构思，他写戏剧。或是两个人坐在温暖的壁炉前，谈论着文字和音乐，谈论着现实和梦幻，谈论着昨日和明天，而不是把时间、精力都荒废在那些毫无意义的交际中。徐志摩期待有美丽的孩子，女孩子继承小曼的美丽和诗情，男孩子继承自己的英俊和才气，他期待夫妻恩爱，儿女绕膝。闲暇时，两个人聊聊天，

146 陆小曼
出笔多高致，一生半累烟云中

散散步。这是多么温馨的生活。

而陆小曼喜欢热闹的聚会，不断地赶场子，似乎不关心他在想什么、做什么。徐志摩为了让小曼开心，处处委屈自己，迁就她。徐志摩经常在口头上婉转地告诫陆小曼不要虚度时间，小曼也答应不再这样交际，可是她却身不由己。

1931年3月19日，徐志摩在北平给陆小曼写了一封信。信中说："我守了几年，竟然守不着一单个的机会，你没有一天不是engaged（已订婚的、已订约的），我们从没有privacy（隐私、秘密）过。到最近，我已然部分麻木，也不向往那种世俗幸福。"

志摩说："你这无谓的应酬真叫人不耐烦，我想想真有气，成天遭强盗抢，老实说，我每晚睡不着也就为此。眉，你真的得小心些，要知道防微杜渐在相当的时候是不可少的。"婚后几年的生活，志摩认为是失败的。从这些文字可以看到，当时陆小曼与徐志摩过着不正常的夫妻生活，小曼给朋友们带来了欢乐，却给丈夫带来了痛苦。

徐志摩在《我不知道风是在哪一个方向吹》中，写出了自己的迷茫和苦闷。

> 我不知道风
> 是在哪一个方向吹——
> 我是在梦中，
> 在梦的轻波里依洄。
> 我不知道风
> 是在哪一个方向吹——
> 我是在梦中，
> 她的温存，我的迷醉。

> 我不知道风
> 是在哪一个方向吹——
> 我是在梦中,
> 甜美是梦里的光辉。
> 我不知道风
> 是在哪一个方向吹——
> 我是在梦中,
> 她的负心,我的伤悲。
> 我不知道风
> 是在哪一个方向吹——
> 我是在梦中,
> 在梦的悲哀里心碎!
> 我不知道风
> 是在哪一个方向吹——
> 我是在梦中,
> 黯淡是梦里的光辉。

恋爱充满了激情,而婚姻却让人回归现实。喜好不同让他们渐生隔阂,小曼沉溺于这样的生活,徐志摩却一筹莫展。他不断写信和小曼谈心:

> 你昨天的信更见你的气愤,结果你也把我气病了。我愁得如同见鬼,昨晚整宵不得睡。乖!你再不能和我生气。我近几日来已为家事气得肝火常旺,一来就心烦意躁,这是我素来没有的现象。在这大热天,处境已经不顺,彼此再要生

气,气成了病,那有什么趣味?去年夏天我病了有三星期,今年再不能病了。你第一不可生气,你是更气不动。我的愁大半是为你在愁,只要你说一句达观话,说不生我气,我心里就可舒服。

乖!至少让我俩心平意和地过日子,老话说得好,逆来要顺受。我们今年运道似乎格外不佳。我们更当谨慎,别带坏了感情和身体。我先几信也无非说几句牢骚话,你又何必认真,我历年来还不是处处依顺着你的。我也只求你身体好,那是最要紧的。其次,你能安心做些工作。现在好在你已在画一门寻得门径,我何尝不愿你竿头日进。你能成名,不论哪一项都是我的荣耀。即如此次我带了你的卷子到处给人看,有人夸,我心里就喜,还不是吗?一切等到我到上海再定夺。天无绝人之路,我也这么想,我计算到上海怕得要七月十三四,因为亚东等我一篇《醒世姻缘》的序,有一百元酬报,我也已答应,不能不赶成,还有另一篇文章也得这几天内赶好。

文伯事我有一函怪你,也错怪了。慰慈去传了话,吓得文伯长篇累牍的来说你对他一番好意的感激话。适之请他来住。我现在住的西楼。

老金他们七月二十离北平,他们极抱憾,行前不能见你。小叶婚事才过,陈雪屏后天又要结婚,我又得相当帮忙。上函问向少蝶帮借五百成否?

徐志摩对小曼真是款款深情,小曼不高兴,他也发愁,小曼生气他的肝火更旺,一个夏天竟然病了三个星期。只要小曼说句好听话，他一切都会好。小曼若是安好，志摩便是晴天。他把小曼的画随时带在身上、给别人看，只要有人夸，他就开心。在信中，徐志摩多次提到钱，可见那个时候，由于小曼的挥霍，他们的经济非常吃紧，徐志摩辛苦地挣了不少钱，却依旧无法填补家里的亏空。

胡适说："志摩最近几年的生活，他承认失败，他有一首《生活》的诗，诗的情调暗惨得可怕。"杨振声也说："他所处的环境，任何人要抱怨了。"徐志摩的《生活》是这样写的："阴沉，黑暗，毒蛇似的蜿蜒，生活逼成了一条甬道，一度陷入，你只可向前，手扪索着冷壁的粘潮，在妖魔的脏腑内挣扎，头顶不见一线的光天，这魂魄，在恐惧的压迫下，除了消灭更有什么愿望？"在上海的这个阶段，徐志摩的生活就像他的诗描写的那样痛苦挣扎。

刘海粟说得客观些："陆小曼效文君而下嫁相如，但是家庭的压力更加上志摩事业上的不如意，内忧外患，使他们婚后的生活并不甜蜜。志摩是我的挚友，在文学上、人品上我是极推崇他的，但是他性格上的懦弱，还有一点中国封建社会中形成的读书人的软弱和天真，使他未能使小曼和自己冲破封建卫道士的精神桎梏。"

那个时候的小曼正是成熟的年龄，有才华，有能力，只要她愿意，完全可以做些有意义的事，在绘画和写作上做出一番成就。可她却这样虚度时光，她在人群中，在舞场上，在宴会上，在烟榻上，在男人和女人的恭维声中，把时光轻轻送走了。那些一直赏识她的，如胡适等人，看到她这样，只能摇头叹息，徐志摩对家庭幸福的希望也破灭了。

志摩与小报的纠纷

1931年2月，正值早春，徐志摩就离开了上海。他希望换个环境，到北京开始新的生活。徐志摩是应老友胡适之邀兼教于北大，赚些外快贴补家用。

但小曼没有同去，徐志摩给小曼写信："你说我是甘愿离南，我只说是你不肯随我北来。结果大家都不得痛快。但要彼此迁就的话，我已在上海迁就了这多年，再下去实在太危险，所以不得不猛省。我是无法勉强你的；我要你来，你不肯来，我有甚么想法？明知勉强的事是不彻底的，所以看情形，恐怕只能各行其是，只是你不来，我全部收入，管上海家尚虑不足，自己一人在此，决无希望独立户。胡家虽然待我极好，我不能不感到寄人篱下，我真不知怎样想才好！"

"这回我正式请你陪我到北平来，至少过半个夏。但不知你肯不肯赏脸？"

志摩每封信都写得感情真挚。小曼非常犹豫，因为她对北平这个城市有着太多的记忆，有着太多的过去。在那里，小曼心中有着很多挥之不去的往事。当时陆小曼与徐志摩热恋，两个人之间的感情如岩浆般炙热，虽然她与徐志摩没有相见的机会，但是两人的心意相通。小曼为了得到徐志摩的消息，坚决不和王庚一起去上海，她要独自留守在北平，等候徐志摩的消息。因为她害怕去了上海，徐志摩哪一天回到北平，却找不到自己，没有了自己的音讯，会伤心绝望。所以，她一定要在北平，而不去上海。

现在，她和徐志摩终于走到一起了，婚后的生活虽然有很多甜蜜，但也有许多挥之不去的阴影。陆小曼身体虚弱，一直生病。当时为了离婚，小曼偷偷堕胎酿下苦果，婚后不能生育。徐志摩父母不承认她的存在。徐志摩的收入不够家庭开销，这一切都叫她忧伤迷茫，陆小曼只能用挥霍来宣泄心中的不满。失意与窘迫让她流连社交场，她的生命在舞曲与戏院中流逝掉了。小曼就这样在繁华尘世耗费着生命：她难以割舍上海的繁华，难以割舍上海的纸醉金迷、灯红酒绿，更难以割舍上海的朋友、戏友。

小曼如鱼得水般地过着这样的生活，如果叫她离开这样的生活，就好比鱼儿离开了水一般。所以，正如历史的轮回一样，小曼现在又不想离开上海和徐志摩一起去北平了。况且北平有很多徐志摩的师长、朋友，当年就是他们施加了巨大的压力阻止自己和徐志摩的交往。结婚后，陆小曼很少和这些人来往。志摩的一些朋友不喜欢小曼，小曼也不希望和他们来往。志摩也不喜欢小曼的朋友，也不想和他们来往。况且与上海这座海派城市相比，北平有一种陈旧、保守的氛围，哪里比得上上海繁华？

另外，北平还有一个对手，她就是情敌林徽因。既生瑜，何生亮？就像天空中不能出现两个太阳一样，两个出色的女人之间很难建

陆小曼
出笔多高致，一生半累烟云中

立起真正的友谊，况且她们都是人群中的焦点。林徽因是徐志摩和陆小曼婚姻中总也抹不去的一道痕迹。徐志摩曾经热恋过林徽因，只不过阴差阳错，两人没有走到一起。在英国，他们之间有一段浪漫的故事，那就是有名的康桥绝恋。

康桥时期是徐志摩一生的转折点，他曾说过，在24岁以前，他对于诗的兴味远不如对于相对论或民约论的兴味。正是康河的水，还有康桥边上的林徽因，开启了他的心灵，唤醒了深藏于诗人心中的天命。徐志摩受到感情的驱使，开始作诗了。爱情是如此的炙热，如此的美好浪漫，就连康桥也充满了柔情似水般的甜蜜色彩。自从他们相遇后，文坛上横空出现了一个伟大的诗人。

因此，他后来曾满怀深情地说："我的眼是康桥教我睁的，我的求知欲是康桥给我拨动的，我的自我意识是康桥给我胚胎的。"徐志摩说："整十年前我吹着了一阵奇异的风，也许照着了什么奇异的月色，从此我的思想就倾向于分行的抒写。一份深刻的忧郁占定了我；这忧郁，我信，竟于渐渐的潜化了我的气质。"

此时的徐志摩非常迷茫，他回忆起与小曼的交往，非常感慨。那是一段深刻的感情经历，当年他为了这段爱情，不惜抛弃一切。朋友、师长、家人，没有一个人赞同他们的感情。但他们还是勇敢地战胜了一切，最终有情人终成眷属。现在结婚了，他却感到深深的失落。再狂热的感情也会冷淡下来，就如花开的灿烂之后就是花谢的狼藉。

小曼的社交，小曼的挥霍，小曼的病，小曼吸的鸦片，小曼的任性，叫他无可奈何。出身于富贵之家的小曼，花钱大手大脚，虽然自己的收入在当时已经很高了，却依旧不够家用，只好整天为生活疲于奔命。现在生活趋于平淡，现实中的一切，都与当初两人设想的那场理想的爱情相距甚远，徐志摩由希望的山巅坠入了绝望的深渊，精神日益消沉。不知道他是否后悔当年的那场狂热的爱情？

徐志摩问道：《恋爱到底是什么一回事》

> 他来的时候我还不曾出世，
> 太阳为我照上了二十几个年头，
> 我只是个孩子，认不识半点愁；
> 忽然有一天——我又爱又恨那一天……
> 我心坎里痒齐齐的有些不连牵，
> 那是我这辈子第一次的上当，
> 有人说是受伤——你摸摸我的胸膛……
> 他来的时候我还不曾出世，
> 恋爱他到底是什么一回事？

或许这个时候，徐志摩从狂热的爱情中清醒了，生活也许不需要狂热的爱情。也许爱情的花朵太美，所以她的生命才短暂。他们此时过得都很累。徐志摩一再迁就，也曾委婉地劝解过陆小曼，徐志摩说："我对你的爱，只有你自己知道，前三年你初沾上恶习的时候，我心里不知有几百个早晚，像有蟹在横爬，不提多难受。但因你身体太坏，竟连话都不能说，我又好面子，要做西式绅士的，所以至多只是短时间绷张一个脸，一切都忧在心里……招惹了不少浮言，我亦未尝不私自难受，但实因爱你太深，不惜处处顺着你……"

然而，一切都无可挽回了，小曼沉溺于毒品不能自拔。鸦片消磨了她的意志，侵吞了她的心智。小曼放弃自我，她已经没有了事业心，沉醉在鸦片烟的享受中，就像与魔鬼打交道，已经没有了正常人的心态。小曼的才华和聪明全让鸦片害了，小曼在鸦片烟的升腾中虚度终日，谁看了都可惜，胡适这时只能对她摇头叹息。

胡适知道了徐志摩和陆小曼的情况后，非常关心徐志摩，怕他的天赋才华被上海的浮华生活毁掉，于是邀请他到北京做事。徐志摩也对上海的生活厌倦了，他想赶快逃离。1931年，徐志摩应胡适的邀请任北京大学的教授，他要换一种生活，让疲惫的心静下来。

徐志摩想离开上海还有一个原因，那就是为了躲避上海小报的骚扰。

在20世纪20年代末的上海，小报十分繁盛，据说20年代后期到30年代初期，上海出版的各类小报大约有几百种，这些小报在当地虽然不能取代大报，但在反映当地生活和文化方面的重要性是不言而喻的。很多大报上不屑刊登或者不敢刊登的消息，只要观众感兴趣，小报是不会轻易放过的。一些小报几日一份，只有四版，形式灵活，图文并茂，非常有趣。

在交际界，陆小曼本来就是明星，她与徐志摩各自离婚又再婚，在北京闹得沸沸扬扬，几乎家喻户晓。两人在北京成婚之后定居上海。到了上海后，自然就成了媒体焦点，变成了上海的公众人物。当地的小报，《晶报》《金钢钻》《福尔摩斯》《罗宾汉》，还有《上海画报》《小日报》等，对陆小曼产生了浓厚的兴趣。他们发现了她身上的明星效应，对她的言行举止争相报道。陆小曼和徐志摩的恋爱结婚经历，他们在婚礼上被梁启超训斥的消息，以及周围人的反应，小报上都做了详细的刊登，同时小报上还刊登了陆小曼的各种照片。

刚开始，这些小报对她的评价不错，说陆小曼具有名媛风范，是来自北方的"名媛领袖"，给当地浮华的十里洋场吹来了一股清新的风气。紧接着，《上海画报》对陆小曼的捧场又开始升温，不但她的头像上了报纸的头版，还把小曼称为北方交际界的名媛领袖。说她："芳姿秀美，执都门交际界名媛牛耳。擅长中西文学，兼善京剧昆曲，清歌一曲，令人神往。"介绍她登台表演节目，慰问北伐"前敌将士"，称她是"妇女慰劳会剧艺主干"。由于读者对小曼的消息感兴趣，于是报纸的销量快速增加。这时候，小报上的陆小曼是个追求个人幸福，醉心于传统艺术，虚心好学的新女性，说她不是一般的交际明星所能相比的，她是公众的偶像。报纸上小曼的照片很有艺术气息。

但有些小报为了博读者的眼球，提高销量，竟然刊登了很多小曼和徐志摩的负面消息。这就是《福尔摩斯》小报。创刊于1926年7月3日的《福尔摩斯》的作风很大胆。对于社会上的事，这个小报什么都揭发，也什么都敢揭发。结果纠纷不断，和当事人对簿公堂也是常事。被该报所报道的人，经常控告这个报纸，罚款对它来讲也是家常便饭。徐志摩、陆小曼的私生活也被这个小报八卦一番，以致名誉受到很大的损害，于是他们和小报打了一场官司。

这要从小曼的玩票开始说起。小曼喜欢唱戏，她对唱戏有自己的见解，她对演戏有着很深刻的体会："唱戏是我最喜欢的一件事情，早几年学过几折昆曲，京戏我更爱看，却未曾正式学过。前年在北京，新月社一群朋友为闹新年逼着我扮演一出《闹学》，那当然是玩儿，也未曾请人身段，可是看的人和我自己都还感到一些趣味，由此我居然得到了会串戏的一个名气了，其实是可笑得很，不值一谈。这

陆小曼

出笔多高致，一生半累烟云中

次上海妇女慰劳会几个人说起唱戏要我也凑合一天，一来是她们的盛意难却，二是慰劳北伐当得效劳，我就斗胆答应下来了。可是天下事情不临到自己亲身做是不会知道实际困难的；我现在才知道这种外行的狂妄是完全没有根据的，因为我一经正式练习，愈练愈觉着难，到现在我连跑龙套的都不敢轻视了。

演戏绝不是易事：一个字咬得不准，一个腔使得不圆，一只袖洒得不透，一步路走得不稳，就容易妨碍全剧的表现，演者自己的自信心、观众的信心，便受了不易弥补的打击，真难！我看读什么英文法文还比唱戏容易些呢！我心里十分地担忧，真不知道到那天我要怎样地出丑呢。我选定《思凡》和《汾河湾》两个戏，也有意思的。在我所拍过的几处昆曲中要算《思凡》的词句最美，它真能将一个被逼着出家的人的心理形容得淋漓尽致，一气呵成，情文相生，愈看愈觉得这真是一篇颠扑不破的美文。它的一字一句都含有辞藻，真太美了，却也因此表演起来更不容易，我看来只有徐老太太做得完美到无可再进的境界，我只能拜倒！她才是真功夫，才当得起表演艺术，像我这初学，简直不知道做出什么样子来呢。好在我的皮厚，管他三七二十一，来一下试试。"

小曼小时候，人长得清秀，嗓音也甜美。在她5岁的时候就闹着要学唱戏。陆定只好请了有名的旦角老师教她，小曼天分极高，一学就会。老师见她悟性极高，非常高兴，告诉陆定，只要小曼专心学唱旦角，将来一定能大红大紫。陆定一听就不高兴了，他马上拿出钱来，叫她立刻走人。陆定身为北洋政府税赋司，在社会上也是有名望的人，怎么可能叫小曼将来唱戏？那时候，唱戏的人被称为戏子，社会地位很低。喜欢唱戏的小曼，只能在家里办个堂会唱戏过过瘾。

　　小曼非常喜欢演戏，她曾经出演了《春香闹学》，这部剧在当时电影事业不发达的时候，大受欢迎。小曼把戏中的角色演活了，小曼在演戏方面的天赋和才艺美貌被很多娱乐公司看中。小曼1925年随王庚去哈尔滨的时候，哈尔滨的大街上都贴着她的海报，完全和现在的明星到访一样，可见她受欢迎的程度。来到上海后，小曼因为学戏认识了翁瑞午，两人因戏结缘，非常投机。翁瑞午的成就和声望远远不能和徐志摩相比，但他却是一个很有品位的人，很会花言巧语，性格很好，人也活跃，对人热情而又风趣。翁瑞午喜欢唱戏、画画，小曼也喜欢唱戏、画画，两个人曾经同台演过戏，他与陆小曼兴趣相投。小曼天性爱美，喜欢作画，更加喜欢收藏名画；翁瑞午很会讨女人的欢心，他投其所好，时时相赠名画，以博得小曼的欢心。而徐志摩却只会送诗，而不会送画给小曼。所以，翁瑞午和陆小曼之间的关系越来越密切。翁瑞午与陆小曼的进一步接近是因为小曼的病，正是由于小曼的病，才会使两个人之间的关系变得更加不一般。

　　据陈定山《春申旧闻》载："陆小曼体弱，连唱两天戏便旧病复发，得了昏厥症。"还有年轻时堕胎落下的病根，一直纠缠着她，折磨着她的健康。经常闹病，有时甚至会疼痛得晕厥过去。由于病痛的折磨，她的脾气便反复无常，闹得徐志摩无可奈何。只有翁瑞午的推拿才能缓解她的痛苦。

　　翁瑞午有一手推拿绝技，他是著名推拿师丁凤山的高徒，小曼的病症只要翁瑞午一按摩就会立即缓解。徐志摩不忍心小曼被病痛折磨，所以也默许了他们的来往。因为翁瑞午的推拿绝技，为小曼减轻

陆小曼
出笔多高致，一生半累烟云中

了病痛。由此，小曼对他甚至依赖到了不能离开的地步。无时无刻不在的疼痛，不但严重影响了徐志摩和陆小曼的夫妻生活，也失去了生儿育女带来的天伦之乐。结婚后的志摩，非常喜欢孩子，尤其希望陆小曼能生一个孩子，不再忙于社交，肆意挥霍金钱，而是在家里相夫教子，夫唱妇随。但小曼却有苦说不出，她无法满足徐志摩这个正常的要求，只能麻醉自己。后来，陆小曼越来越离不开翁瑞午的按摩推拿，于是，翁和陆之间常有罗襦半解、妙手抚摩的机会。

小曼在翁瑞午给她推拿治病的时候曾问他："瑞午，你给我按摩确实有效，但你总不能时时刻刻在我身边啊，你不在的时候万一我发病的话，有什么办法呢？"翁瑞午想了一下，对陆小曼说："有是有办法的，但这个办法是没有办法的办法，不到万不得已是不好采用的。"没想到翁瑞午的办法竟然是吸鸦片，小曼很吃惊，但她不会这样。

但时间一长受到翁瑞午的影响，况且老毛病总是犯，就慢慢地吸上了。她知道这是坏习惯，可是上瘾了，就无法控制自己。于是她就被翁瑞午拉下了水，小曼从此便一发不可收拾，她沉溺于鸦片升腾的烟雾中，沉醉在鸦片甜美的享受里。两人常常一起在客厅里的烟榻上隔灯并枕，吞云吐雾，丝毫不顾及徐志摩的感受。后来，两个人经常如胶似漆，整日在烟榻上浑浑噩噩地吸烟。最后翁瑞午竟然住在了小曼家，成了座上客。当徐志摩穿着带补丁的衣服，焦头烂额地往返于北京、上海等地讲课以贴补家用的时候，他们则懒洋洋地躺在陆家烟榻上吞烟吐雾，日夜颠倒。在小曼身体好的时候，两个人还一起去唱京戏，拍昆曲，捧昆角，关系不是一般的密切。

陈定山在《春申旧闻》中说："志摩有一套哲学，是说，男女间的情与爱是有区别的,丈夫绝对不能禁止妻子交朋友,何况鸦片烟塌,看似接近,只能谈情,不能做爱。所以男女之间,最规矩、最清白的是烟榻,最暧昧、最名声嘈杂的是打牌。"徐志摩不是旧式的男人,他具有西洋的绅士风度,也尊重小曼的交往,知道小曼与翁瑞午的关系清白。但众口铄金,一个有家室的男人整天陪着一个有夫之妇,陆小曼和翁瑞午之间的密切交往,成了当时人们茶余饭后的谈资。

1929年12月6日和7日两天,天马会在夏令配克电影院组织了两场票友演出,陆小曼在《玉堂春》里扮演苏三,翁瑞午扮演王金龙,徐志摩和江小鹣分别演藩司和臬司。在所有人里面,徐志摩的演技最差,因为他并不喜欢演戏,只是为了让陆小曼高兴才上台的。各小报争相报道演出盛况,对陆、徐同台演出非常羡慕,陆小曼演出之后媒体一片叫好声,她在上海的风头一时间无人匹敌。由此可以看出陆小曼有着不凡的表演天赋。但她最大的失误就是演了一出《玉堂春》,把她和徐志摩、翁瑞午之间的关系搬上舞台,这就给了那些小报可乘之机。

17日,《福尔摩斯》刊出了一篇《伍大姐按摩得腻友》的文章,文字卑鄙,用"伍大姐""诗哲余心麻""洪祥甲""汪大鹏"分别影射陆小曼、徐志摩、翁瑞午、江小鹣四人,并用露骨的色情语言描写洪祥甲为伍大姐推拿按摩,说"大姐只穿一身蝉翼轻纱的衫裤,乳峰高耸",祥甲"放出生平绝技来,在那浅草公园之旁,轻摇、侧拍、缓挈、徐捯,直使大姐一缕芳魂,悠悠出舍"。这些侮辱人的下流话,用语极为恶毒,使得小曼颜面扫地。看了这则报道后,徐志摩、陆小曼忍无可忍,他们和江小鹣、翁瑞午延请律师,向法院提起刑事诉讼。起诉的对象是《福尔摩斯》的主编吴微雨，一同被起诉的还有平襟亚。

平襟亚是常熟人，他是洋场才子中最成功的人士之一，报界的朋友们都说他有"文人的头脑，白相人的手腕，交际家的应酬"。平襟亚在著述、出版、办报、金融、法律等方面都有所成就。平襟亚早年当过乡村教师，到了上海后，便以给报刊投稿为生。他写了《中国恶讼师》，非常适合市民阶层的欣赏口味，这本书出版后，竟然一鸣惊人。他后来办了一张报纸名叫《开心报》，由于讽刺女词人吕碧城，被她起诉到法庭。平襟亚在苏州潜居一年后，重返上海，开办中央书店，出版了几本书。30年代靠一折八扣书挣了不少钱，40年代初创办《万象》杂志，非常受欢迎。

平襟亚当时在上海法政大学学法律，空闲时间很多，常在《福尔摩斯》三日刊上写风花雪月的文稿，作为消遣。陆小曼等人演出《三堂会审》的时候，《福尔摩斯》报主编吴微雨等人和平襟亚前去观看。他们回到报社聊天的时候，有人就说起了小曼的事。作为小报的记者，他们立刻感到这个消息的娱乐价值。本来徐志摩、陆小曼的结合就是当时被人瞩目的事，现在小曼又与翁瑞午交往了，他们之间的关系叫人浮想联翩，报纸的销量肯定会增加，因而会带来可观的经济效益。于是，吴微雨写了一篇文章，第二天送给平襟亚修改。平襟亚看后，感觉很不合适。于是他把文章中的黄色句子删除，真姓名也全部换掉，重新给文章起了个题目《伍大姐按摩得益友》。谁知道文章在报纸上发表的时候，吴微雨仍用他的原作，只是把"益友"改为"腻友"，平襟亚认为这是吴微雨的责任。

打官司的时候，平襟亚聘请了身经百战的律师，而徐志摩、陆小曼这边的律师实力远不如对手。三次开庭,双方律师当庭对质,你来我往,唇枪舌剑,都以法律条文为理据,符合专业规范。法庭遵照程序进行宣判,具有权威性,最终的结果却是不了了之,因为当事人与小报作者当庭对质叫人非常难堪。平襟亚全身而退。凭空引出的这场官司,可以看出徐志摩的天真、陆小曼的糊涂。他们自以为是,却不了解上海人的真实情况。他们没有保护好自己。"男主外,女主内"的古训,对女性是一种保护。他们忽视媒体的能量,作为没有隐私的公众人物,必须要格外小心才行,稍不留意就会有麻烦出现。小报可以把你捧上天,也能把你打入深渊,稍不留神就会粉身碎骨。

俗话说,人言可畏,软刀子能杀人,电影明星阮玲玉在她25岁的时候因为小报的诽谤诬陷而走上绝路。陆小曼由于她的离经叛道,不为社会所容,在她一生中常遭到恶毒言语的亵渎,这次小报的谣言对她的伤害是巨大的。徐志摩和陆小曼被小报消费了一把名人效应,最终,两个人身心俱疲。自这次事件后,陆小曼不再登台唱戏,也不再以交际明星的形象出现在公共场合,小报也不再出现报道陆小曼私人生活的文章。虽然徐志摩和陆小曼从外表上看还是一副恩爱夫妻的形象,但实际上陆小曼与徐志摩之间的关系还是受到不小的影响,这篇文章对他们之间关系的伤害是难以估量的,他们的爱情已经不再是当年的童话了,两人的关系越来越紧张。虽然她仍然是我行我素,不在乎外界的评判,与翁瑞午、江小鹣等人继续来往,但她渐渐变得安分起来。

一转眼多年过去,在1946年,平襟亚在杂志《飘》的第三期刊登了一封信,信的题目是《秋翁疑是陆小曼 一番情意可感》。平襟亚

陆小曼
出笔多高致，一生半累烟云中

知道陆小曼因吸食鸦片的缘故，生活境况不算好。"现在她头童齿豁了，谁知她二十年前丰姿曼妙？使我见着兴美人迟暮之叹。"

在信中，平襟亚真诚地向陆小曼夫妇、翁瑞午、江小鹣等四人道歉："二十年前她虽曾和她的丈夫、暨翁君、江小鹣君等人，向法院告我一状，可是当时虽然是他们败诉的，但毕竟是我的不是。我写了一篇《伍大姐按摩得腻友》，她们才起诉的，我内疚于心。"《飘》杂志最后的编者按，对平襟亚不计前嫌，并向陆小曼的身世寄予同情，表示赞赏。1949年2月，平襟亚的万象图书馆出版了《作家书简》，里面收录了徐志摩、朱自清、郁达夫等74位作家的书信，全部为真迹影印。有一封是陆小曼在徐志摩去世后写的信，联系出版《徐志摩全集》的事。平襟亚把志摩夫妇的书信收入《作家书简》，这是用实际行动再次向陆小曼道歉。

也许他认为道歉就可以换来良心上的解脱，但这样的道歉又怎么能弥补他当年对当事人造成的伤害？很多事不是一句轻飘飘的"对不起"就能抹去当事人那些痛苦的。法律应该对造谣中伤、诽谤他人的行为严惩不贷，吊销那些钻法律空子律师的执照，否则悲剧还会继续上演。

藕断丝连 婚姻磨难

此时，徐志摩仍旧爱着陆小曼，他人虽然在北平，但却时常牵挂着小曼，仅在1931年上半年，他便于京沪两地往返8次，目的是能让他的小曼开心。徐志摩和陆小曼的兴趣、爱好有很多不同。徐志摩更喜欢宁静，过充满诗意的人生。徐志摩到了北京后似乎又和林徽因旧情复燃了。"曾经沧海难为水，除却巫山不是云"，曾经深爱过的林徽因的出现，给了他新的期待。林徽因将他的这份情感视为"富于启迪的友谊和爱"。现在徐志摩和陆小曼一个在南，一个在北，他们之间的浓情被距离稀释了。

这对他们的婚姻是个不小的考验。徐志摩外貌英俊，一表人才，又富有才华，一直是女人心目中的偶像，他在女人中周旋得游刃有余，有很多红颜知己，同时和几个女人来往。小曼一概不管，当然她也管不了，干脆就不管了，但对于林徽因，小曼却非常在乎。林徽因一直是陆小曼心中非常在意的人，徐志摩到了北京后，两个人之间的联系又开始密切了。陆小曼认为，林徽因高雅美丽，与志摩极其相配。虽然小曼对林徽因的评价不错，但小曼对他们之间的交往很不开心。

1931年夏天，林徽因到香山上的"双清别墅"养病，梁思成和梁再冰也陪她一同前来，林徽因在香山住了很长时间。美丽的景致叫林徽因的心情非常愉悦，她如痴如醉地沉浸在自己的世界中。林徽因在香山的生活宁静优雅，也充满了诗意和美感，她的诗情就像春水一般流淌。如花美眷，似水流年。林徽因写诗常常是在晚上，林徽因的堂弟林宣回忆，她写诗的时候一定要"点上一炷清香，摆一瓶插花，穿一袭白绸睡袍，面对庭中的一池荷叶，在清风飘飘中，吟哦酿制佳作"。

林徽因对自己的装束非常得意，也为营造出来的氛围所陶醉，在她心情好的时候，林徽因不免得意地和梁思成开玩笑："我要是个男的，看一眼就会晕倒。"面对着如此自恋的林徽因，梁思成故意气她："我并没有晕倒啊！"

不久，徐志摩来到了北京。他到北京后的第二天就去拜访林徽因。他们发现，曾经的感情没有随着时间空间而发生变化。时间带走的只是岁月，带不走的是那份感情。这是他们久别后的再一次相遇，也是他们生命中第三次相聚。徐志摩是香山上的常客，他经常上山，陪着林徽因谈论诗歌，两人有种心灵交互的满足，仿佛又回到了多年前的康桥。

对林徽因创作诗歌影响最大的是徐志摩。在伦敦的时候，林徽因就读了很多诗人的作品，深受影响。后来与徐志摩的相遇，使她有了诗歌创作灵感的源头，在他的鼓励和引导下，林徽因开始了诗歌创作。

　　林徽因在香山静养的那段时间，徐志摩的家庭生活很不如意。他因为婚姻被现实折磨得千疮百孔。当年狂热的感情冷淡下来，留给他的是累累伤痕。徐志摩搞不明白，那场美丽的爱情，如今在严酷的现实下，为什么变成了这般模样。他问自己，恋爱到底是怎么一回事？

　　徐志摩经常到四合院中向徽因倾诉心里的烦恼，他抱怨说："我是不是太过于理想化了？我总是感到孤单，即使和她在一起，我也不能感到自己是快乐的。有时仔细想一想，也许我想要的生活并不存在于这个世界上。"

　　林徽因安慰说："生命的意义还存在于生命的过程，无论是痛苦还是欢乐，总比麻木不仁、死气沉沉地活着要好。不要把生活想得过于理想化，爱情不总是风花雪月、诗情画意，柴米油盐的平凡才是组建家庭的本来模样。但是，小曼这个样子，终究不是长久之计，你还是应该早日让她离开上海才好。"这次重逢后，徐志摩对生活又有了希望，仿佛在阴暗的冬天，吹来了一阵微风；又如久旱的田野，得到了春雨的滋润。他感到生活中吹过一阵微风，被现实压抑而枯萎许久的诗又开始涌出。许多年过去了，当年从康桥开始结下的爱情变成了友情，一切都风轻云淡。此时的林徽因娴静、淡泊，过着平静、温馨的生活，她和梁思成比翼双飞，日子充实而又忙碌。徐志摩不忍心去打扰在梦中安眠的她，不知道她的梦中是否有康桥的梦，他只想化作山中的轻风，带着美梦轻轻飞过，飞过她的身边，给她带去花香，叫她的睡眠更加甜美，而不惊扰她的美梦。在山中，林徽因在安静的生活中，细细反思人生。所谓的人生就是玲珑的生，从容的死，是个飘

陆小曼
出笔多高致，一生半累烟云中

忽的过程，是个美丽的梦。

一天，徐志摩和几个朋友一起到山上看她，林徽因很高兴。经过一段时间的静养，她精神好了很多，她自我打趣："这段日子，我长了三磅，脸也被晒红了，以后可以直接去扮演印度女人了。"徐志摩说："那也一定是个印度美人！"大家陪着林徽因聊到很晚，尽兴而归。

在徐志摩给陆小曼的信中，他提到林徽因怀孕的事："星期二徽因山上下来，同吃中饭，她已经胖到九十八磅。你说要不要静养，我说你也得到山上去静养，才能真的走上健康的路。上海是没办法。我看样子，徽因又快有宝宝了。"

对林徽因的安逸幸福生活，徐志摩心生羡慕，他希望家里也有新生命的出生，可他这些话，就像针一样扎到陆小曼的心上，使她有苦说不出。当初她为了和徐志摩在一起，打掉了还没有出生的孩子，由于手术非常不顺利，她失去了做母亲的权利，这是小曼永远的伤。然而徐志摩并不知道。他和林徽因走得太近了，各种传闻开始出现，并且很快就传到陆小曼那里，她非常不开心。

小曼知道，徐志摩到京的第二天就去拜访她了，而且徐志摩在写给小曼的信中，竟然多次提到了林徽因。其中一封信上写道："此次相见与上（次）迥不相同。半亦因外有浮言，格外谨慎，相见不过三次，绝无愉快可言。如今徽因偕母挈子，远在香山，音信隔绝，至多等天好时与老金、奚若等去看她一次。我不会伺候病，无此能干，亦无此心思：你是知道的，何必再来说笑我。"

虽然徐志摩说"毫无愉快可言""不会伺候病""亦无此心思"，但小曼心里仍很不舒服。从徐志摩的信中可以看出，陆小曼已在取笑他了，而且外面有关于他们之间的言语出现，所以志摩才写了这封信。

王敬之回忆说："惭愧得很，我那时枉已从事文学编纂工作，却不知林徽因何许人也。承陆小曼告知，林徽因是林长民的长女，典型的大家闺秀，学问好，才华超众，而又美艳无比。此人也真爱徐志摩，后虽嫁给了梁启超之子梁思成，但爱衷不改。最要命的是，徐志摩也从未忘情于她。徐志摩的红粉良知良多，偶一为之更是不知其数，全属于一般男人家'吃豆腐'性质，陆小曼对这些全不在乎，听之任之。"陆小曼曾直告徐志摩："你跟任何女人的交往都不必瞒我，我无所谓，毫不干扰。唯独林徽因，你毫不可跟她再有接触。只要让我知道你跟她还有来往，我毫不允许。诚实讲，我是要吃醋的。"

陆小曼又说："志摩完全知道我跟他讲的这番话是认作数的。所以他与别的任何女人的交往，全都肆无忌惮，从不避我、瞒我，只是与林徽因的往来，则对我讳莫如深。"虽然有陆小曼的话，但徐志摩还是断不了和林徽因的交往，小曼感到徐志摩的心在飘忽，她对婚姻不知道是不是有了危机感。

林徽因是很有魅力的女性。林徽因和梁思成家里几乎每周都有沙龙聚会，客人都是当时的精英人士。金岳霖一直都是梁家沙龙的座上客。他们真可谓志同道合，交情也深。长期以来，一直毗邻而居。林徽因死后，有一年，金岳霖在北京饭店请了一次客，老朋友收到通知，都很奇怪。到了之后，金先生才宣布："今天是徽因的生日。"听了这句话后，大家感慨不已。有这样优秀的敌人，说明小曼也是非常优秀的。

陆小曼对胡适颇有意见，她不满胡适介绍徐志摩去北京兼课，

陆小曼
出笔多高致，一生半累烟云中

这样徐志摩就有机会重新接近林徽因，使两个人之间的关系更加密切。得知徐志摩受到多方面的压力和伤害以及经济上的折磨，胡适曾经多次规劝徐志摩离开陆小曼，徐志摩说当年小曼是为了自己才离开王庚的，现在离开小曼他于心不忍。况且徐志摩是爱小曼的，不忍心伤害小曼。

徐志摩还出去嫖过娼，然后亲笔写信给小曼汇报："说起我此来，舞不曾跳，窑子倒是去过一次，是老邓硬拉去的。再不去了，你放心。"陆小曼肯定生气，但她也很无奈。小曼自幼体弱多病，是个病西施。堕胎后，她又落下一身病，失去了夫妻之间身心愉悦的情感，也是件遗憾的事。她知道徐志摩的渴求，长久的压抑通过另一种方式发泄。想想自己多病的身体，而且徐志摩如此坦白也就原谅了他。志摩是愚昧呢还是无知？应该保密的话，他却说了。

没几个月，徐志摩在给小曼的信中又再次坦白嫖妓之事。小曼对徐志摩的感情很深，很在乎志摩的感情。作为妻子，看到这样的信后，小曼肯定会不开心。

除了林徽因，徐志摩还交往了不少女性，其中有一个叫俞珊的小姐，是民国时期名气很大的一位才女，也是一个很有故事的女性。她出身于望族，世代书香之家，祖父俞明震是鲁迅先生的尊师，祖母是曾国藩的孙女，叔叔俞大维是国民政府的国防部长兼交通部长。她曾就读于上海国立音乐学院，后来考上南京金陵大学。俞珊和徐志摩的来往非常密切，这叫小曼很不舒服。

俞珊长着一双金色的眼睛，皮肤细腻，身材丰满。她唱歌，演戏，弹琴样样精通，演过话剧，也是京剧票友，梅兰芳看了俞珊表演的《贵妃醉酒》后说道："俞小姐的表演细腻动人，我不如也！"她主演的话剧《莎乐美》和《卡门》获得极大的成功,著名剧作家田汉称她为"我们的莎乐美",田夫人还为此很不开心。

曾有人开玩笑说:俞珊惊人的魅力足以改写半部中国现代文学史。确实,在民国文坛上,田汉、徐志摩、闻一多、梁实秋、赵太侔、沈从文等八位有名的作家诗人,竟然都是俞珊的仰慕者。徐志摩和俞珊有一段时间走得非常近,在他上海的书房里挂着俞珊饰演莎乐美的舞衣,墙上挂着俞珊的照片。照片上的俞珊穿着舞衣,一腿跪在地上,手中托着盘子,盘中一个人头,那是俞珊在话剧《莎乐美》中的剧照。

有一次,俞珊到上海演出,徐志摩跑到后台捧场。俞珊忽然喊道:"啊呀,真要命,我要小便,我要小便!"没想到徐志摩急急忙忙地找到一只痰盂,一双手捧着拿过来,口中喊道:"痰盂来哉!痰盂来哉!"送到俞珊面前,大献殷勤。

那个时候,俞珊和徐志摩打得火热,她经常登门拜访徐志摩,向他请教如何更好地塑造人物形象,还当着小曼的面做出非常亲热的举动。和俞珊交往,徐志摩很开心,但是小曼却不高兴了,没有人愿意看见老公和风情万种的女人交往过密。于是,小曼要志摩和俞珊保持距离,不要来往得太密切。为此两人发生过多次口角,徐志摩说:"你也不看着俞珊,谁让她长得那么漂亮。"你要我不接近俞珊,这不难。可你也应该管着点俞珊呀!"他这么说纯粹是给自己找借口,陆小曼一眼就看出他在想什么,便非常生气地说:"那有什么关系,俞珊是只茶杯,茶杯没法拒绝人家不斟茶的。而你是牙刷,只许一个人用的。你听见过有和人共享的牙刷吗?"这句话说得恰到好处,志摩顿时语塞。最终,在陆小曼的劝导之下,徐志摩理智地退出了。

爱情是最折磨人的。无论你是王孙贵族,还是平民百姓,在它的面前都是人人平等。爱情使人变得敏感。小曼爱上徐志摩之后,有幸福,但更有很多痛苦。在很多时候,外表光鲜的小曼并不完全自信,她也有自卑、苦闷、挣扎的时候。爱情给人快乐,也会叫人敏感脆弱,不再自信。她的感情也会起伏不定,她放弃了父母为自己安排好的荣华富贵的生活,为了徐志摩离婚、流产,付出了巨大的代价。付出的越多,自然期待的回报就越多。

由于各种压力,她不能确定志摩的爱,担心志摩对她的爱会消失,也会嫉妒林徽因与徐志摩之间的关系,害怕自己是林徽因的影子。她自然知道徐志摩在林徽因那里遭到的冷遇,也知道林徽因和徐志摩后来的密切来往。看到两个人旧情复燃,她心里很不舒服。

小曼是那个时代少有的不在乎周围舆论,为了个人内心而活着的女人。她为了爱,不惜与整个社会为敌,活得轰轰烈烈。可是,爱的激情过去后,她得到了什么?除了被朋友所孤立,被社会舆论所谴责,个人浑身是伤,一身病痛之外,就是孤独的老年。小曼吸食鸦片,固然是为了缓解身体的痛苦,但是她何尝不希望用鸦片麻醉自己的灵魂,在烟雾的升腾中,升华到虚幻的世界中,忘记现实生活中的所有烦恼。

徐志摩与陆小曼自然是相爱的,但爱使人受苦。从相识到离别,总是痛苦大于甜蜜。由于与陆小曼分居两地,徐志摩需要经常上海、北京两地奔波,为了节约时间和路费,他选择乘坐别人的免费飞机。陆小曼不放心徐志摩坐飞机,她觉得乘坐飞机是十分危险的,劝他别坐飞机了。徐志摩未必不知道坐飞机危险,但他却很无奈:"你也知道我们的经济条件，你不让我坐免费飞机，坐火车可是要钱的啊，我一个穷教授，又要管家，哪来那么多钱去坐火车呢？"徐志摩为了省钱，连自身的安全都放在了次要的位置上，可见他要负担多么沉重的经济压力啊。

陆小曼只得说："心疼钱，那你还是尽量少回来吧！"这只是一句气话，其实小曼的心里非常希望徐志摩经常回家。徐志摩自然知道这点，否则他不会在短短的时间内跑了这么多次。

除了经济上的原因之外，小曼和徐志摩父母之间的关系也很紧张。徐志摩的父母一直和张幼仪住在一起，父子两人曾经为小曼而翻脸。为了缓和关系，徐志摩和陆小曼做过很多努力，但却发现，努力越多，失望越多。

1928年5月，徐申如在硖石老家过57岁生日，徐志摩知道父亲喜欢听京戏，便和小曼商量着带个戏班前去唱戏祝寿，以讨老人的欢心。开始徐家父母看见小曼毕恭毕敬地祝寿，心里也算高兴，感觉她还挺懂事。戏班子演得很不错，大家都很高兴，很多人也想听听小曼的唱腔，于是邀请她表演一下。到了最后，陆小曼实在拗不过大家的盛情邀请，乘兴登台表演。陆小曼非常擅长戏剧，有着出色的戏剧才能，想着展示一下自己的才华，借机为公公生日助兴，以博得二老的欢心。她想用这种办法拉近与徐志摩家人的关系。

那个时代，职业演员演戏是贱业，票友以赈灾为名演几出戏，却是最风雅不过的。小曼自然是票友，而且是最有名的票友。很多这类场合，策划者都会亲自登门，请小曼出来捧场。在上海上流社会中，不分男女，闻小曼之名，咸欲一睹颜色为荣。由此可见，小曼的戏剧才能非同一般。有了这些基础，小曼就亮开嗓子唱了一曲《宇宙锋》，

陆小曼
出笔多高致，一生半累烟云中

赢得满堂彩。大家没有想到，她竟然有这么好的才华。但不承想，台下有一个人却在此时大怒，拂袖而去，他就是徐志摩的父亲徐申如。

在徐申如眼里，唱戏是最低贱的下九流职业，正人君子根本看不起这类人，而陆小曼竟然当众唱戏。他没有想到小曼不会当家，不会算账，却有本事在大庭广众之下唱戏。在他的眼里，这是自甘堕落，他可丢不起这个人，这样的儿媳妇真把他的老脸丢光了。于是他对陆小曼的看法变得更坏了。此后，徐志摩便很少回老家，父子俩联系少了许多，陆小曼更是一次也没有回去过，直到婆婆病危之时。1931年4月初，徐志摩母亲病重，他在母亲病榻前悉心照料，给病中的母亲以极大的安慰。徐志摩想让陆小曼也来侍奉婆婆，母亲看在徐志摩的份儿上，点头答应了。但徐父却坚决反对，徐申如说："她若来，我即走！"

爱情与现实的抗衡

过了一段时期，徐申如又打电话给已回到上海的徐志摩，说母亲病势日趋危急，要他速回。徐志摩提出跟陆小曼一同回去，徐申如却说："且缓，你先安慰她几句吧！"徐志摩只好独自回去，在母亲床边守护五天五夜。4月23日，老夫人与世长辞。后来，徐申如频频去电催促张幼仪赶来奔丧，却不让陆小曼进门尽孝。小曼对公公不认她这个媳妇的做法很不满，但得知婆婆过世，还是穿着孝服赶来硖石。不料，徐申如知道后立即派人在半路上阻拦，无论如何也不准她进入家门，她只得待在硖石的一家旅馆里，而张幼仪却以干女儿的名义参加了葬礼，陆小曼心中的怨恨和羞辱可想而知。当年，徐志摩将父亲为他选中的妻子遗弃在异国，多年后，他的父亲也将他选中的爱妻拒于门外。

徐志摩没有想到父亲这次做得这样绝，当晚便与父亲顶撞起来。徐申如见儿子竟在母亲丧事期间为他的妻子跟自己大吵大闹。他一时悲愤难抑，跑到妻子灵前放声大哭，亲友相劝也劝止不住。最后，徐家叫张幼仪处理老太太的后事，她处理得非常得体，而陆小曼却被冷

陆小曼
出笔多高致，一生半累烟云中

落在一边，连徐家的大门也进不去。在徐志摩的坚持和亲朋好友的规劝之下，徐父才勉强答应让小曼在葬礼举行当天露一下面。陆小曼非常难受，但又不好顶撞长辈，于是把满肚子怒火都发泄到徐志摩的身上。徐志摩只得加倍地安抚小曼，他写信给陆小曼解释，表达自己的愤怒和无奈，他在信中对陆小曼说：

> 我昨夜痧气，今日浑身酸痛；胸口气塞，如有大石压住，四肢瘫软无力。方才得你信颇喜，及拆看，更增愁闷。你责备我，我相当的忍受。但你信上也有冤我的话；再加我这边的情形你也有所不知。我家欺你，即是欺我：这是事实。我不能护我的爱妻，且不能护我自己：我也懊恼得无话可说。再加不公道的来源，即是自家的父亲，我那晚顶撞了几句，他便到灵前去放声大哭。外厅上朋友都进来劝不住，好容易上了床，还是唉声叹气的不睡。我自从那晚起，脸上即显得极分明，人人看得出。除非人家叫我，才回话。连爸爸我也没有自动开口过。这在现在情势下，我又无人商量，电话上又说不分明，又是在热孝里，我为母亲关系，实在不能立即便有坚决表示：这你该原谅。至于我们这次的受欺压，（你真不知道大殓那天，我一整天的绞肠的难受。）我虽懦顺，决不能就此罢休。但我却要你和我靠在一边，我们要争气，也得两人同心合力的来。我们非得出这口气，小发作是无谓的。别看我脾气好，到了僵的时候，我也可以僵到底的。并且现在母亲已不在。我这份家，我已经一无依恋。父亲爱幼仪，自有她去孝顺，再用不到我。这次拒绝你，便是间接离绝我，

我们非得出这口气。所以第一你要明白，不可过分责怪我。自己保养身体，加倍用功。我们还有不少基本事情，得相互同心的商量，千万不可过于懊恼，以致成病。千万千万！至于你说我通同他人来欺你，这话我要叫冤。上星期六我回家，同行只有阿欢和惺堂。他们还是在北站上车的，我问阿欢，他娘在哪里！他说在沧州旅馆，硖石不去。那晚上母亲万分危险，我一到即蹲在床里，靠着她，真到第二天下午幼仪才来。（我后来知道是爸爸连去电话催来的。）我为你的事，从北方一回来，就对父亲说。母亲的话，我已对你说过，父亲的口气，十分坚决，竟表示你若来他即走。随后我说得也硬。他（那天去上海）又说，等他上海回来再说。所以我一到上海，心里十分难受，即请你出来说话，不想你倒真肯做人，竟肯去父亲处准备受冷肩膀。我那时心里十分感爱你的明大体。其实那晚如果见了面，也许可讲通（父亲本是吃软不吃硬的）。不幸又未相逢。连着我的脚又坏得寸步难移，因而下一天出门的机会也就没有。等到星期六上午父亲从硖石来电话，说母亲又病重，要我带惺堂立即回去，我即问小曼同来怎样？他说"且缓，你先安慰她几句吧！"所以眉眉，你看，我的难才是难。以前我何尝不是夹在父母与妻子中间做难人，但我总想拉拢，感情要紧。有时在父母面上你不很用心，我也有些难过。但这一次你的心肠和态度是十分真纯而且坦白，这错我完全派在父亲一边。只是说来说去，碍于母丧，立时总不能发作。目前没有别的，只能再忍。我大约早到五月四日，迟到五月五日即到上海，那时我你连同娘一起商量一个

陆小曼
出笔多高致，一生半累烟云中

办法，多可要出这口气。同时你若能想到什么办法，最好先告知我，我们可以及早计算。我在此仅有机会向沈舅及许姨两处说过。好在到最后，一支笔总在我手里。我倒要看父亲这样偏袒，能有什么好结果？谁能得什么好处？人的倔强性往往造成不必要的悲惨，现在竟到我们的头上了，真可叹！但无论如何，你得硬起心肠，先把此事放在一边，尤要不可过分责怪我。因为你我相爱，又同时受侮，若在你我间发生裂痕，那不正中了他人之计了吗？

这点，你聪明人仔细想想，不可过分感情作用，记好了。娘听了我，想也一定赞同我的意见的。我仍旧向你，我唯一的爱妻希冀安慰。

徐志摩不满父亲对小曼的绝情，父亲拒小曼于门外，就是对自己选择妻子的否定，也就是对自己的否定。他抗争，但父亲大哭起来，父子两人几乎闹到翻脸的程度。徐志摩心里很苦，他爱父亲，但父亲却如此固执。他爱小曼，却无法叫父亲答应小曼进入家门。徐志摩两头受气，身心俱疲，满腹怨言却无处发泄。在他临走的时候，曾经说过："我这次一走，再也不回来了。"谁也没有想到，这是他留给家乡的最后声音，不久飞机失事，志摩真的一去不复返了。

这对陆小曼来说是巨大的侮辱。结婚后，进不了婆家大门，无论怎么放低姿态，却一直不被婆家接受。作为独生女，从小在父母呵护之下长大，父母对她爱若珍宝，一直泡在蜜罐子里。她在社交界也呼风唤雨，是众人眼中的明星。但却被婆家拒之门外，谁能知道小曼心中的苦？

小曼终于明白了，在骨子里徐家并没有真正承认自己。虽然她是徐志摩明媒正娶的妻子，她在徐家的地位却远远不及已经离婚的张幼仪。她当年所追求的幸福生活此时成了海市蜃楼，原来，所谓的婚姻幸福只不过是自己的一厢情愿的幻影，并没有真实存在过。从此，她和徐家便水火不容，也使她和徐志摩之间本来就紧张的关系雪上加霜。小曼越发消沉。失意与窘迫让她流连社交场所，她的生命也只有在舞曲与戏院中才会生动而鲜活。

而张幼仪却很善于处理和徐家的关系，况且她又给徐家生了一个孙子，所以徐家一直把她当作自家人看待。晚年的张幼仪说过："中国家庭是由父母掌权，因此一个女人和她姻亲之间的关系，尤其是和婆婆之间的关系，往往比她和丈夫之间的关系来得重要。"此言可谓入木三分。张幼仪虽然不是成功的妻子，但她绝对是徐家成功的媳妇。徐家老两口在徐志摩离婚时就中断了对他的经济援助，但却把财政大权交给了张幼仪。

随着张幼仪主持云裳服装公司，她和徐志摩之间的关系已经开始改善，她赢得了徐志摩的尊重。1927年，张幼仪接受东吴大学的邀请，在大学里教德语。后来，她出任上海女子商业储蓄银行副总裁，独当一面，使原来濒临破产的银行实现实收资本总额和储蓄资本均超过两千万元，创造了金融界的奇迹。在银行的数次危难之际，张幼仪靠着她的个人能力与魅力，保住了银行。

在张幼仪的主持下，上海女子商业储蓄银行经历各种艰难，到1955年金融业公私合营才宣告结束，一共开办了31年。张幼仪很有经商头脑，她在股市里赚了很多钱，在自己的住房旁边给公婆盖了幢房子。战争期间，她囤积军服染料，等到染料价格猛涨一百倍才出

陆小曼
出笔多高致，一生半累烟云中

售，又大发了一笔横财，她的精明强干越发得到公婆的欢心。

与张幼仪奋发有为的风光日子相比，小曼、徐志摩却有些狼狈。他们的心性还不成熟，似乎是没有长大的孩子，需要别人的宠爱和照顾。他们活在自己的世界里，不适合过柴米油盐的现实生活。陆小曼过着挥霍颓废的生活，如果徐志摩有着王庚那般雄厚的经济来源，如果徐志摩的家里不断绝对他的经济支持，她还是可以过豪华日子的，遗憾的是作为一个教书先生，徐志摩没有足够的财力供她挥霍。

小曼常常抱怨作为上海社交第一名媛却没有漂亮的新衣穿。她的朋友唐瑛是时尚界的引领者，总是在变着花样地穿新衣服，和这样的人交往肯定会受影响。徐志摩心里很难受，为了陆小曼，一个不食人间烟火的浪漫诗人竟然甘于穿着带着洞的衣服为小曼奔走于红尘，竭尽全力为她抵挡风雨。志摩拼命地赚钱，只为让她得到自己喜欢的衣服和鸦片。才子佳人的爱情堕入了凡间，现实的柴米油盐叫他窘迫。失去了经济支持的徐志摩为维持小曼的豪华生活，奔走于全国各地的高校讲课；写诗文赚稿费；他给别人介绍房子，赚取微薄的中介费。

徐志摩为了挣钱过得非常辛苦，在给小曼的信中，他说：

可惜你左右无精神振爽之良伴，你即有志，亦易于奄奄蹉跎。同时时日不待，光阴飞谢，实至可怕。即如我近两年，亦复苟安贪懒，一无朝气。此次北来，重行认真做事，颇觉吃力。但果能在此三月间扭回习惯，起劲做人，亦未为过晚。所盼者，彼此忍受此分居之苦，至少总应有相当成绩，庶几彼此可以告慰。此后日子借此可见光明，亦快心事也。此星期已上课，北大八小时，女大八小时，昨今均七时起身，连上四课。因初到须格外卖力（学生亦甚欢迎），结果颇觉吃力，明日更烦重，上午下午两处跑，共有五小时课。星期六亦重，又因所排功课，皆非我所素习，不能不稍事预备，然而苦矣。晚睡仍迟，而早上不能不起。胡太太说我可怜，但此本分内事，连年舒服过当，现在正该加倍的付利息了。

  他这么辛苦地上课挣钱，就连胡适夫人都说他可怜，但他却毫不在意。小曼似乎对此视而不见，抱怨结婚成了爱情的坟墓。婚姻的不如意，使她变得消沉起来。徐志摩看出了她在虚度光阴，苦口相劝，希望她远离这些浮华生活，不要荒废了天赋的才华，但任性的小曼依旧我行我素。

  徐志摩辛辛苦苦赚来的钱很快就被小曼轻易消费掉了，看来诗歌远远抵不上真实的现实。小曼越来越依赖鸦片麻醉自己，忘记现实。沉迷烟榻的小曼，看不到志摩工作的疲惫，看不到他多年舍不得为自己添一件新衣，看不到他经常在夜里独自哀叹。那个伤害你最深的人，其实就是爱你最深的人，徐志摩对小曼确实是情深义重。人和人之间应该相互宽容、相互包容一些，多体谅站在你身边的那个人，人生就会完美许多，就会少些遗憾。可是，当时的小曼却没有悟到这个道理，等徐志摩走后，她突然顿悟，想到了徐志摩的种种好，想到了徐志摩对她的一片真情。过去的都是美好的，这也是徐志摩走后，小曼悲伤的原因。

  1931年11月上旬，陆小曼由于经济原因，连续发很多封电报催促徐志摩南返。当时志摩还以为小曼想念他了，于是在11月11日，徐志摩搭乘张学良的专机飞抵南京，于13日回到上海家中。没有想到，他们夫妇一见面就吵架。吵架的导火索有很多方面：先是徐志摩

陆小曼
出笔多高致，一生半累烟云中

苦劝陆小曼北上开始新的生活，但小曼却执意不肯；再是陆小曼与翁瑞午之间不清白的关系招致徐志摩的不满，而徐志摩和其他女人之间的暧昧，甚至同友人去嫖娼，也叫小曼非常生气；还有一点就是徐志摩的收入已经无法承受小曼奢华的生活了。

11月17日，徐志摩晚上和几个朋友在家中聊天。陆小曼却不在家，等她回来的时候，已经很晚了，还喝醉酒了。没有人愿意看到妻子这种样子，徐志摩很生气，当着朋友的面不好说什么。第二天，徐志摩好心劝导陆小曼，小曼很不高兴。

据郁达夫回忆："当时陆小曼听不进劝，大发脾气，随手把烟枪往徐志摩脸上掷去，徐志摩连忙躲开，幸未击中，金丝眼镜掉在地上，玻璃碎了。"他被气得出了家门。本来陆小曼是不让徐志摩离开的，但是徐志摩对陆小曼说了这样一句话："眉，生活让我们的爱越来越远了。"这是他们之间的最后一句话，于是，陆小曼便没有再阻拦。徐志摩离开后，小曼奉上了一封最决绝的信。于是，徐志摩愤怒、遗憾、失望地离开了上海。此时，志摩对爱情、对家庭心灰意冷，没有想到当时不顾一切得来的爱情变成了这样。一个美丽的爱情之梦被现实击碎了。他们彼此之间是深爱的，但人生追求相去甚远，爱情变成了折磨，两个人成了一对怨偶。相见成了一种伤害，这桩千疮百孔的婚姻，对两个人都是一种折磨，它变成了一种负担。两人都很累，徐志摩非常痛苦。

徐志摩离开上海后，于18日乘车去南京，住在朋友何竟武的家里。在朋友家里安顿好了以后，徐志摩就去了多年的老友张歆海和韩湘眉家里。韩湘眉是徐志摩的红颜知己，他们两人的关系很密切。韩湘眉在南京中央大学外文系任教的时候，送给徐志摩的礼物是一只名叫"法国王"的猫。徐志摩十分疼爱这只可爱的小猫,对它情有独钟,他在文章里写过这只喜欢捣乱的调皮小猫。这只小猫在小曼家里住了两年,徐志摩经常搂着它睡。后来,韩湘眉听说徐志摩要去北平执教,不放心小猫在家里由陆小曼照看,于是就把猫要回来了。因为这只小猫的缘故,徐志摩和陆小曼还产生过误会。每次徐志摩去韩湘眉的家里,这只小猫总是跳到徐志摩的怀里,因为小猫非常喜欢徐志摩。

在当时的文坛上,韩湘眉与冰心、林徽因、凌淑华并称"四大美人",徐志摩曾对她很有好感,是他的红颜知己。但后来徐志摩对陆小曼的感情越来越深,和她交往便少了。张歆海当年曾经和胡适一起向小曼大献殷勤,他是美国哈佛大学文学博士,回国后在清华大学当教授。张歆海和梁实秋一样是白璧德的弟子。张歆海后来成为著名的教育家、文学家和外交家。他也在上海光华大学教书,并担任该校副校长。后来,张歆海出任中国驻波兰公使,因故辞职。

那个时候,小曼还是王夫人,小曼回到娘家所在的北平后,参加了新月社,和胡适、张歆海、徐志摩等人交往密切。张歆海、胡适在陆小曼未与王庚离婚的时候,就一起追过陆小曼,小曼在日记里做了详细的记载。1925年5月14日陆小曼在日记中写道:

> 我这次病中多蒙适之、歆海(关切),他二人真好,咳!真对不起他们,他们亦是真关切。歆海天天不怕路远,每天从清华回来,适之谢绝一切应酬亦来陪我,我真感谢他们,我心里有说不出的苦,他二人 both very much in love with me, especially。歆海,我真没有办法。我亦爱他们,只是两样的,我恋爱的爱已经给了他了,我那里还有呢!我爱

他们像爱我兄弟一般并无他心。适之倒还好,他很明白,他亦不说出来,歆海太难了……不过我怕他,他很 will,你还不快回来,我的爱呀!我真急死了,他们天天来,我倒很喜欢他们是同时来的时间多,不然我真不知道怎样对他们呢。歆海有时独自来,一坐就坐几个钟头,不等我催他三四次,他是决不走的……,娘还同歆海说:"你没事常来陪陪小曼,……"他自然喜欢极了。爱呀!你知道我不爱歆海的,可是他对我这样好,我怎么办!……歆海说他头回见面他就爱我的,因为他没有机会接近我……"

后来,张歆海答应徐志摩不再追陆小曼,徐志摩就一身轻松了,徐志摩在 1925 年 8 月 12 日的日记中写道:"海明白了,我真又欢喜又感激;他这来才够交情,我从此完全任托他了。"

小曼在日记中也提到过胡适:"今天人觉得还好,只是没有力气。先生今朝来谈,他去欧之事还未一定,大约不得去,他真是个好朋友,他说若是我能打破一切关口,他一定带我走,……我们谈起金钱问题,他说那倒不难,他若能出去,钱一定不少,他能相助,只是恐怕此事万难办到。"

追求陆小曼失败两年后,1927 年,张歆海与韩湘眉结婚。韩湘眉对张歆海和陆小曼之间的事也有耳闻。所以,她和小曼之间的关系很微妙。韩湘眉的思想观念很现代,她结婚后,和徐志摩一直保持着密切联系,张歆海与徐志摩是朋友,也知她和徐志摩之间的关系不错,韩湘眉从不避讳对徐志摩的好感,在聚会离别时会亲吻徐志摩的脸颊道别。徐志摩也总是轻吻韩湘眉的脸颊,陆小曼对徐志摩的这个行为非常不满。徐志摩在给小曼的信中提到过韩湘眉：

> 我昨函已详说一切，我真的恨不得今天此时已到你的怀抱——说起咱们久别见面，也该有相当表示，你老是那坐着躺着不起身，我枉然每回想张开胳膊来抱你亲你，一进家门，总是扫兴。我这次回来，咱们来个洋腔，抱抱亲亲如何？这本是人情，你别老是说那是湘眉一种人才做得去。就算给我一点满足，我先给你商量成不成？我到家时刻，你可以知道，我既不想你到站接我，至少我亦人情的希望，在你容颜表情上看得出对我一种相当的热意。
>
> 更好是屋子里没有别人，彼此不致感受拘束。况且你又何尝是没有表情的人？你不记得我们的"翁冷翠的一夜"在松树七号墙角里亲别的时候？我就不懂何以做了夫妻，形迹反而得往疏里去！那是一个错误。我有相当情感的精力，你不全盘承受，难道叫我用凉水自浇身？我钱还不曾领到，我能如愿的话，可以带回近八百元，垫银行空尚勉强，本月月费仍悬空，怎好？

遗憾的是，徐志摩去张歆海、韩湘眉家的那天晚上，他们两人和朋友一起外出了。徐志摩又到杨杏佛的家里，没有想到杨杏佛也不在家。徐志摩就给他留下一张便条："才到奉谒，未晤为怅，顷去湘眉处，明早飞北京，虑不获见。北平闻颇恐慌，急于去看看，杏佛兄安好。志摩。"这是徐志摩给朋友留下的最后一张便条。下午的时候，徐志摩在何竞武家往张歆海家打电话，正好张歆海和韩湘眉两人刚回家。徐志摩知道他们两人晚上有饭局，于是在电话中，徐志摩对张歆海说："你们早点儿回来，我10点钟在家等你们。"韩湘眉抢过张歆海手里的话筒说："你9点半就来，我们一定早回家。"晚上9点半，徐志摩来到张歆海家，他们还没回来，这时，徐志摩接到杨杏佛的电话，邀请他过来，没过多久，杨杏佛就到张歆海的家中了。当天晚上，大约10时，张歆海、韩湘眉回家了，四个好朋友一见面，非常开心。大家无话不谈，话题转移到了徐志摩不坐客班航机，而托人搭乘中国航空公司的邮政班机济南号返回北京的事上。韩湘眉告诉徐志摩一定要当心，还问他司机是中国人还是外国人，徐志摩说不知道。

韩湘眉对徐志摩说："你这次乘飞机，小曼说什么没有？"

徐志摩开玩笑地说："小曼说，我若坐飞机死了，她作风流寡妇。"没有想到这句话还真的应验了。如果知道后来发生的事，不知道她还会不会说出这样绝情的话。

这时，杨杏佛接嘴说："凡是寡妇皆风流。"大家都笑了起来。杨杏佛和小曼非常熟悉，他曾经为陆小曼作了一幅小画，并在画上附赠了一首小词，表示友谊。杨杏佛也是从美国留学的海归，他的素描非常传神，他把小曼的肖像画得非常神似。图中的词为《菩萨蛮》一阕，内容为："素娥天半参差立，淡妆不着人间色，仙骨何珊珊，风前耐晓寒。玉颜空自惜，冷意无人识，天遣不孤高，何须怨寂寥。"署名为"铨"。

那天他们谈到深夜，杨杏佛站起来要走，徐志摩也要回何竞武家。临走时，杨杏佛在前，徐志摩在后。徐志摩转过头来，非常温柔地像兄长一样轻吻了韩湘眉的左颊。张歆海是徐志摩多年的兄弟，他知道两人之间的关系非常密切，所以也不以为意。后来，韩湘眉听到徐志摩不幸失事的消息后，非常伤心，她万万没有想到，这只不过是朋友之间最普通的再见，转眼之间就成了永诀。

韩湘眉伤心地写道："志摩，你是永不回来了。不由我们不相信，这最怕，像地狱那样的凶耗是真的了。这一阵冷透我们骨髓的厉风，吹来已是三星期，我们最后的，疑心妄想的希望，也终成泡影了。从此以后，我们悲哀所凝成的一团永不化的冰要与生俱存了……你喜坐飞机，当然是诗人的喜爱凌空驾虚，然而年来你奔南跑北，仍弄得一个青黄不接，所以更喜欢揩油，白坐！那阔人们置了飞机不坐，你却费了九牛二虎之力坐到一架要命不要钱的飞机，可爱的志摩！"

虽然小曼和徐志摩刚发生激烈的争吵，但两个人还是深爱的。志摩走后，小曼冷静下来，非常后悔。她知道徐志摩深爱着自己，感觉自己又一次伤了徐志摩的心，于是，小曼急忙给志摩写信，信里的话语非常诚恳："摩呀！你要是亦疑心我或是想我是个 Coquette（卖弄风情的女人），那我真是连死都没有清白的路了。"她把信寄往北平，让胡适转给志摩。遗憾的是志摩却无法收到这封信了，他已经坐上了那架命定的飞机，一切都无法逆转了。志摩本来打算乘坐张学良的福特式飞机回北京，临行前，张学良通知他因事改期。徐志摩为了赶上听林徽因的演讲，于是在19日迫不及待地搭乘了一架邮政机飞往北京。那天晚上，林徽因在北京协和小礼堂向外宾做关于中国古代建筑的讲演。

11月19日早上8时前，徐志摩和何竞武一起吃过早点，给林徽因发了一个电报，就登上了由南京飞往北平的"济南号"飞机。这架飞机的飞机师王贯一是个文学爱好者，见到徐志摩搭乘他的飞机，非常高兴。王贯一说："早就仰慕徐先生大名，这回咱们可有机会在路

陆小曼
出笔多高致，一生半累烟云中

上好好聊一聊了。"飞机的副机师叫梁壁堂，他们三个一样大，都是36岁。

飞机起飞的时候，天气很好，蓝天白云，万里晴空。徐志摩心旷神怡，他喜欢飞行。这架飞机在上午10时10分的时候到了徐州，徐志摩给陆小曼发了一封短信，信上说："徐州有大雾，头痛不想走了，准备返沪。"如果他没有走的话，也许他和小曼之间会有所转机，然而，时事弄人，最终徐志摩还是坐上了飞机。10时20分，飞机继续飞向北平，当时的天气很好。徐志摩想着再坚持一下就能赶到北平，按照预先的约定去听林徽因的演讲。

谁知道，"天有不测风云，人有旦夕祸福"，当这架飞机飞到距离济南50公里的党家庄时，突然之间遇到能见度极低的大雾天气。当时的飞行技术很不发达，飞行员无法获得准确的飞行数据，无法判断周围的情况，所以不知道该进还是该退，稍微犹豫，飞机就触到山顶。飞机机身着火，机油四溢，立刻就发生了大火，火势很猛，无法控制。驾驶员王贯一、梁壁堂和飞机上的乘客徐志摩同时遇难，可怜他们三个人正是年富力强的时候。

徐志摩仿佛是为了实现他"想飞"的预言。他曾在《晨报副镌》上发表的散文《想飞》是这样写的："飞，人们原来都是会飞的。天使们有翅膀，会飞，我们初来时也有翅膀，会飞。我们最初来就是飞了来的，有的做完了事还是飞了去，他们是可羡慕的。但大多数人是忘了飞的，有的翅膀上掉了毛不长再也飞不起来，有的翅膀叫胶水给胶住了，再也拉不开，有的羽毛叫人给修短了像鸽子似的只会在地上跳，有的拿背上一对翅膀上当铺去典钱使过了期再也赎不回……真的，我们一过了做孩子的日子就忘掉了飞的本领。但没了翅膀或是翅膀坏了不能用是一件可怕的事。因为你再也飞不回去，你蹲在地上呆望着飞不上去的天，看旁人有福气的一程一程的在青云里逍遥，那多可怜。而且翅膀又不比是你脚上的鞋，穿烂了可以再问妈要一双去，翅膀可不成，折了一根毛就是一根，没法给补的……

是人没有不想飞的，老是在这地面上爬着够多厌烦，不说别的。飞出这圈子，飞出这圈子！到云端里去，到云端里去！哪个心里不成天千百遍的这么想？飞上天空去浮着，看地球这弹丸在天空里滚着，从陆地看到海，从海再看回陆地。凌空去看一个明白——这才是做人的趣味，做人的权威，做人的交代。这皮囊要是太重挪不动，就掷了它，可能的话，飞出这圈子，飞出这圈子！……诗是翅膀上出世的；哲理是在空中盘旋的。飞：超脱一切，笼盖一切，扫荡一切，吞吐一切。

……同时天上那一点子黑的已经迫近在我的头顶，形成了一架鸟形的机器，忽地机沿一侧，一球光直往下注，砰的一声炸响，——炸碎了我在飞行中的幻想，青天里平添了几堆破碎的浮云。"这次他真的飞了，再也没有回来，也无法回来了。一切都如徐志摩咏黄鹂的诗句里所写的那样："一展翅，冲破浓密，化一朵彩云：他飞了，不见了。"

11月19日上午9时，徐志摩在南京机场给林徽因发了一封电报，告诉她，下午3时派车到南苑机场接他听报告。但，林徽因派去的汽车一直等到4时半，徐志摩乘坐的那架飞机也没有飞到。林徽因有种莫名的恐慌，她在心神不安的状态下，做完了那场演讲。

老天见怜，看见这一对真心相爱的恋人，在现实的压迫之下，在世俗的婚姻中互相折磨，便在合适的时机带走他，让他们的爱情保持在昙花一现的美丽姿态，叫他们的感情定格在那个最灿烂的瞬间。昙花的美丽，就在于它的短暂。徐志摩的意外离世，使得他和小曼之间

陆小曼
出笔多高致，一生半累烟云中

支离破碎的婚姻画了一个句号。徐志摩真的走了，在他最年轻的时候走了，带走了他的理想，也带走了小曼的所有快乐和痛苦。

和诗人在一起生活不是件容易的事，林徽因曾经理智地拒绝徐志摩的爱情，最终选择了给她幸福生活的梁思成。作为建筑学家的林徽因很现实，她知道婚姻生活不仅是花前月下，还有柴米油盐的琐碎。婚姻是很复杂的，两人仅有爱情是远远不够的，还需要各种天时地利人和。遗憾的是，徐志摩和陆小曼的婚姻先天不足，两人的恋爱在当时的社会上传得沸沸扬扬，对于有社会地位及声望的徐陆两家来说都不是件光彩的事，这给他们今后的生活投下了巨大的阴影。徐志摩和陆小曼的婚姻后天也没有合适的机缘和土壤。两人的兴趣、志向相差很远，与长辈之间的关系非常紧张，这都影响了他们的生活质量。

胡适在《追悼志摩》中说："他深信理想的人生必需有爱，必需有自由，必需有美；他深信这种三位一体的人生是可以追求的，至少是可以用贞洁的心血培养出来的。——他的失败是一个单纯的理想主义者的失败。他的追求，使我们惭愧，由于我们的决心信念太小了，从不敢梦想他的梦想。他的失败，也应该使我们对他表示更深挚的恭顺与同情，由于偌大的世界之中，只有他有这决心信念，冒了绝大的危险，费了无数的麻烦，牺牲了一切平凡安逸，牺牲家庭的亲谊和人间的名誉，去追求，去试验一个'梦想之神圣境界'而终于免不了惨酷的失败，也不完全是他的人生观的失败。他的失败是由于他的信奉太单纯了，而这个世界太复杂了，他的单纯的信奉禁不起这个现实世界的摧毁……"

那年陆小曼 29 岁。

第五章
死如秋叶之静美

你我五年的相聚只是幻影,不怪你忍心去,只怪我无福留……

悲欢离合 长歌当哭

　　小曼的表妹吴锦说过，陆小曼多次跟她讲起当时一件奇怪的事。徐志摩坠机的那天中午，悬挂在家中客堂的一只镶有徐志摩照片的镜框突然掉了下来，相架跌坏，玻璃碎片散落在徐志摩的照片上。

　　陆小曼预感这是不祥之兆，嘴上不说，心却跳得厉害。谁知第二天一早，南京航空公司的保君健跑到徐家，真的给陆小曼带来了噩耗。小曼昏过去了，醒过来后，她号啕大哭，直到眼泪哭干。

　　郁达夫说他难以描绘小曼当时的悲恸："悲哀的最大表示是自然的目瞪口呆，僵若木鸡的那一种样子，这我在陆小曼夫人当初接到徐志摩凶耗的时候曾经亲眼见到过。其次是抚棺一哭，这我在万国殡仪馆中，当日来吊的许多徐志摩的亲友之间曾经看到过。陆小曼清醒后，便坚持要去山东党家庄接徐志摩的遗体，被朋友们和家里人死命劝住了。最后决定派徐志摩的儿子徐积锴（张幼仪所生）去山东接回。"

　　郁达夫之妻王映霞也说："下午，我换上素色的旗袍，与郁达夫一起去看望陆小曼，陆小曼穿一身黑色的丧服，头上包了一方黑纱，十分疲劳，万分悲伤地半躺在长沙发上。见到我们，挥挥右手，就算是打招呼了，我们也没有什么话好说，在这种场合，说什么安慰的话都是徒劳的。沉默，一阵长时间的沉默。陆小曼蓬头散发，大概连脸都没有洗，似乎一下老了好几个年头。"

徐志摩遇难后，他的遗体先是被人们抬到失事现场附近的一个铁路桥洞里。20日，遗体又移到了济南近郊的福缘庵停放，被装殓起来。22日上午9时半，梁思成、金岳霖、张奚若三人从北京赶到，和从青岛赶来的沈从文、闻一多、梁实秋、赵太侔等人一起到福缘庵吊唁并瞻仰了他的遗容。沈从文在《友情》一文中，对当时的情景做了详细记述：

> 早饭后，大家就去城里偏街瞻看志摩先生遗容。那天正值落雨，雨渐落渐大，到达小庙时，附近地面已全是泥浆。原来这停灵小庙，已成为个出售日用陶器的堆店。院坪中分门别类搁满了大大小小的缸、罐、砂锅和土碗，堆叠得高可齐人。庙里面也满是较小的坛坛罐罐。棺木停放在入门左侧贴墙处，像是临时腾出来的一点空间，只容三五人在棺边周旋。
>
> 志摩先生已换上济南市面所能得到的一套上等寿衣：戴了顶瓜皮小帽，穿了件浅蓝色绸袍，外加个黑纱马褂，脚下是一双粉底黑色云头如意寿字鞋。遗容见不出痛苦痕迹，如平常熟睡时情形，十分安详。致命伤显然是飞机触山那一刹那间促成的。从北京来的朋友，带来个用铁树叶编成径尺大

陆小曼
出笔多高致，一生半累烟云中

小花圈，如古希腊雕刻中常见的式样，一望而知必出于志摩先生生前好友思成夫妇之手。把花圈安置在棺盖上，朋友们不禁想到，平时生龙活虎般、天真纯厚、才华惊世的一代诗人，竟真如"为天所忌"，和拜伦、雪莱命运相似，仅只在人世间活了三十多个年头，就突然在一次偶然事故中与世长辞！

志摩穿了这么一身与平时性情爱好全然不相称的衣服，独自静悄悄躺在小庙一角，让檐前点点滴滴愁人的雨声相伴。看到这种凄清寂寞景象，在场亲友忍不住人人热泪盈眶。

我是个从小遭受至亲好友突然死亡比许多人更多的人，经受过多种多样城里人从来想象不到的恶梦般生活考验，我照例从一种沉默中接受现实。当时年龄不到三十岁，生命中象有种青春火焰在燃烧，工作时从不知道什么疲倦。志摩先生突然的死亡，深一层体验到生命的脆弱倏忽，自然使我感到分外沉重。觉得相熟不过五六年的志摩先生，对我工作的鼓励和赞赏所产生的深刻作用，再无一个别的师友能够代替，因此当时显得格外沉默，始终不说一句话。后来也从不写过什么带感情的悼念文章。只希望把他对我的一切好意热忱，反映到今后工作中，成为一个永久牢靠的支柱，在任何困难情况下，都不灰心丧气。对人对事的态度，也能把志摩先生为人的热忱坦白和平等待人的希有好处，加以转化扩大到各方面去，形成长远持久的影响。因为我深深相信，在任何一种社会中，这种对人坦白无私的关心友情，都能产生良好作用，从而鼓舞人抵抗困难，克服困难，具有向上向前意义的。我近五十年的工作，从不断探索中所得的点滴进展，显然无例外都可说是这些朋友纯厚真挚友情光辉的反映。

人的生命会忽然泯灭，而纯挚无私的友情却长远坚固永在，且无疑能持久延续，能发展扩大。

这天下午5时，徐志摩的长子徐积锴和张幼仪的哥哥张嘉铸也赶到济南。晚8时半，他的灵柩被装上了一辆敞篷车，由徐积锴和张嘉铸等人护送回到上海，停灵于上海万国殡仪馆。徐志摩的遗体从济南运回上海后，陆小曼见到了现场的一件遗物——一幅山水画长卷。这幅画是陆小曼于1931年春创作的，当时小曼为了报国，唤起民族感情，绘制了这幅山水长卷。徐志摩爱若珍宝，一直随身携带，从不离身，志摩去北京找许多知名人士题字。

这幅画堪称陆小曼早期的代表作，风格清丽，秀润天成。更为珍贵的是它的题跋，计有邓以蛰、胡适、杨铨、贺天键、梁鼎铭、陈蝶野诸人手笔。徐志摩把这张手卷随带在身，是准备到北京再请人加题，只因手卷放在铁箧中，故物未殉人。陆小曼看着这张画卷，想到徐志摩的种种好处，泪水涟涟，百感交集。小曼绘制的长卷是他们夫妇爱国的一个见证。志摩和小曼，在民族危亡的时刻，更像是一对爱国的学生，他们的爱，简单、淳朴。小曼看到志摩随时都带着画卷，时刻不忘为画卷留下各地大师的题字，可见徐志摩对自己的感情是如此的深重，而自己却和他发生过最剧烈的争吵，小曼手捧画卷真是肝肠寸断。自此，她一直珍藏着这幅画，如同保护自己的生命。抗战时

陆小曼
出笔多高致，一生半累烟云中

期，小曼身居孤岛，再苦再难，她也保住这幅山水长卷，不展出，不变卖。人已去，画犹存。小曼与画中山水长相厮守，宛若志摩在身旁。小曼一直珍藏着这幅山水画，视如生命，直到1965年临终前，才将这幅画卷和《徐志摩全集》的手稿样本与纸版，以及梁启超一副集字楹联交给陈从周，小曼喃喃地说："志摩要来接我了，他要来接我了……"

见到徐志摩的遗体后，身体虚弱的小曼已经哭昏过去，深爱徐志摩的小曼无法接受这样的现实，她不相信徐志摩真的离开了。张幼仪也是心痛至极，但她却很理智，为徐志摩主持丧葬。在丧礼上，清醒过来的小曼看到志摩穿着长袍，非常不满意。小曼知道徐志摩平时的穿戴不是这样的，她认为徐志摩应该穿着合体的西装下葬。于是，小曼想给徐志摩换上合适的西装。但张幼仪却不允许任何人再移动徐志摩，她不希望徐志摩受别人的摆布，她希望徐志摩获得平静。

徐志摩的灵柩运到上海万国殡仪馆，上海文艺界在静安寺设奠，为徐志摩举行追悼仪式。徐志摩遇难的消息迅速传开，前来吊唁的人络绎不绝，许多青年学生排着队来瞻仰这位年轻的天才诗人。

北平的公祭设在北大二院的大礼堂，由林徽因主持安排，胡适、周作人、杨振声等朋友到会致哀，他的生前亲友及文化界、教育界等各界知名人士有的送来挽联，有的写出悼念文章。

蔡元培先生的挽联是：

谈话是诗，举动是诗，毕生行径都是诗，诗的意味渗透了，随遇自有乐土。

乘船可死，驱车可死，斗室生卧也可死，死于飞机偶然

者，不必视为畏途。

梅兰芳先生的挽联是：

归神于九霄之间，直著噫籁成诗，更忆招花微笑貌；
北来无三日不见，已诺为余编剧，谁怜推枕失声时。

张歆海、韩湘眉夫妇的挽联是：

十数年相知情同手足；一刹那惨剧，痛切肺腑。
温柔诚挚乃朋友中朋友；纯洁天真是诗人的诗人。

杨杏佛的挽联是：

红妆齐下泪，青鬓早成名，最怜落拓奇才，遗受新诗又不朽；
少别竟千秋，高谈犹昨日，共吊飘零词客，天荒地老独飞还。

庐隐和李惟建夫妇的挽联是：

叹君风度比行云，来也飘飘，去也飘飘；
嗟我哀歌吊诗魂，风何凄凄，雨何凄凄。

陆小曼
出笔多高致，一生半累烟云中

徐志摩失事后，小曼伤心欲绝，更叫她伤心的是，徐志摩的很多朋友和她断交了。大家都认为是陆小曼的挥霍给徐志摩背上了沉重的经济负担，正是小曼不肯随徐志摩北上，才导致了这场悲剧的上演。徐志摩的好友叶公超说胡适有好几次和他谈起陆小曼的事："他当然没有说不配，但是觉得徐志摩不应该这样放任自己去追求陆小曼。"叶公超晚年的时候说："我写志摩，关于陆小曼的事向来都只字不提。……志摩、小曼结婚之后生活的堕落是一般人意料中的，所以志摩死了之后，我们这些人差不多整个远离了陆小曼，她做什么我们都不清楚，耳闻而已。"

徐志摩的意外离去，造就了他的传奇。也正是志摩的死，给了小曼一记晴天霹雳，敲醒了陆小曼的灵魂。她要重新做人，做志摩所期待的那样的人。陆小曼彻底变了，她戒了烟瘾，青灯守节，闭门思过，从此，她真的不再出去交际了。她为志摩献花，她说："艳美的鲜花是志摩的象征，他是永远不会凋谢的，所以我不让鲜花有枯萎的一天。"

徐志摩的离去对徐申如也是一个沉重的打击，当听到这个噩耗的时候，年逾六旬的徐申如老泪纵横，悲凉地叹道："完了！"爱恨情愁，悲欢离合，一切都烟消云散。

白发人送黑发人，老天为何如此绝情！他认为是陆小曼害死了儿子，若不是她挥金如土，志摩也不会在京沪两地往返奔波。没有她的出现，徐家风调雨顺，夫妻恩爱，生意兴隆，哪儿会发生这样的惨剧？他在给儿子的挽联中写道："考史诗所载，沉湘捉月，文人横死，各有伤心，尔本超然，岂期邂逅罡风，亦遭惨劫？自襁褓以来，求学从师，夫妇保持，最怜独子，母今逝矣！忍使凄凉老父，重赋招魂?"

　　1932年,在海宁硖石举行了徐志摩的追悼会,公公徐申如坚决阻止陆小曼参加,此时的他已经对陆小曼恨之入骨了。如果儿子不是给这个挥霍无度的女人来回奔波挣钱,怎么会这样?

　　徐家的做法给小曼最沉重的打击,小曼的苦又有谁能知道?如果徐志摩在天有灵,知道小曼受到如此的待遇,不知道该做何感想。她只能为亡夫送了一副挽联:

　　　　多少前尘成噩梦,五载哀欢,匆匆永诀,天道复奚论,欲死未能因母老;
　　　　万千别恨向谁言,一身愁病,渺渺离魂,人间应不久,遗文编就答君心。

　　在给徐志摩的悼词中,陆小曼明确表示活下去的原因是"因母老",她是家里唯一的孩子,要照顾家人。她活下去要做的则是"遗文编就答君心"。

　　1933年清明,陆小曼独自一人来到硖石给徐志摩上坟,这是陆小曼第五次,也是最后一次到海宁硖石。小曼没有再到她与徐志摩婚后小住的家中去,因为那是徐家的房产,现在志摩不在了,徐父是不会叫她进门的,况且,她也不愿再去那一块让她甜蜜而又令她伤心的地方。

　　小曼看着远处她和志摩当年住过的红砖色新房,忍不住又哭了。他们在那里度过了一段多么甜蜜的神仙生活,如今物是人非,志摩不在已经多时,独自留下小曼。回来后小曼写了一首悲伤的诗:肠

陆小曼
出笔多高致，一生半累烟云中

断人琴感未消，此心久已寄云峤；年来更识荒寒味，写到湖山总寂寥。人生就是这样，得到的时候，不知道珍惜，失去的永远是最美的。轰然爆发的爱情就像骤然间燃放的烟花一样，壮丽得足以震撼每一个人的目光，但它的存在只在一瞬间，然后便是悲壮地陨灭。或许只有在想象中，爱情才能永世不灭，才能环绕着灿烂夺目的诗的光轮。

徐志摩说过："须知真爱不是罪，在必要时我们得以身殉，与烈士们爱国，宗教家殉道，同是一个意思。"为了爱情，他不惜与全世界作对。小曼跟随感情的引导，也选择了一意孤行，和徐志摩一起抗争。她是这样爱着徐志摩，信赖着他。

然而，浪漫的爱情终究会平淡，最终徐志摩发现他亦无法改变陆小曼，他对婚恋的期望只是一个奢求，最终是一个失败。陆小曼开始也许愿意成为徐志摩塑造的女神，但她有自己的想法，最终两个人越走越远。

声泪俱下小曼《哭摩》

上天是公平的，给了小曼如梦如幻的前半生，也给了她孤苦无依的后半生。她的前半生有多美艳，她的后半生就有多凄凉。才女多情，情是世上最脆弱的一种东西，以情为生，更容易被情所伤。红颜与才女的晚景，大略难耐凄凉。

志摩死时，小曼才29岁，她体弱多病，生活无着，经常捧着志摩的照片默默流泪。她与徐志摩相识相知相恋，她悔恨自己当时没有珍惜徐志摩对她的好，她悔恨没有阻止徐志摩坐那架危险的飞机。多少次，徐志摩在她的梦中出现，深情地看着小曼，似乎有很多话要对她说。在这个冰冷的世界上，徐志摩如何放心小曼这个柔弱无依、孤苦伶仃的女孩独自凄凉地生活？况且，他的家庭从来就没有认可她，容纳她。而他们又没有一个孩子延续生命，最终长大成人去照顾她。

小曼非常思念志摩，我们可以从她在徐志摩死后的几篇文章中体会到她对徐志摩的思念之情。志摩死后一个多月，陆小曼写了《哭摩》，这篇文章写得情真意切，悲伤痛苦跃然纸上。

陆小曼
出笔多高致，一生半累烟云中

　　我深信世界上怕没有可以描写得出我现在心中如何悲痛的一支笔。不要说我自己这支轻易也不能动的一支。可是除此我更无可以泄我满怀伤怨的心的机会了，我希望摩的灵魂也来帮我一帮。苍天给我这一霹雳直打得我满身麻木得连哭都哭不出，浑身只是一阵阵的麻木。几日的昏沉直到今天才醒过来，知道你是真的与我永别了。摩！漫说是你，就怕是苍天也不能知道我现在心中是如何的疼痛，如何的悲伤！从前听人说起"心痛"我老笑他们虚伪，我想人的心怎会觉得痛，这不过说说好听而已，谁知道我今天才真的尝着这一阵阵心中绞痛似的味儿了，你知道么？曾记得当初我只要稍有不适即有你声声的在旁慰问，咳，如今我即使是痛死也再没有你来低声下气的慰问了。摩，你是不是真的忍心永远的抛弃我了么？你从前不是说你是最后的呼吸也须要连在一起才不负你我相爱之情么？你为什么不早些告诉我是要飞去呢？直到如今我还是不信你真的是飞了，我还是在这儿天天盼望着你回来陪我呢，你快点将未了的事情办一下，来同我一同到云外去优游去吧，你不要一个人在外逍遥，忘记了闺中还有我等着呢？

　　这不是做梦么？生龙活虎似的你倒先我而去，留着一个病恹恹的我单独与这满是荆棘的前途来奋斗。志摩，这不是太惨了么？我还留恋些什么？可是回头看看我那苍苍白发的老娘，我不由一阵阵只是心酸，也不敢再羡你的清闲爱你的优游了，我再那有这勇气，去看她这个垂死的人而与你双双飞进这云天里去围绕着灿烂的明星跳跃,忘却人间有忧愁有痛苦像只没有牵挂的梅花鸟。这类的清福怕我还没有缘去享受!

我知道我在尘世间的罪还未满,尚有许多的痛苦与罪孽还等着我去忍受呢。我现在唯一的希望是你倘能在一个深沉的黑夜里,静静凄凄的放轻了脚步走到我枕边给我些无声的私语让我在梦魂中知道你!我的大大是回家来探望你那忘不了你的爱来了,那时间,我决不张皇!你不要慌,没人会来惊扰我们的。多少你总得让我再见一见你那可爱的脸我才有勇气往下过这寂寞的岁月,你来吧,摩!我在等着你呢。

事到如今我一点也不怨,怨谁好?恨谁好?你我五年的相聚只是幻影,不怪你忍心去,只怪我无福留,我是太薄命了,十年来受尽千般的精神痛苦,万样的心灵摧残,直将我这颗心打得破碎得不可收拾?到今天才真变了死灰的了,也再不会发出怎样的光彩了。好在人生的刺激与柔情我也曾尝味,我也曾容忍过了。现在又受到了人生最可怕的死别。不死也不免是朵憔萎的花瓣再见不着阳光晒也不见甘露漫了,从此我再不能知道世间有我的笑声了。

经过了许多的波折与艰难才达到了结合的日子,你我那时快乐直忘记了天有多高地有多厚,也忘记了世界上有忧愁二字,快活的日子过得与飞一般的快,谁知道不久我们又走进愁城。病魔不断的来缠着我,它带着一切的烦恼,许多的痛苦,那时间我身体上受到不可言语的沉痛,你精神上也无端的沉入忧闷,我知道你见我病身呻吟,转侧床笫,你心坎

陆小曼
出笔多高致，一生半累烟云中

里有说不出的怜惜，满肠中有无限的伤感。你虽慰我，我无从使你再有安逸的日子。摩，你为我荒废了你的诗意，失却了你的文兴，受着一般人的笑骂，我也只是在旁默然自恨，再没有法子使你像从前的欢笑。谁知你不顾一切的还是成天安慰我，叫我不要因为生些病就看得前途只是黑暗，有你永远在我身边不要再怕一切无味闲论。我就听着你静心平气的养，只盼着天可怜我们几年的奋斗，给我们一个安逸的将来，谁知道如今一切都是幻影，我们的梦再也不能实现了，早知有今日何必当初你用尽心血的将我抚养呢？让我前年病死了，不是痛快得多么？你常说天无绝人之路，守着好了，那知天竟绝人如此，那儿还有我可以平坦着走的道儿？这不是命么？还说什么？摩，不是我到今天还在怨你，你爱我，你不该轻生，我为你坐飞机，吵闹不知几次，你还是忘了我的一切的叮咛，瞒着我独自飞上天去了。

完了，完了，从此我再听不见你那叽咕小语了，我心里的悲痛你知道么？我的破碎的心留着等你来补呢，你知道么？唉，你的灵魂也有时归来见我么？那天晚上我在朦胧中见着你往我身边跑，只是一霎眼就不见了，等我跳着，叫着你。也再不见一些模糊的影子了，咳，你叫我从此怎样度此孤单的岁月呢，真是叫天天不应，叫地地不响，苍天因何给我这样惨酷的刑罚呢！从此我再不信有天道，有人心，我恨这世界，我恨天，我恨地，我一切都恨，我恨他们为什么抢了我的你去，生生的将我们一颗碰在一起的心离了开去，从此叫我无处去摸我那一半热血未干的心。你看，我这一半还是不断流着鲜红的血，流得满身只成了个血人，这伤痕除了那一半的心回来补，还有什么法子叫她不滴滴的直流呢？痛死了有谁知道，终有一天流完了血自己就枯萎了。若是有时候你清风一阵的吹回来见着我成天为你滴血的一颗心，不知道又要如何的怜惜何等的张皇呢！我知道你又瞪着两个小猫似眼珠儿乱叫乱叫着。我希望你叫高声些，让我好听得见，你知道我现在只是一阵阵糊涂，有时人家大声的叫着我，我还是东张西望不知道声音是何处来的呢？大大，若是我正在接近着梦边，你也不要怕扰了我的梦魂像平常似的不敢惊动我，你知道我再不会骂你了，就是你扰我从此不睡，我也不敢再怨了，因为我只要再能得到你一次的扰，我就可以责问他们因你骗我说你不再回来，让他们看看我的摩还是丢不了我，乖乖的又回来陪伴着我了，这一回我可一定紧紧的搂抱你再不能叫你飞出我的怀抱了。天呀！可怜我，再让你回来一次吧！我没有得罪你，为什么罚我呢？摩！我这儿叫你呢，我喉咙里叫得直要冒血了，你难道还没有听见么？直叫到铁树开花，枯木发声，我还是忍心等着，你一天不回来，我一天的叫，等着我那天没有了气我才甘心的丢开这唯一的希望。

你这一走不单是碎了我的心，也收了不少朋友伤感的痛泪。这一下真使人们感觉到人世的可怕，世道的险恶，没有多少日子竟会将一个最纯白最天真不可多见的人收了去，与人世永诀。在你也许到了天堂，在那儿还一样过你的欢乐的日子，可是你将我从此就断送了。你以前不是说要我清风似的常在你的左右么？好，现在倒是你先化着一阵清风飞去天边了，我盼你有时也吹回来帮着我做些未了的事情，只要你有耐心的话，最好是等着我将人世的事办完了同着你一同化风飞去，让朋友们永远只听见我们的风声而不见我们的人影，在黑暗里我们好永远逍遥自在的飞舞。

我真不明白你我在佛经上是怎样一种因果，既有缘相聚又因何中途分散，难道说这也有一定的定数么？记得我在北平的时候，那时还没有认识你，我是成天的过着那忍泪假笑的生活。我对人老含着一片至诚纯白的心而结果反遭不少人的讥诮，竟可以说没有一个人能明白我，能看透我的。一个人遭着不可言语的痛苦，当然的不由生出厌世之心，所以我一天天地只是藏起了我的真实的心而拿一个虚伪的心来对付这混浊的社会，也不再希望有人来能真真的认识我明白我，甘心愿意从此自相摧残的快快的了此残生，谁知道就在那时候会遇见了你，真如同在黑暗里见着了一线光明，遂死的人又兑了一口气，生命从此转了一个方向。摩摩，你的明白我，真算是透彻极了，你好像是成天钻在我的心房里似的，直到现在还只是你一个人是真还懂得我的。我记得我每遭人辱骂的时候你老是百般的安慰我，使我不得不对你生出一种不可言喻的感觉，我老说，有你，我还怕谁骂；你也常说，只要我明白你，你的人是我一个人的，你又为什么要去顾虑别人的批评呢？所以我哪怕成天受着病魔的缠绕再也不敢有所怨恨的了。我只是对你满心的歉意，因为我们理想中的生活全被我的病魔来打破，连累着你成天也过那愁闷的日子。

可是二年来我从来未见你有一些怨恨，也不见你因此对我稍有冷淡之意。也难怪文伯要说，你对我的爱是 come and true 的了，我只怨我真是无以对你，这，我只好报之于将来了。

我现在不顾一切往着这满是荆棘的道路上走去，去寻一点真实的发展，你不是常怨我跟你几年没有受着一些你的诗意的陶熔么？我也实在惭愧，真也辜负你一片至诚的心了，我本来一百个放心，以为有你永久在我身边，还怕将来没有一个成功么？谁知现在我只得独自奋斗，再不能得你一些相助了，可是我若能单独撞出一条光明的大路也不负你爱我的心了，愿你的灵魂在冥冥中给我一点勇气，让我在这生命的道上不感受到孤立的恐慌。我现在很决心的答应你从此再不张着眼睛做梦躺在床上乱讲，病魔也得最后与它决斗一下，不是它生便是我倒，我一定做一个你一向希望我所能成的一种人。我决心做人，我决心做一点认真的事业，虽然我头顶只见乌云，地下满是黑影，可是我还记得你常说"受苦的人没有悲观的权利"。一个人决不能让悲观的慢性病侵蚀人的精神，让厌世的恶质染黑人的血液。我此后决不再病（你非暗中保护不可），我只叫我的心从此麻木，不再问世界有恋情，人们有欢娱，我早打发我的心，我的灵魂去追随你的左右，像一朵水莲花拥扶着你往白云深处去缭绕，决不回头偷看尘间的作为，留下我的躯壳同生命来奋斗到战胜的那一天，我盼你带着悠悠的乐声从一团彩云里脚踏莲花瓣来接我同去永久相守，过吾们理想中的岁月。

一转眼，你已经离开我一个月了，在这段时间我也不知

陆小曼
出笔多高致，一生半累烟云中

道是怎样过来的，朋友们跑来安慰我，我也不知道是说什么好。虽然决心不生病，谁知一直到现在也没有离开过我一天。摩摩，我虽然下了天大的决心，想与你争一口气，可是叫我怎生受得了每天每时的悲念你时的一阵阵心肺的绞痛，到现在有时想哭，眼泪干得流不出一点；要叫，喉中疼得发不出声。虽然他们成天的逼我一碗碗的苦水，也难以补得了我心头的悲痛，怕的是我恹恹的病体受不了那岁月的摧残。我的爱，你叫我怎样忍受没有你在我身边的孤单。你那幽默的灵魂为什么这些日子也不给我一些声响？我晚间有时也叫了他们走走开，房间不让有一点声音，盼你在人静时给我一些声响，叫我知道你的灵魂是常常绕着我，也好叫我在茫茫前途感觉到一点生趣，不然怕死也难以支持下去了。摩！大大！求你显一显灵吧，你难道忍心真的从此不再同我说一句话了么？不要这样的苛酷了吧！你看，我这孤单一人影从此怎样的去撞这艰难的世界？难道你看了不心痛么？你爱我的心还存在么？你为什么不响？大！你真的不响了么？

陆小曼在徐志摩在世时沉溺于舞场戏院，非常浮华，很少写东西。但她与徐志摩朝夕相处，深受他的熏陶，小曼写的这篇《哭摩》感情真挚，浓丽哀婉，文风与徐志摩相比不相上下。任何人读了小曼这样伤心的文章，都会流泪。文如其人，没有深刻的感情，根本无法写出这样感情真挚，叫人读后泪流满面的文章。文章写出了小曼的深情，小曼的绝望。在那样的社会里，一个孤苦无依的弱女子，是怎样的心酸？

如果不是需要照顾她年迈的母亲，小曼早就会追随着徐志摩了，但是，她不能走，她还要尽孝。

老天给了小曼惊人的才华，又给了她如花的容颜，不知道这是幸还是不幸。如果小曼不是生得如此貌美如花，如此婀娜多姿，身边就不会有这么多的追求者、仰慕者，那么她就会把她所有的才华都用在文学创作和艺术绘画上了，中国文学艺术界肯定会有一个令人仰慕的女性。可遗憾的是，上天给了她太多的美貌，她被尘世所吸引，没有更多的精力投入文学创作上，但只要她动笔，就会写出打动人心的作品，因为她的才华是挡不住的。

徐志摩无数次出现在小曼的梦里，在梦里，他们有着说不完的话，小曼告诉志摩一个人在世上有多孤独，有多凄凉，她要追随志摩。志摩听后坚决不肯，他告诉小曼，她的尘缘未尽，他这么辛苦劳累地奔波，只为小曼的心。徐志摩鼓励小曼勇敢地活下去，虽然婚后有那么多不开心的事，但徐志摩是爱着小曼的，两个人之间曾经有过那么强烈的感情。徐志摩的死使她变得冷静理智，她念念不忘她的爱人，他们当时经历过多少艰辛，最终才走到一起啊，婚后又过了一段甜蜜的生活。在她的卧室里悬挂着徐志摩的大幅遗像，每隔几天，她总要买一束鲜花送给他。

小曼家里的鲜花是永远都不会凋谢的，小曼也不会让鲜花枯萎。她还在玻璃板下压了一句她用正楷写的白居易的诗：天长地久有时尽，此恨绵绵无绝期。旁边压着一张志摩的便装照片：他躺在草地上，手拿一支香烟，潇洒出尘，活灵活现。小曼作画时，志摩的身影，总能在一旁陪伴。

小曼出版志摩遗文，编纂志摩全集，从未放弃过志摩夫人的身份。出版徐志摩的文集有很多的曲折,虽然其间困难重重,但小曼还是做了大量的工作。徐志摩走后他的很多朋友都不和小曼来往了,小曼为了收集徐志摩的文稿,给他的朋友们发出了一些信件,可回复的很少,她见识了人间的种种冷暖,其中徐志摩遗留在凌淑华那里的八宝箱就叫小曼纠结不已。

凌淑华和徐志摩的关系不一般,他们之间的情感纠葛是一桩公案,可是却很少有人提起了。当时,林徽因和凌淑华都与徐志摩的关系非常密切,"新月社"聚餐会期间,她们接触频繁,林徽因父亲曾经想请凌淑华做林徽因的家庭教师。由于长在关系复杂的大家庭,所以凌淑华的性格温顺随和。大家庭人口多,关系复杂,在这样家庭长大的孩子,心思非常细密。由于"八宝箱"事件,使得林徽因和凌淑华两位才女在这场纠葛中两败俱伤,再不来往。

徐志摩对凌淑华非常信任,他的"八宝箱"曾两次寄存于凌淑华处。第一次是1925年徐志摩外出旅行的时候,当时他与陆小曼的恋情已经是满城风雨,街头巷尾都在议论他们,徐志摩承受不了这样的压力,于是打算去欧洲避避风头。临走之前,将装有日记文稿的小提箱,也就是后人传说中的"八宝箱"交给他最信赖的朋友凌淑华保管,徐志摩确信:"只有L(凌淑华姓氏的第一个字母)是唯一有益的真朋友。"可见,凌淑华在徐志摩心目中的位置有多重要。徐志摩之所以没有把箱子留给陆小曼,是因为陆小曼的处境也非常不妙,而且箱子里有很多他不希望被陆小曼看见的东西。

不久,凌淑华托人把箱子带给住在上海的徐志摩,徐志摩把箱子寄放在了硖石老家。后来,徐志摩从老家拿回箱子后,寄放在胡适的家里。于是,他便再次把箱子放在凌淑华那里,托她保管。

不过再次寄存时，箱子里多了几样新的东西，首先是陆小曼在1925年徐志摩欧游期间写的两本初恋日记。徐临行前嘱咐陆小曼把她的思念记成日记，等他回来后当信看。小曼从此便开始认真记日记，把日记本当作爱人的化身，把所有内心深处的话都写在日记上。据说，日记里有不少牵涉是非处，其中骂林徽因的内容最多，可见两人之间的关系很一般。除此之外，还有胡适和张歆海的闲话。除陆小曼的这两本日记和徐志摩写的几篇稿件外，"八宝箱"里新添的东西还有徐志摩写于1925年和1926年的两本日记，还有他两次欧洲游历期间大量用英语写给陆小曼的文笔极其优美的情书。1931年11月19日，徐志摩因飞机失事丧生，有关这个小箱子的秘密也被宣扬了出去。

　　徐志摩一生浪漫多情，人们对他的私人日记及他和女性朋友们往来的书信充满了极大的兴趣，大家都想知道箱子里到底装着什么东西。在所有人中，陆小曼和林徽因是最想拿到箱子的人。

　　作为徐志摩夫人的陆小曼想争取到编辑出版徐志摩日记和书记的专利，自然想得到八宝箱。陆小曼还给胡适写了一封信，谈及这个箱子。林徽因似乎比陆小曼更想得到这个箱子。林徽因亲自登门到史家胡同凌叔华的寓所向凌叔华索取，不料遭到凌叔华婉拒，只好转而求胡适帮忙。胡适以编辑委员会的名义郑重其事地写信给凌叔华，要凌叔华交出"八宝箱"。凌叔华很勉强地把"八宝箱"交给胡适差来的信使。

　　凌叔华在1983年5月7日致陈从周的信中说："我回信给胡适说，我只能把八宝箱交给她，要求他送给陆小曼。以后他真的拿走了……"但胡适并没有把小箱子送给徐志摩的夫人陆小曼，而是把箱

陆小曼
出笔多高致，一生半累烟云中

子送给了徐志摩的朋友林徽因。这样做很不合适，陆小曼作为徐志摩的夫人应该拿到这个箱子。

在得到"八宝箱"18天后，胡适又写信给凌淑华，责备她把徐志摩的两册英文日记作为"私有秘宝"藏起来。指出她的做法开了私藏徐志摩书信的先例，这样做会影响到全集的编纂。于是，"八宝箱"这件事在凌淑华和胡适、林徽因等几位朋友的关系上投下了一层阴影，大家因此事闹得很不愉快。凌淑华最后发现胡适把日记交给了林徽因，而没有交给徐志摩的夫人陆小曼，感到很对不起徐志摩。凌淑华曾写信给胡适说："前天听说此箱已落入林徽因处，很是着急，因为内有陆小曼初恋时日记两本，牵涉是非不少（骂林徽因最多），这正如从前不宜给陆小曼看一样不妥。"

本来还算得上是朋友的凌淑华与林徽因因为"八宝箱"这件事关系恶化，从此再不往来。

陆小曼在编写徐志摩文稿的时候，曾经叹气道："其他日记倒还有几本，可惜不在我处，别人不肯拿出来，我也没有办法，不然倒可以比这几本精彩得多。"陆小曼所说的"别人"到底是谁？她一直没有明确地说明，但可以肯定的是，林徽因和凌淑华两人都有可能。

闭门谢客 终身素衣

小曼曾对赵清阁说："我没杀志摩，志摩为我而死。"言下有深深的悔意。对于这场爱情悲剧，小曼的母亲说过："小曼害了志摩，志摩也害了小曼，两人是互为因果的。"但小曼是平静的，无论社会舆论如何严酷，无论被人议论得多么不堪，她都不在乎，也从不自我辩解，默默隐忍着内外交加的痛苦。

郁达夫的夫人王映霞说过："小曼是爱志摩的，始终爱志摩。他飞升以来，小曼素服裹身，我从未见她穿过一袭红色的旗袍，而且闭门不出，谢绝一切比较阔气的宾客，也没有再到舞厅去跳过一次舞……"

王映霞和小曼的关系不错，她出生于浙江杭州，是当年杭州的第一美人。当时流传这么一句话，天下女子数苏杭，苏杭女子数映霞。王映霞一生中的两次婚事都轰动全城。1928年，她与郁达夫在杭州西子湖畔大旅社举行婚礼。那个时候，王映霞20岁，郁达夫32岁。王映霞是郁达夫一生中最重要的女人，两人之间的婚姻最终以悲剧收场，他们的婚姻被认为是"现代文学史中最著名的情事"之一。他们离婚后，在1942年，王映霞与钟贤道在重庆又举行了盛大的结婚典礼。

王映霞晚年回忆：如果没有前一个他（郁达夫），也许没有人知道我的名字，没有人会对我的生活感兴趣；如果没有后一个他（钟贤道），我的后半生也许仍漂泊不定。历史长河的流逝，淌平了我心头的爱和恨，留下的只是深深的怀念。

志摩走后，王庚想着和陆小曼再续前缘。陆小曼一直没有从徐志摩死亡的阴影中走出来，她始终爱着徐志摩，素服终生，闭门不出，她对爱情忠贞不渝。可是小曼对徐志摩爱情谁又能知道？

徐志摩走后，小曼年仅29岁，她的风姿依旧不减当年，身边有很多追求者上门提婚再嫁，只要她点头，依旧可以过着衣食无忧的豪华生活。她的前夫王庚自从与陆小曼离婚后一直没有再娶，那时候，他的仕途青云直上：先是担任北伐军前敌总指挥部炮兵指挥官及铁甲车队司令；接着又担任南京政府编遣委员会设计处副处长和淮北盐务缉私局局长；以后又是一系列的高官厚禄。有人给他提亲，他一概回绝，也许他还有所期待吧。听到小曼的不幸之后，他特地到小曼的家里探望安慰病中的小曼。王庚看见小曼的卧室里窗帘拉得严严实实的，屋里的光线很暗，就动手拉开窗帘。阳光照进屋里，屋里立刻亮了起来。

"把房间搞得这么暗，不但不利于病人，就是没有病的人也会生病。"

"我们一起离开这个叫人伤心的地方，到国外去，去德国吧。"王庚心里想到，他向小曼的母亲谈起了与小曼复婚的事。吴曼华非常高兴，本来王庚和小曼的婚事就是她一手包办的，她当年在众多的求婚者中一眼就相中了王庚。

小曼与王庚解除婚姻的事是陆定背着她办理的，那个时候王庚还在监狱中，吴曼华对陆定非常不满。两个人之间闹得非常僵，在亲戚朋友的劝说之下，两人才和解。小曼与王庚离婚后，王庚一直和吴曼华有着联系，关系也不错。吴曼华立刻表态，自己没有任何意见，支持他们复婚，需要看小曼的态度。如果小曼现实一些，与王庚复婚的话，那么她依旧会过着豪华的贵妇生活，不再受世俗的困扰，更不会为生活担忧。但是，小曼竟然一口回绝了，坚决不肯复婚，虽然王庚可以给她稳定富裕的生活，但她却无法忘记徐志摩，她的心里已经容不下任何人了。

1932年，"一·二八"事变爆发，王庚担任"税警总团"第二任的总团长，是中将军衔，正在上海全力抵抗日军的进攻。在2月27日这一天，王庚突然私自脱离战场，不幸在公共租界被日军抓获。王庚随身携带的军用皮包中，有淞沪兵力部署和战线配置图。后来经过其他国家的调解，王庚被日军释放了。但由于他私自离开阵地，被国民政府军事法庭逮捕了，本来要判重刑，在宋子文的帮助下，王庚被判处有期徒刑两年零六个月，这件事对王庚是个沉重的打击。

有人说王庚擅自离开阵地是因为他想到公共租界去探望陆小曼。两年多的牢狱生活，使得王庚患上了严重的肾病，于是便出国治病休养。回国后，他在军中不再受到重用，转到了后勤。王庚曾经担任国民政府兵工署昆明办事处处长，负责补给抗战的后方物资。虽然在内心深处，王庚更希望能带兵打仗。1942年3月11日，国民政府派军事代表团到华盛顿，参加同盟国的联合军事会议，加强中美两国的军

陆小曼
出笔多高致，一生半累烟云中

事交流。因为美国统帅部作战厅长艾森豪威尔将军与王庚是西点军校的同班同学，所以宋子文认为王庚是合适的人选。于是，王庚又被重新起用，参加了军事代表团。但这个时候，王庚的身体已经很不好了，但他为了国家利益还是出发了。王庚随着军事代表团路过开罗的时候，突然生了重病，没过多久，他就在开罗的皇家医院病逝了。王庚的遗体在北非盟军的协助下葬在开罗公墓，那一年，他才47岁，真是英年早逝。遗憾的是，远在上海的小曼不知道他已经离去了。

4月29日，中国驻美军事代表团在纽约大使馆举行了记者招待会，出席招待会的中美英加记者有60多人，多为各大通讯社和报社的代表。宋子文外长问军事代表团团长熊式辉："怎么不见王庚？"熊式辉回答："王庚已在开罗病逝。"宋子文听后伤心不已，连连叹息。

王庚的母校——普林斯顿大学在《王庚传略》中这样说："王的一生是老实、正直和爱国的。他给西点带来荣誉。1915年的同窗就知道这是确实的，而且关于他还有更多的可以说。他确实是1915级可以引为骄傲的一员。"

没有多久，当时上海最显赫的家族——宋氏家族的成员宋子安慕名拜访陆小曼。宋子安是宋氏家族中最年幼的一员，他的哥哥是宋子文、宋子良，姐姐宋霭龄、宋庆龄、宋美龄更是家喻户晓的人物。宋子安1928年毕业于美国哈佛大学，曾先后就任中国国货公司董事、广州银行董事会主席、西南运输公司总经理等职位。他和几个兄姊不一样，他很少涉足政治。宋子安一直仰慕小曼，想和她交往。宋子安要去拜访小曼，被她拒绝了。但宋子安却一直惦记着小曼。没有多久，宋子安又请小曼去吃饭，也被她拒绝了。小曼的态度很坚决。

除了这两个有名望的追求者之外，更有许多清朝遗老、王孙贵胄、富商巨贾，以及有钱又有闲的世家子弟对她非常仰慕，想约她吃饭，要和她交往。其他暗地里的追求者，自然也不在少数。如果小曼随便和哪个仰慕者成家，她的后半生就不会过得这样孤苦伶仃，身世飘零，为钱发愁。但小曼的心里只有徐志摩，她走不出徐志摩离世的阴影，心里再也不会有其他人的位置，执拗的她一定要以徐志摩的未亡人而存在。

徐志摩的离去是陆小曼人生最明显的分界线。徐志摩在世的时候，作为出生在富贵人家的小姐，小曼的生活是富裕的。她先是嫁给了军界最有前途的高官王庚，后来又嫁给富有的诗人学者徐志摩，徐志摩虽然不是大富大贵，但也能保证她过着富裕的生活。徐志摩离去后，小曼失去了丈夫，失去了朋友，还要面对来自外界的责难。

徐志摩是个才华横溢的诗人，世人都对他的早逝惋惜不已。在人们的眼里，是花钱如流水、挥霍无度的陆小曼导致了诗人的离去。徐志摩的朋友远离她，徐家更是不承认她，小曼变得孤苦伶仃。好在尘世并不那么凄凉，人间并不都是冷漠，小曼身边还有一个知己在默默地守护着她，在小曼最痛苦无助的时候，陪伴着她走过了人生最黑暗的那段路，他就是翁瑞午。翁瑞午不忍心看到小曼孤苦与寂寞，就担负起照顾小曼的责任，小曼家里所有的开销都由他负担。

翁瑞午是上海交际场的洋场阔少，靠吃祖上产业过他那有品位又自由自在的生活。他家在杭州拥有一座茶山，在上海拥有房产，还有祖辈留下来的数不清的字画古玩，可谓家财万贯。他是个游手好闲的人，平时喜欢戏曲、绘画，还有许多娱乐爱好，喜欢去赌场、戏院、酒店、夜总会，喜欢去戏院看戏，也喜欢去舞场跳舞。他喜欢交朋

陆小曼
出笔多高致，一生半累烟云中

友，出手大方，颇有人缘。他相貌英俊、聪明、风趣，很招人喜欢。翁瑞午懂得女性，既会迎奉、讨好，也知冷知热，体贴周到。他家中有妻有子，还与戏子厮混，除一大家子女外，还有一个私生女。对女人，他并不看重，但对小曼还算是情真意切，陪伴了她几十年。

小曼的干女儿何灵琰回忆说："他和干娘的嗜好也许更相同一点儿，他们都抽大烟，都是日夜颠倒，又都会唱京戏、拍昆曲。翁干爹更是精明仔细，善体人意，在干娘身上处处留心体贴。我对他反比对徐干爹认识得更清楚一点儿，一来他在陆家的时候好像比徐干爹在家的时候多，差不多天天报到，二来他比徐干爹更会哄孩子。记得他是个瘦长脸，白白的，总是穿长袍、黑缎鞋，北方话还说得不错，人很活络，也很风趣。现在想想这个人也算多情，他对干娘真是刻意经心，无微不至。"

都说翁瑞午是个浪子，但浪子对他喜欢的人也会很好。俗话说，寡妇门前是非多，随着两个人之间来往的密切，风言风语又开始起来，他们之间的交往有了很大的压力，但翁瑞午和徐志摩一样，为了小曼，他不在乎那些流言蜚语。翁瑞午陪伴着小曼走过了人生最后的岁月。这个时候的小曼已经从浮华中走出，成了一个平淡的女人。

尽管小曼说她对翁瑞午"只有感情，没有爱情"，但她对待感情，也是认真的。他们之间的来往也是阻力重重，当时许多人不赞成她和翁瑞午的这种关系，要她与翁断交。志摩的父亲以断绝经济来源作为要挟，让小曼离开翁瑞午；胡适也曾多次来信要小曼与翁瑞午断交。胡适对小曼很有好感，给她很多帮助，他们之间的关系很不一般，他是小曼人生中重要的一个朋友。他们从年轻的时候就认识，他对小曼非常仰慕。小曼离婚、结婚的整个过程，他是一个重要的参与者。徐志摩离世后，他一直和小曼有着书信的联系。在很多信中，小曼和他谈心。在信中小曼这样说："我就用这封信来代替我本人，因为我的人不能到你身边来。我希望我的信可以给你一点慰藉。""你怎么又发烧了？难道你又不小心感冒了？今天体温多少？我真是焦急，真希望我能这就去看你，真可惜我不可能去看你。我真真很不开心。""喔！我现在多么希望能到你的身边，读些神话奇谭让你笑，让你大笑，忘掉这个邪恶的世界。你觉得如果我去看你的时候，她（胡适太太江冬秀）刚好在家会有问题吗？请让我知道！"

　　"我们虽然近两年来意见有些相左，可是你我之情岂能因细小的误会而有两样吗？你知道我的朋友也很少，知己更不必说，我生活上若不得安逸，我又何能静心地工作呢？这是最要紧的事。你岂能不管我？我怕你心肠不能如此之忍吧！""我同你两年来未曾有机会谈话，我这两年的环境可说坏到极点，不知者还许说我的不是，我当初本想让你永久地不明了，我还有时恨你虽爱我而不能原谅我的苦衷，与外人一样的来责罚我，可是我现在不能再让你误会我下去了，等你来了可否让我细细地表一表？因为我以后在最寂寞的岁月愿有一二人，能稍微给我些精神上的安慰。"

　　徐志摩死后，胡适便以保护人自居。他向小曼提出，要她与翁瑞午断交，以后一切由他负责，由自己照顾她的余生。陆小曼委婉地拒绝了，胡适很不高兴，于是便摊牌道："如果你不终止与翁的关系，那就是要和我绝交了。"胡适说出这样的话，小曼并没有理会。胡适非常生气，就不再和小曼来往。但胡适还是不能忘记陆小曼的，到了40年代，胡适又从南京来过一封信，再劝小曼。信中大意是：希望戒除嗜好。远离翁瑞午。速来南京，由他来安排新的生活。

陆小曼
出笔多高致，一生半累烟云中

小曼没有给胡适回复，她当时对人说："瑞午虽贫困已极时，但始终照顾得无微不至，廿多年了，吾何能把他逐走呢？"小曼与翁瑞午一起生活了二十多年，有了感情，但也有烦恼，因为翁瑞午本身还有一大家子人，需要两头照顾。小曼没有自己的生活她一直想摆脱这样的日子。她觉得和翁瑞午这样的生活方式有些不合适。但她是个弱女子，无力反抗，也无力改变。她只是这样一天天地拖着一个病体磨日子。她需要一个人陪伴着她度过平静的岁月。翁瑞午一直陪在她的左右，两人情趣相投。

小曼依旧是爱志摩的，只不过她将对徐志摩的爱情藏在了心里，而不是形式上。对于自己与翁瑞午的关系，陆小曼一直觉得问心无愧，她说：我的所作所为，徐志摩都看到了，他会理解我，不会怪罪我。她还说：情爱真，不在脸上、嘴上，而在心中。冥冥间，睡梦中，我仿佛听到了、看到了徐志摩的认可。面对流言蜚语，小曼依旧率性地活着，她知道，她的志摩不忍心看见她忧伤。志摩希望他心爱的小曼永远都年轻，好好地活着。志摩经常在小曼眼前晃动，小曼感觉他从来都不会离他远去。小曼要为徐志摩活着，整理好徐志摩的书稿。

小曼是勇敢的女人，志摩走后，她和与翁瑞午过着鸦片与戏曲相伴的生活。这是小曼生命中的第三个男人，他们后半生相依为命。翁瑞午虽有妻室，但老婆很贤惠，她日日照看着家中的5个儿女，连戏衣都帮他洗干净晾好。他根本不惧内，于是他便自如地周旋在妻子与小曼之间。

志摩去世之后，小曼就依赖翁瑞午的供养。一黑（鸦片）一白（大烟）全由翁瑞午掏钱。生病的时候，翁瑞午给她推拿。志摩去世后，小曼非常悲伤，在强大的舆论压力之下，活得很艰难。翁瑞午建议她去杭州西湖散心。

翁瑞午和陆小曼一起去过三次西湖。第一次是翁瑞午与陆小曼和徐志摩刚认识的时候，大家一起去的西湖，那个时候，两人还是一般的朋友。第二次是徐家不让陆小曼参加婆婆的丧礼，陆小曼的心情很不好，翁瑞午为了排解她心中的苦闷，和她一起去西湖散心。这次一起去西湖的，除了他们两人以外，还有她的两个侄子。他们在西湖边上拍了不少照片。小曼牵着两个小侄子的手，翁瑞午在旁边走着，他们几个就像一家人。

徐志摩知道他们去西湖了，给小曼写了一封信：

爱妻：

　　昨天大群人出城去玩。歆海一双，奚若一双，先到玉泉。泉水真好，水底的草叫人爱死，那样的翡翠才是无价之宝。还有的活的珍珠泉水，一颗颗从水底浮起，不由得看的人也觉得心泉里有灵珠浮起。次到香山，看访徽音，养了两月，得了三磅，脸倒叫阳光逼黑不少，充印度美人可不乔装。归途上大家讨论夫妻。人人说到你，你不觉得耳根红热吗？他们都说我脾气太好了，害得你如此这般。我口里不说，心想我曼总有逞强的一天，他们是无家不冒烟，这一点我俩最沾光，也不安烟囱，更不说烟。这回我要正式请你陪我到北京来，至少过半个夏。但不知你肯不肯赏脸？景任十分疼你，因此格外怪我，说我老爷怎的不做主。话说回来，我家烟虽不外冒，恰反向里咽，那不是更糟糕更缠牵？你这

陆小曼
出笔多高致，一生半累烟云中

　　回西湖去，若再不带回一些成绩，我替你有些难乎为颜，奋发点儿吧，我的小甜娘！也是可怜我们，怎好不顺从一二？我方才看到一首劝孝，词意十分恳切，我看了，有些眼酸，因此抄一份给你，相期彼此共勉。

　　蒋家房子事，已向小蝶谈过否？何无回音？我们此后用钱更应仔细。蔗青那里我有些愁，过节时怕又得淹蹇，相差不过一月，及早打点为是。

　　娘一人守家多可怜，但我希望你游西湖心快活，身体强健。

　　徐志摩对他们游西湖倒是没说什么，只是信的结尾那句话，似乎流露出点儿什么，娘一人守家多可怜……

　　他们第三次去西湖是在1932年，那个时候徐志摩去世了。陆小曼的心情很不好，翁瑞午叫小曼外出散心，于是，他提议去西湖。为了避嫌，他带了长女，邀请朋友一同前往。翁瑞午的手头并不宽裕，去西湖的路费是他把金怀表典当出去换来的钱。让他吃惊的是，到了西湖，陆小曼不但没有开心，反而触景生情。因为陆小曼想起自己与徐志摩新婚那年，曾经和翁瑞午等人一起去过西湖。小曼看见湖心亭，想起徐志摩曾经在这里为她写诗，不禁泪流满面。看到这个情景，翁瑞午非常伤心。

　　翁瑞午家里有一幅明朝《桃花游鱼图》，他非常喜爱这幅画。国民党的一位高官也喜欢这幅画，想方设法要把这幅画搞到手。他知道翁瑞午喜欢陆小曼，便心生一计，借着禁毒的机会，搜查陆小曼的家。他找到小曼的烟具后，就把小曼关押起来。听到这个消息后，翁瑞午心急如焚。他不忍心小曼受苦，于是，到处托关系，找人，最终搞明白是有人看上了他家里的名画，于是，立马把画送上去，小曼才得以保释。

小曼不是职业女性，她没有经济来源，是翁瑞午包了她所有的花销。男女之间，日久生情。小曼与翁瑞午之间如同亲人。时间越长，越离不开彼此。他们相依为命，没有在鸦片中沉沦，也没有在戏曲中丧志。小曼当年没有和徐志摩过平静的家庭生活，但是她却和翁瑞午过得非常平实。他们在家待客，切磋画艺，相伴读书。小曼喜欢画画，翁瑞午给她引荐到有名的画家贺天健的门下学画，小曼的画技快速进步，翁瑞午得到父亲的真传，也能画一手好画，便也亲自教授小曼绘画。

小曼的画风深受翁瑞午影响，有很多相似之处，小曼的画也渐渐有了名气。徐志摩在世的时候，就希望小曼抛弃铅华，全身心地投入艺术中去，小曼做到了。很多人都以为翁瑞午爱的是陆小曼的容貌，可是志摩死后，小曼已经不再是当年那个绝代芳华的佳人了，她不再出门交际，素面朝天，不施脂粉，不饰妆容。她娇媚的容颜、红润的面孔，由于常年吸食鸦片而变得蜡黄，没有一丝血色。小曼像珍珠一般晶莹剔透的牙齿已经脱落变黄了，最可怕的是牙龈发黑了。昔日那个年轻貌美、充满灵性、迷倒很多人的女性已经是过去式了，取而代之的是一个平常的、相貌被鸦片侵蚀的妇人。

据苏雪林回忆道：小曼长年卧病，连见我们也是在病榻上。我记得她的脸色白中泛青，头发也是蓬乱的，一口牙齿脱落精光，也不另镶一副，牙龈也是黑黑的，可见毒瘾之深。不过病容虽这样憔悴，旧时丰韵依稀尚在，款接我们，也颇温和有礼。翁瑞午站在她榻前，频

陆小曼
出笔多高致，一生半累烟云中

　　频问茶问水，倒也像个痴情种子。听说瑞午系出世家，家中收藏古玩名书画甚富，拿点出去变卖便是钱；同时还做点黑市生意，故此既供得起小曼的医药饮食，尚能替她缴付一笔很重的阿芙蓉税。

　　鸦片烟不仅麻醉了她的灵魂，也深深毒害了她的健康。小曼由于吸食鸦片，所以肠胃很不好，翁瑞午就给小曼买来蜂蜜，用来帮助肠胃蠕动。那个时候，蜂蜜非常昂贵，翁瑞午每次都给小曼买很多。小曼将蜂蜜注入针筒，吸食掉。抽鸦片鼻子下熏出的印痕，她用一板嫩豆腐揉搓，之后再涂上蛋清。小曼不喜欢喝牛奶，喜欢喝人奶，她说人奶有营养，翁瑞午就用变卖古玩的钱，给她请来奶妈。小曼因为吸食鸦片被收监，翁瑞午便四处奔波，花了一笔钱最后求人才将她放出来。翁家家道中落后，他靠变卖古玩字画生活，即使过得如此窘迫，依然负担着小曼的生活。最终他将家里所有的收藏变卖不遗。1960年前后三年，食物奇缺，翁瑞午不惜冒着酷暑、顶着严寒排长队设法为小曼弄到一包烟、一块肉。他有一香港亲戚，经济条件不错，经常有副食品邮寄给他，翁瑞午只是取其中的十分之一，余者都送给小曼。陆小曼发病，他端汤奉药，不离左右。翁瑞午的脾气很好，与小曼在一起，他总是殷勤伺候，遇见什么事都说："我来，我来。"

　　翁瑞午对陆小曼不错。台湾陈定山写道："现代青年以为徐志摩是情圣，其实我以为做徐志摩易，做翁瑞午难。"韶华、美貌、诗歌、爱情，留给了徐志摩。残年、病榻、生活、重负，留给了翁瑞午。如果把婚姻比作鞋，小曼与王庚的婚姻似乎是一双纯金做的鞋子，外表富丽堂皇、金碧辉煌；小曼与徐志摩的婚姻似乎是一双水晶做的鞋子，外表晶莹剔透、举世无双；小曼与翁瑞午的相处似乎是一双棉布做的鞋子，外表朴实无华、非常随意。但对小曼来讲，穿着王庚这双金子做的鞋，外表非常风光，但其中的寂寞苦涩，除了当事人，谁又能知道？

小曼自己说过："可叹我自小就是心高气傲，想享受别的女人不容易享受到的一切，而结果现在反成了一个一切不如人的人。其实我不羡慕富贵，也不羡慕荣华，我只要一个安乐的家庭，知心的伴侣，谁知道这一点要求都不能得到……"

志摩这双水晶鞋看似漂亮，可是当最初的浪漫过去，生活趋于平淡的时候，来自外界的压力和两个人性格的差异，谁又能知道对错？穿着舒服的也许是第三双棉布做的鞋子，波澜不惊。和翁瑞午在一起时的小曼已经洗去铅华，体味到人生百态。那场惊世骇俗的爱情几乎消耗掉了小曼全部的激情，志摩的离去，使她不再浮华而是心如止水，提前进入了与世无争的晚年。

小曼说她对翁瑞午"只有感情，没有爱情"。小曼是这样介绍她和翁瑞午之间关系的：我29岁时志摩飞机遇害，我就一直生病。到1938年卅五岁时与翁瑞午同居。翁瑞午在1955年犯了错误，生了严重的肺病，一直到现在还是要吐血，医药费是很高的，还多了一个小孩子的开支。我又时常多病，所以我们的经济一直困难。翁瑞午虽有女儿给他一点儿钱，也不是经常的。我在1956年之前一直没有出去做过事情，在家看书，也不出门，直到进了文史馆。

他们两个人过着凡俗的生活，小曼不再是天仙般的美人，而是现实中普通的妇人，他们之间的生活是这样真实平淡。当所有朋友都离去的时候，孤独的小曼只有翁瑞午不离不弃地陪在身边，关怀备至。为小曼带来最多乐趣的也是翁瑞午。戏剧和绘画，都是他们的最爱。他对陆小曼的感情不是干柴和烈火，而是细水长流，几十年如一日的

陆小曼
出笔多高致，一生半累烟云中

照料并非常人所能做到。陆小曼说话爽直，为人非常坦诚，以她的性情，对道德风俗的无视，绝对不会在意自己的事被人说三道四，所以也就不会有什么狡辩的。任性的她，无视道德的约束，所以她不会对别人的非议有所不安。

王亦令在《忆小曼》一文中说：凡是认识陆小曼的人，几乎异口同声称赞她宅心忠厚，待朋友热情，讲究义气。甚至有人做出这样的评论：男人中有梅兰芳，女人中有陆小曼，都是人缘极好，只要见过其面的人，无不被其真诚相待所感动。她绝不虚情假意敷衍他人，而是出于一片赤子之心。

后来，翁瑞午结识了一个姓关的女学生，关姑娘18岁，又名小宝，是陈巨来介绍来学画的。因为比较投缘，翁瑞午就和陆小曼把关姑娘认作干女儿，她称翁瑞午为"寄爹"，叫陆小曼为"寄娘"，陆小曼很喜欢关姑娘。不料，翁瑞午竟然和没有成年的关姑娘好上了，两人还生下了一个名叫"毛毛头"的女孩，这个女孩名叫翁琴光。陆小曼对翁瑞午另有新欢很不满，但由于依附着翁瑞午生活，她只能含着屈辱接受现实。"我之所以一点都没醋心，实在是由于我对翁瑞午只有朋友的感情，早已不存在什么爱情了。"陆小曼对翁琴光很好，非常疼爱。但在新社会，翁瑞午做出这样伤风败俗的事，影响非常恶劣。关姑娘的母亲得知后，异常愤怒，便和翁瑞午打官司。1955年，翁瑞午因道德败坏被捕进了监狱，在监狱中，他得了严重的肺病，经常咯血。后来，他被保释出狱，一直住在小曼家中的二楼养病，在这期间，翁瑞午的妻子去世了。他的手头不再宽裕，经济条件每况愈下，小曼便开始画画赚钱，有时也翻译些外国著作。后来小曼时来运转，有了固定的工资，正好此时也是翁瑞午落魄之际。每当小曼拿到钱的时候，她总会带回一份他喜欢的点心和戏票送给翁瑞午。两个人的生活虽清苦，可他们相濡以沫，苦中作乐。陈巨来是翁瑞午的老朋友，他介绍的学生使得翁瑞午发生了这场不伦的老少恋，弄出丑闻，陈巨来也被打成了坏分子。他们因为这件事情闹翻了脸，互相抱怨对方，从此不再往来。翁瑞午因为作风问题坐牢，成了社会歧视的对象，以前的朋友都不谅解他。小曼的朋友认为她太懦弱，劝她远离翁瑞午，但小曼却对翁瑞午不离不弃。

翁瑞午为人健谈而且善于信口开河，他的话亦庄亦谐、有真有假，非常幽默，能给人带来快乐，但有时候开的玩笑过分低俗。

有一次翁瑞午当着其他人的面调侃小曼："你们晓得吗？小曼可以称为海陆空大元帅。因为王庚是陆军，阿拉是海军少将，徐志摩是飞机上跌下来的，搭着一个空字。"说罢哈哈大笑起来。这句玩笑话说得太随意，陆小曼听后也无可奈何。或许他对小曼并不总是那么好，也有伤害她的时候。不过志摩死后，小曼的心已经麻木，她对翁瑞午的调侃也已经见怪不怪，随他怎么说，并不回应。

小曼和翁瑞午在一起的时候也遇到很多阻力，其中有很多来自翁瑞午的子女。翁瑞午的婚姻大事由父母做主，自己并没有发言权。翁瑞午的父亲和他夫人陈明榴的父亲是换帖兄弟，他们一个是桂林的知府，一个是青浦的知县，两家的关系非常密切。当时两位夫人同时怀孕，两人就商量好，如果生的孩子是同性，就结为兄弟或者姐妹。如果是异性，两个孩子就结为夫妇。于是，翁瑞午和陈明榴在1918年就结为夫妻了。陈明榴是个非常贤惠的女性，她知书达礼，孝敬长辈，教育子女，勤俭持家。她生了一个男孩、四个女孩，去世的时候才52岁。

陆小曼

出笔多高致，一生半累烟云中

她的女儿翁香光对翁瑞午和陆小曼之间的关系很不满，陈明榴去世后，她想到母亲平时一贯节省，没有过上几天好日子，但父亲却在小曼身上花了很多钱，非常生气。她当着陆小曼的面，对翁瑞午说："你为什么不早点儿与妈妈离婚？如果早离婚的话，她还可以找个好人，过上几年舒心的日子！"又对陆小曼说："你为什么抓住我父亲不放？"

翁瑞午说："你不要这么说，我和你妈妈是有感情的，我们生育了你们5个孩子，过了几十年，怎么离得开你妈妈呢？"

"那你为什么老到这里来？"翁香光生气地问道。翁瑞午哑口无言，陆小曼也不说话。

后来，翁香光冷静下来，想想母亲是个旧式女性，虽然读过书，有文化，但没有工作，经济无法独立，只能靠丈夫养活。如果父母离婚，母亲是无法生活的。

60年代初，翁瑞午病得很厉害，他唯独放心不下小曼。他知道小曼无依无靠，把小曼独自留到冷漠的世界上，他心里不安。他请来小曼的好友赵清阁与赵家璧："我走后，拜托你们多照顾一点小曼，我就是在九泉之下也会感激不尽。"

在生命的最后时刻，翁瑞午紧紧握着小曼的手，流着泪："我要走了，我舍不得你，好好活下去！"人之将去其言也善，他对小曼的真情可见一斑。翁瑞午，这个陪伴她33年的男人也走了，这个时候，小曼真是举目无亲了。好在翁瑞午去世后，他的女儿翁香光一直照顾着小曼的生活，一直到她去世。翁香光说："其实陆小曼也蛮可怜的，徐家的公公不喜欢她，不让她参加徐家的所有婚丧喜事；我家也是同样的。但是她还是蛮想着我们家的。有一年，她让裁缝做了5套新衣服给我们 5 个兄弟姐妹。在妈妈去世后,当我们家里的丧事统统办完后,她让爸爸带着我和两个妹妹国光和重光到陆家去。父亲和陆小曼烧了桌好菜给我们吃。想想他俩,也算很苦心为人了。"

关于陆小曼和翁瑞午之间只是同居、不结婚有两个说法。一个说法是陆小曼不想结婚。因为她对翁瑞午只有感情没有爱情。她不希望翁瑞午为了她和原配夫人离婚,翁瑞午的原配夫人没有工作,如果离了婚,她的生活会遇到困难。还有一种说法是,陆小曼想结婚,但翁瑞午子女坚决反对,于是,他们就打消了这个念头。这个说法未必有道理,翁瑞午子女不同意也是情有可原的,但他们的力量恐怕还没有强到能阻止翁瑞午再婚。如果他想结婚,子女是阻止不了的,也许翁瑞午不想结婚吧。翁瑞午和陆小曼仅仅是在一起,他对陆小曼还是有所保留,他顾及子女的看法,没有像徐志摩那样为了和小曼在一起而不顾一切。

1961 年,翁瑞午走了,小曼为设灵堂的事与翁瑞午的子女们争了起来:翁瑞午的孩子要把灵堂设在陆小曼的住所,小曼没有答应。小曼说:我没有与你们的爸爸登记结婚,也没有过什么结婚仪式,你娘与你们的爸爸也没有离婚。至于翁瑞午为什么要住在这里,这是他应志摩之邀,为我治病而来,后来志摩飞机失事逝世,我总不能把我丈夫的朋友赶出去吧?

翁瑞午的子女们争不过她。于是,翁瑞午的灵堂就设在了他女儿翁香光的家里。

多年后,翁香光还不满地谈起小曼和翁瑞午的来往,她还承认,曾经恨过小曼,认为她破坏了自己的家庭,后来又想到事情过去很多年了,他们也不容易。可见,翁瑞午的子女对这件事还是有看法的。

洗尽铅华 岁月无痕

小曼的好友赵清阁说过:"我们是以诚相见、仁义相待的至交好友,因此成为莫逆知己。不像泛泛人海中有一种所谓朋友的人,表面上和你亲亲热热,暗地里却极力中伤陷害,恨不得置你于死地。"由此可见她的敦厚和率性。陆小曼在徐志摩坠机而亡后,被朋友责骂,被世俗诽谤,她习惯了闭门谢客的孤寂。徐志摩在世的时候,小曼懒散奢靡,很少动笔。诗人离去后,她决心做徐志摩希望的那种女性:振作起来,看书绘画,一身素装,闭门谢客。但由于她身体不佳,每天都在病痛中度过,做事力不从心,很难坚持创作。她也曾颓废消沉,没日没夜地用鸦片去麻醉自己的灵魂。后来小曼遇到了赵清阁,那年小曼43岁,赵清阁比她小十几岁。赵清阁从重庆返回上海,通过朋友介绍,认识了陆小曼。她们之间的交往多起来,感情也逐渐加深。赵清阁不断规劝小曼,叫她戒掉鸦片,振作起来,开始写作和绘画。有了赵清阁的陪伴和鼓励,小曼的后半生不再寂寞。小曼临终的时候,赵清阁陪在她的身边,小曼托付赵清阁设法让她和徐志摩合葬。可见,小曼对赵清阁非常信任。

1947年，赵家璧考虑到赵清阁与很多女作家有着密切的联系，于是邀请她编一部现代中国女作家的小说专集。在1947年的夏天，赵清阁登门拜访陆小曼，向她约稿。陆小曼接受了赵清阁的约稿，于是，她埋头创作了一部大约两万字的小说《皇家饭店》，这部小说的原名叫《女儿劫》。在小曼写这本小说的时候，天气炎热，小曼受到气喘病痛的折磨，她的鸦片烟瘾又上来，差点儿中断了写作。

　　小曼说："今夏酷热，甚于往年，常人都汗出如浆，我反关窗闭户，僵卧床中，气喘身热，汗如雨下，日夜无停时，真是苦不堪言。本拟南京归来即将余稿写完奉上，不想忽发喘病，每日只能坐卧，无力握笔，不知再等两星期可否？我不敢道歉，我愿受责。如此奇热，你定不能忍受。我劝你不如去平一游，避过三伏再回来，不然你要更显消瘦了。"从这封短信中，可以看出小曼对赵清阁的信赖。

　　小曼明白赵清阁在逼迫她写小说，赵清阁用这种办法让她赖以活下去。小曼的文笔和才气通过这本小说展露出来。赵清阁终于逼着小曼写了第一部小说，也是唯一的一部小说。这本小说给小曼的后半生注入了新的力量。在赵清阁和赵家璧的规劝下，小曼戒掉了鸦片，摆脱了消沉，积极生活。在和疾病抗衡的同时，坚持作画。

　　赵清阁非常喜欢小曼这部唯一的小说《皇家饭店》，她说这部小说"文字流利，绮丽，才情潇洒，卓然；唯身体多病，近十多年来未尝执笔，仅于绘画孜孜不辍，成就至巨。近为本集（指《无题集——现代中国女作家小说专集》）撰成短篇小说《皇家饭店》，描写细腻，技巧新颖，读之令人恍入其境，且富有戏剧意味。"1947年出版的《无题集——现代女作家小说集》收录了这篇小说，1987年再版的时候，赵清阁将这本小说集的书名改成了《皇家饭店》。

陆小曼
出笔多高致，一生半累烟云中

《皇家饭店》中的故事发生在沦陷时的上海。小说中的女主人公婉贞，是一个小职员的妻子，丈夫一个人养活一家 5 口。由于战乱，家里的经济很紧张，孩子又生病了。为了给儿子二宝看病，她不得不违心应聘到皇家饭店。婉贞看见出入饭店的太太和小姐们奢靡背后的污浊丑陋，不愿意被环境所污染，虽然她必须尽快向经理借到钱以给儿子买药打针，但她还是不顾一切地走出了皇家饭店。小曼用她熟识的经历，通过对几个烟花女人的心理和眼神描写，描写了沦陷时期旧上海十里洋场繁华背后的真实生活，突出了主人公婉贞的出淤泥而不染。小曼晚年无数次感慨自己遇到赵清阁晚了。如果小曼很早就遇到这样上进的朋友，肯定会有更多的成就。

1949 年以后，陆小曼和外界很少往来，几乎足不出户了。她和来访的朋友只谈京剧书画，不再谈论国事。但由于时代的关系，她却无法逃避政治运动。在"反右"运动之前，上海中国画院内部举办了一次画师作品展览。画院里的画师都是当时有名望的书画、金石艺术家。

陆小曼的朋友篆刻家、书画家、诗人陈巨来把存录了自己历年印章作品的一个长卷也拿去展览了。开始，那长卷展开的是他 1949 年以后的作品："毛泽东印""湘潭毛泽东印""朱德之印""梅兰芳印"等。这些作品非常风光。但陈巨来不知道出于什么原因，悄悄把那个长卷又拉开了一段，这下麻烦就大了。因为这些作品是"蒋中正印""张学良印""程潜之印""张大千印"。在当时的大环境下，这些人都是反动派，他竟然有这些作品，结果是引火烧身。"反右"一开始，陈巨来就被揪出来了。陆小曼作为陈巨来三十多年交往密切的老朋友、老同事，也被牵扯进来。

在当时的高压环境之下，陆小曼不得不揭发陈巨来。陆小曼说："某某（指陈巨来）是我近三十年朋友，吾一向厌他为人，又不便逐之，真是可恨之至。"几年后，陈巨来解除劳动教养归来，知道陆小曼揭发他的事后，大怒。他对陆小曼愤恨不已，也向上级揭发她吸毒、乱搞男女关系，两人成为陌路人。

两人的学生张方晦看见这种情况，非常难过，他想方设法化解两人之间的矛盾。张方晦劝陈巨来说："陆老师如果不批你，她自己也完蛋了。"陈巨来不满地说："陆小曼怎么可以为保护自己，牺牲朋友？""别人揭我批我不关痛痒。小曼揭发批判我，就像尖刀刺在心脏上。你不知道，她揭发我十八条！十八条哪！"

张方晦说："不管多少条，你们私下说的话陆小曼没有揭发，别人不知道的事陆小曼也没有揭发，所以，她是假批判。"张方晦又告诉陈巨来，陆小曼非常关心他，经常问候他。这个时候，陈巨来终于明白自己冤枉陆小曼了，两人最终和好如初。

陆小曼喜欢画画，她交了很多画家朋友，关系比较密切的有刘海粟、钱瘦铁、应野平、唐云、刘旦宅等人。陆小曼和刘海粟的关系非常密切。刘海粟是她的老师，也是小曼与徐志摩恋爱和婚姻的见证人。后来，刘海粟在"反右"运动中被戴上了右派帽子，别人唯恐受到牵连，离他远远的，但小曼依旧和刘海粟保持密切的交往。刘海粟写的诗总是寄给陆小曼看，小曼也时常给刘海粟回信。

小曼对刘海粟的诗作评价很高，她说："画家要有诗人的情怀，他的画才会有意境；同样诗人有画家的眼光，他的诗才会写得形象、艳丽！可惜志摩他不会画，但他比一般人要懂画。所以一些画家都愿意与他交朋友。志摩所以能成为很多文艺界人的朋友，主要是他懂艺

陆小曼
出笔多高致，一生半累烟云中

术，艺术之间是相通的。"陆小曼对刘海粟的家人也多有照顾，她托回沈阳的朋友张悲侠找刘海粟的小女儿，并让他好好照顾她。在小曼的关照下，张悲侠一直照顾刘海粟的小女儿，直到她大学毕业。

有一年的农历七月初七，这天是乞巧节，也是陆小曼与徐志摩订婚的日子。小曼托人买了一些鲜肉巧果，还有肥皂、草纸牙膏毛巾之类的生活用品，送给刘海粟。那个时候的刘海粟已经被打成右派，被人撵到一间很小的房子里住。虽然他住在小房子里，但把睡觉的床当成画板。天亮后，刘海粟把床铺一卷，在床上铺好画纸就开始画画，只当没事。后来，小曼病故后，在公开场合，只要提到陆小曼，刘海粟总是对她赞不绝口。

陆小曼对国画家钱瘦铁也非常照顾。那个时候，小曼的经济条件好了不少，在陈毅市长的关心下，有了固定的收入。只要一拿到工资，她就会托人买些鸡鸭之类荤菜烧好送到钱瘦铁家去，让他补身体。

当时，钱瘦铁的处境也不好，他满腹牢骚。说话经常得罪人，小曼总是劝他少发牢骚，把事情看开。钱瘦铁吃饭的时候，谈论某个相识忘恩负义，没有良心，朋友遇到麻烦的时候，不肯帮忙，"他（指某某）忘记了人家过去是怎么帮助他的。"钱瘦铁曾经在"文革"时期帮助朋友逃亡日本。晚年的小曼经历了很多事，她早已变得通透，很多事都看开了。她劝道，也许他帮过忙了，也许是人家想帮忙，但能力有限，帮不上忙。小曼和颜悦色的几句话，就把钱瘦铁的心结打开了。

小曼与画家应野平关系很不错，两人又住得比较近，所以应野平每月都会过来看她几次，有时候带着夫人一起过来，两人就在小曼家里吃饭，谈论绘画的心得体会。

第六章 遗文编就答君心

随着年岁的增长,小曼终于抖落掉残留的浮艳、懒散,她戒掉鸦片,重拾画笔……

寄情书画 重新开始

爱情只是人生的一部分，而陆小曼却把爱情当作全部。小曼的爱情轰轰烈烈，但却没有经营好婚姻。当深爱她，她也深爱的人离去后，她的人生似乎也不再精彩，再没有灵气和诗意。徐志摩离去后，那个养尊处优、花钱如流水的贵族小姐，那个被当时才俊众星捧月的名媛，从此远离了风月场所。她不施粉黛，仿佛从云端回到了凡间。不过，小曼是独特的。虽然她闭门谢客，湮灭于凡人琐事中，但她在绘画和写作中获得了重生。

年轻时候的小曼贪图享受，没有追求的事业，在经济上也不能独立，需要别人供养。当然那个时代妇女的地位不高，所以也不能过多地苛求小曼。但后来，一切都不一样了，小曼最终靠自己的力量开始了新的生活。一直没有独立过的她，到了晚年开始了自食其力的生活，并在艺术上有所建树，成了当代有名气的画家。

陆小曼曾经对王映霞说过："过去的一切像做了一场噩梦，甜酸苦辣，样样味道都尝遍了。如今，我已经戒除了鸦片，不过母亲谢世了，翁瑞午另有新欢了，我又没有生儿育女，孤苦伶仃，形单影只，出门一个人，进门一个人，真是海一般深的凄凉和孤独。""幸而生活还安定，陈毅市长聘我为上海市文史馆馆员，后调为市人民政府参事，上海画院又聘我为画师。我只好把绘画作为我的终身伴侣了。"

小曼有着很好的绘画基础。早年，在胡适的引荐下，著名画家刘海粟见到陆小曼的丰姿，赞道："这位女士真配叫陆小曼。"后来，陆小曼拜刘海粟为师，跟着他学习传统绘画。小曼非常聪明，悟性极高。在刘海粟的悉心指导下，她很快掌握了细笔工整密体的画法。陆小曼临摹的名画，很有神韵。陆小曼在北京圣心学堂时，也曾习西方油画，主攻过静物写生和风景临摹，因此画技突飞猛进。

著名美学家邓以蛰评价陆小曼画作："华亭端的是前身，绿带阴浓翠带醺，肯向溪深林密处，岩根分我半檐云。"

著名学者胡适看到小曼这幅作品后，并不欣赏，他在邓以蛰诗作后面题诗："画山要看山，画马要看马，闭门造云岚，终算不得画。小曼聪明人，莫走这条路，拼得死功夫，自成真意趣。"胡适为了鼓励小曼，又说："小曼学画不久，就作这山水大幅，功力可不小！我是不懂画的，但我对于这一道却有一点很固执的意见，写成韵语，博小曼一笑。"

刘海粟对小曼评价极高，他说，她的旧诗清新俏丽，文章蕴藉婉约，绘画颇见宋人院本的常规，是一代才女、旷世佳人。

徐志摩曾经对陆小曼说："你不知道我怎样深刻的期望你勇猛的上进，怎样相信你确有能力发展潜在的天赋，怎样私下祷祝有那一天叫这浅薄的恶俗势力的'一般人'开着眼惊讶，闭着眼惭愧。"志摩了解她，是她灵魂的知己。他看出小曼是颗被尘世所掩盖的珍珠，知道只要她振作起来，就一定会做出一些事来。

懂小曼者不过一二，得之他幸，不得他命。小曼后半生开始倾心于绘画艺术，她遍拜名师。她拜贺天健为师学习山水，拜陈半丁为师

陆小曼
出笔多高致，一生半累烟云中

学习花鸟。她一心画画，一改过去的慵懒习惯，振作精神，重新开始。她勤奋创作，形成了文人画的风格。

贺天健为了防止小曼偷懒，颇费了一番心思。他和小曼约定好了，只要老师上门，小曼必须把所有的杂事全部丢开，一心画画，必须要学有所成。小曼每个月给老师50大洋的学费，中途不得退学。就这样，小曼卧薪尝胆，一心画画，十年后，终于在1941年假座上海大新公司开了个人画展。画展作品有100多件，多为山水画，也有花鸟鱼虫卷。小曼的画清丽雅致，格调脱俗，技艺精湛，功底深厚，受到好评。小曼的山水秀润天成，有了生气，有了活的灵魂，叫人感觉清新脱俗，飘逸潇洒。凡是看过她画的人都认为她的画富于艺术天赋，赵清阁称其画为"文人画的风格"。

1950年秋，上海市举办第一届书画展，街道居委会鼓励陆小曼送几幅作品去试试，竟被选中两幅。她没有想到，这几张画竟改变了她后来的生活境遇。开幕之日，上海市市长陈毅和夫人张茜应邀参观，陈毅在陆小曼作品前驻足凝视良久，觉得十分清新，连称好画。

在陈毅的关心下，陆小曼被聘为上海文史馆馆员，破格享受到高级知识分子的待遇。时隔不久，陆小曼被吸收为上海美术家协会会员，成为上海中国画院的一名画师，被聘为上海市人民政府参事室参事，有了稳定的收入，并领到一张华东医院的免费就诊卡。这样，小曼晚年的生活有了保障。陆小曼从此摆脱了困境。她有了学生，有了新的朋友。那年，陆小曼已经52岁了，距徐志摩离去已过去了24年。

1964年春，陆小曼开始用正楷笔录《矛盾论》全书，她要把这个书法作品作为中华人民共和国成立十五周年的节日献礼。遗憾的是，她的身体每况愈下，这件事最终没有完成。1964年秋，她又投入精力，为成都杜甫草堂画了四幅条屏山水，广受好评。那个时候，小曼的身体已经很虚弱了，但她还是坚持着把画画完了。她还专门请了赵清阁去看她的画作。小曼问赵清阁："你看我的画是不是比以前进步些？"

美玉总是要焕发她原有光彩的，小曼把她的才华发挥得淋漓尽致，"万千别恨向谁言，一身愁病，渺渺离魂，人间应不久，遗文编就答君心"。于是人们就有了《徐志摩全集》，于是就有了证明他们爱情的《爱眉小札》。她无须用语言去为自己做任何的辩解，她用行动告诉世人爱的真谛，《爱眉小札》写得非常感人。

今天是志摩四十岁的纪念日子，虽然甚么朋友亲戚都不见一个，但是我们两个人合写的日记却已送了最后的校样来了。为了纪念这部日记的出版，我想趁今天写一篇序文；因为把我们两个人呕血写成的日记在这个日子出版，也许是比一切世俗的仪式要有价值有意义得多。

提起这二部日记，就不由得想起当时摩对我说的几句话，他叫我"不要轻看了这两本小小的书，其中哪一字哪一句不是从我们热血里流出来的？将来我们年纪老了，可以把它放在一起发表，你不要怕羞，这种爱的吐露是人生不易轻得的"！

为了尊重他生前的意见，终于在他去世后五年的今天，大胆地将它印在白纸上了。要不是他生前说过这种话，为了要消灭我自己的痛苦，我也许会永远不让它出版的。其实关于这本日记也有些天意在里边。说也奇怪，这两本日记本来是随时随刻他都带在身边的，每次出门，都是先把它们放在小提包里带了走，唯有这一次他匆促间把它忘掉了。看起来不该消灭的东西是永远不会消灭的，冥冥中也自有人在支配着。

陆小曼
出笔多高致，一生半累烟云中

关于我和他认识的经过，我觉得有在这里简单述说的必要，因为一则可以帮助读者在这二部日记和十数封通信之中，获得一些故事上的连续性；二则也可以解除外界对我们俩结合之前和结合之后的种种误会。

在我们初次见面的时候（说来也十年多了），我是早已奉了父母之命媒妁之言同别人结婚了，虽然当时也痴长了十几岁的年龄，可是性灵的迷糊竟和稚童一般。婚后一年多才稍懂人事，明白两性的结合不是可以随便听凭别人安排的，在性情与思想上不能相谋而勉强结合是人世间最痛苦的一件事。当时因为家庭间不能得着安慰，我就改变了常态，埋没了自己的意志，葬身在热闹生活中去忘记我内心的痛苦。又因为我娇慢的天性不允许我吐露真情，于是直着脖子在人面前唱戏似的唱着，绝对不肯让一个人知道我是一个失意者，是一个不快乐的人。这样的生活一直到无意间认识了志摩，叫他那双放射神辉的眼睛照彻了我内心的肺腑，认明了我的隐痛，更用真挚的感情劝我不要再在骗人欺己中偷活，不要自己毁灭前程。他那种倾心相向的真情，才使我的生活转换了方向，而同时我也就跌入了恋爱了。于是烦恼与痛苦，也跟着一起来。

为了家庭和社会都不谅解我和志摩的爱，经过几度的商酌，便决定让摩离开我到欧洲去做一个短时间的旅行；希望在这分离的期间，能从此忘却我——把这一段因缘暂时的告一个段落。这一种办法，当然是不得已的，所以我们虽然大家分别时讲好不通音信，终于我们都没有实行（他到欧洲去后寄来的信，一部分收在这部书里），他临去时又要求我写一本当信写的日记，让他回国后看看我生活和思想的经过情形，我送了他上车后回到家里，我就遵命的开始写作了。这几个月里的离情是痛在心头，恨在脑底的。究竟血肉之体敌不过日夜的摧残，所以不久我就病倒了。在我的日记的最后几天里，我是自认失败了，预备跟着命运去漂流，随着别人去支配；可是一到他回来，他伟大的人格又把我逃避的计划全部打破。

于是我们发见"幸福还不是不可能的"。可是那时的环境，还不容许我们随便的谈话，所以摩就开始写他的"爱眉小札"，每天写好了就当信般的拿给我看，但是没有几天，为了母亲的关系，我又不得不到南方来了。在上海的几天我也碰到过摩几次，可惜连一次畅谈的机会都没有。这时期摩的苦闷是在意料之中的，读者看到《爱眉小札》的末几页，也要和他同感罢？

我在上海住了不久，我的计划居然在一个很好的机会中完全实现。我离了婚就到北京来寻摩，但是一时竟找不到他，直到有一天在《晨报副刊》上看到他发表的《迎上前去》的文章，我才知道他做事的地方。而这篇文章中的忧郁悲愤，更使我看了迫不及待地去找他，要告诉他我恢复自由的好消息。那时他才明白了我，我也明白了他，我们不禁相视而笑了。

我真是说不出的悔恨，为甚么我以前老是懒得写东西。志摩不知逼我几次，要我同他写一点序，有两回他将笔墨都预备好，只叫随便涂几个字，可是我老是写不到几行，不是头晕即是心跳，只好对着他发愣，抬头望着他的嘴盼他吐出圣旨来我即可以立时的停笔。那时间他也只得笑着对我说："好了，好了，太太我真拿你没有办法，去耽着吧！回头又要头痛了。"走过来掷去了我的笔，扶了我就此耽下了，再也不想继续下去。我只能默默地无以相对，他也只得对我干笑，几次的张罗结果终成泡影。

有谁能够料到今天在你去后我才真的认真的算动笔写东西，回忆与追悔将我的思潮模糊得无从捉摸。说也惨，这头一次的序竟成了最后的一篇，哪得叫我不一阵心酸？难道说这也是上帝早已安排定了的么？

不要说是写序我不知道应该如何落笔，压根儿我就不会写东西，虽然志摩说我的看东西的决断比谁都强，可是轮到自己动笔就抓瞎了。这也怪平时太懒的缘故。志摩的东西说也惭愧多半没有读过，这一件事有时使得他很生气的。也有时偶尔看一两篇，可从来也未曾夸过他半句，不管我心里是多么的叹服，多么赞美我的摩。有时他若自读自赞的，我还要骂他臭美呢。说也奇怪，要是我不喜欢的东西，只要说一句这篇不大好，他就不肯发表。有时我问他你怪不怪我老是这样苛刻的批评你，他总说："我非但不怪你，还爱你能时常的鞭策，不要容我有半点的'臭美'，因为只有你肯说实话，别人老是一味恭维。"话虽如此，可是有时他也怪我为甚么老是好像不稀罕他写的东西似的。

其实我也同别人一样的崇拜他，不是等他过后我才夸他，说实话他写的东西是比一般人来得俏皮。他的诗有几首真是写得像活的一样，有的字用得别提多美呢！有些神仙似的句子看了真叫人神往，叫人忘却人间有烟火气。它的体格真是高超，我真服他从甚么地方想出来的。诗是没有话说，不用我赞，自有公论。

散文也是一样流利，有时想学也是学不来的。但是他缺少写小说的天才，每次他老是不满意，我看了也是觉得少了点甚么似的，也不知道是甚么道理，我这一点浅薄的学识便说不出所以然来。

洵美叫我写摩的《云游》的序，我还不知道他这《云游》是几时写的呢！云游？可不是，他真的云游去了，这一本怕是他最后的诗集了，家里零碎的当然还有，可是不知够一本不。这些日因为成天的记忆他，只得不离手的看他的信同书，愈好当然愈是伤感，可叹奇才遭天妒，从此我再也见不着他的可爱的诗句了。

当初他写东西的时候，常常喜欢我在书桌边上捣乱，他说有时在逗笑的时间往往有绝妙的诗意不知不觉地驾临的，他的《巴黎的鳞爪》《自剖》都是在我的又小又乱的书桌上出产的。书房书桌我也不知给他预备过多少次，当然比我的又清又洁，可是他始终不肯独自静静地去写的。人家写东西，我知道是大半喜欢在人静更深时动笔的，他可不然，最喜欢在人多的地方，尤其是离不了我。我是一个极懒散的人，最不知道怎样收拾东西，我书桌上是乱的连手都几乎放不下的，当然他写完的东西我是轻意也不会想着给收拾好，所以他隔夜写的诗常常次晨就不见了，嘟着嘴只好怨我几声。现在想来真是难过，因为诗意偶然得来的是不轻易来的，我不知毁了他多少首美的小诗，早知他要离开我这样的匆促，我赌咒也不那样的大意的。真可恨，为甚么人们不能知道将来的一切。

我写了半天也不知道胡诌了些甚么，头早已晕了，手也发抖了，心也痛了，可是没有人来掷我的笔了。四周只是寂静，房中只闻滴答的钟声，再没有志摩的"好了，好了"的声音了。写到此地不由我阵阵的心酸，人生的变态真叫人难以捉摸，一霎眼，一皱眉，一切都可以大翻身。我再也想不到我生命道上还有这一幕悲惨的剧。人生太奇怪了。

我现在居然还有同志摩写一篇序的机会，这是我早答应过他而始终没有实行的，将来我若出甚么书是再也得不着他半个字了，虽然他也早已答应过我的。看起来还是他比我运气，我从此只成单独的了。

我再也写不下去了，没有人叫我停，我也只得自己停了。我眼前只是一阵阵的模糊，伤心的血泪充满着我的眼眶，再也分不清白纸黑墨。志摩的幽魂不知到底有一些回忆能力不？我若搁笔还不见持我的手！！

小曼的文章是如此的情真意切，凄婉动人，自然天成，叫人读后满眼是泪。

有人这样评价小曼："她不是烟花，却比烟花寂寞三分；她不是玫瑰，却比玫瑰美艳动人。她是一汪碧海，澄净透明却又深广难测。她是20世纪流动的诗篇，她是历经劫难后不衰的红颜。"

小曼确实是一位精彩的女人。

编就遗文 修行圆满

徐志摩离去后,很多曾经与徐志摩交往过的人,渐渐地淡忘他,随着时间的推移,她们有了新的朋友,依旧过着精彩的日子。只有小曼,始终把徐志摩放在心上,从来没有忘记他。徐志摩离去后,小曼的心也被他带走了。小曼用33年寂寞的时间追忆着他们7年的爱情,他们在一起的时间有很多的磨难,快乐的时间非常短暂。

徐志摩离去后,陆小曼一直想给志摩出全集,正在这个时候,赵家璧出现了。赵家璧是徐志摩的学生,和小曼的关系不错。徐志摩逝世后,赵家璧首先想着把恩师徐志摩生前交给他的遗作《秋》出版发行,作为对他的纪念。赵家璧写了一篇充满感情的散文《写给飞去了的志摩》,这篇文章和《秋》合为一册,作为《一角丛书》中的一本出版。这本书距离徐志摩去世只有8天的时间,受到喜欢徐志摩读者的喜欢，多次再版。

由于《秋》首页需要一张徐志摩的照片，赵家璧去陆小曼处要一张合适的照片。赵家璧是有名的编辑出版家、作家、翻译家。小曼知道赵家璧要出版志摩的《秋》时，非常高兴，告诉赵家璧她还有徐志摩其他的书稿、日记，跟他谈了出版徐志摩全集的想法。赵家璧在图书馆和书店里看到过印刷精美的欧美作家全集，他也想过出版中国作家全集。徐志摩是第一个离世的中国现代文学家，作为学生，为老师出版一套全集，可以寄托自己的哀思，也是对现代文学的贡献。赵家璧对小曼的这个想法非常赞同。于是，他征求茅盾的意见，茅盾鼓励他为中国出版界编出第一部现代作家全集，尽最大努力收集徐志摩的信札、日记还有他的作品。有了茅盾的鼓励，赵家璧决心出版《徐志摩全集》。

陆小曼在回忆录中写道："在他遇难后，我病倒在床上有一年多。在这个时间，昏昏沉沉，什么也没有想到。病好以后赵家璧来同我商量全集出版的事，我当然是十分高兴的。"

于是，赵家璧和陆小曼分别寻找徐志摩的著作、日记等相关资料。他们向图书馆和收藏家借阅文学期刊，写信给徐志摩的朋友征集他的书信。小曼发出征求信后，回复的不多，因为徐志摩的朋友们认为正是因为小曼的挥霍，才使得徐志摩为了满足小曼的奢侈生活而四处奔走挣钱，他们都把徐志摩的离去归罪到小曼的身上。认为是小曼害了他，所以小曼编全集，徐志摩的很多朋友不支持她，仅有刘海粟、蒋慰堂、郭有守、郭子雄把书信给了她。经过多方努力寻找，到1935年10月，稿子编得差不多了，一共有十卷。

当时，陆小曼曾给徐志摩的表妹夫陈从周一封信，提到了这个时期的工作和想象着快要出版《志摩全集》的喜悦心情："志摩日记及书函正在抄写中，只因信件太多，一时乱得无从理起，现在我才将散文、诗集等编好，再有几天就要动手编书信了，那时定会抄就奉上的，好在也没有多少日子了，虽是新产生的，可是其味或美得多，洵美也曾问我要志摩的东西，我也没有送去呢！《志摩全集》大约三月中能出版了，到时一定送一份给先生看，只是我头一次编书，有不对的地方还望你们大家指教才好。"那时陈从周向小曼要志摩的书信，可能是有想出版《徐志摩年谱》的意思了，在信中，陆小曼对出版《徐志摩全集》充满了希望。

节外生枝
好事多磨

1935年10月,北京大学文学院院长胡适来到上海。赵家璧在北四川路味雅酒楼宴请他,并请陆小曼作陪。席间,陆小曼向胡适谈了她和赵家璧已把《徐志摩全集》初稿编就的情况。要胡适把志摩给他的信以及给北方朋友的信由他收集后早日寄到上海,还谈论起来徐志摩的日记在别人的手里。小曼还要求胡适为《徐志摩全集》写一篇序,胡适当时对这件事的反应很冷淡。

到宴席后的第四天,胡适告诉小曼,他认为良友出《徐志摩全集》不合适,他建议由商务印书馆出版。商务印书馆馆长王云五表示同意出版,他愿意立即预支版税两千元。两千元是笔数目不小的钱,当时小曼没有任何经济来源,这些钱对处境艰难的她具有很强的诱惑力。有了这些钱,她可以缓解生活的压力,可以过好点儿的日子;况且商务印书馆是有名的出版社,《徐志摩全集》在那里出版,会有更大的影响力。于是,小曼答应了。几天后,陆小曼在电话中告诉赵家璧:胡适为《徐志摩全集》做了新的安排,商务印书馆的王云五很快就过来取稿件。赵家璧非常吃惊。万般无奈之下,他只得把已编排好的文稿全部交给了陆小曼。良友是小出版社,无法和商务印书馆抗衡，他也说不过胡适，况且陆小曼已决定由商务印书馆出书了，他也不好阻止。赵家璧想到，可能胡适不愿意由经常出版鲁迅等左翼作家书的良友公司去出版新月派诗人的全集；也可能胡适手头有不少书简和日记，又收集了更多诗歌、小说、散文，想编一部更好的全集。赵家璧想到，反正自己已经完成了不少工作，说不定别人会做得更好。只要全集尽快出版，也算对得起老师徐志摩了。

遗憾的是，次年，上海被日军占领，商务印书馆搬迁，先迁香港，再移重庆，《徐志摩全集》的出版就再也没有提上议事日程。他们只是口头答应小曼，等安定了再出书。可是很多年过去了，小曼和商务印书馆也失去了联系。

赵家璧很后悔：如果当时不轻易放弃，再与胡适争取一下，说不定《徐志摩全集》早就出版了。陆小曼受到沉重打击，她说："我怀着一颗沉重的心回到家里，前途一片渺茫，志摩的全集初度投入了厄运，我的心情也从此浸入了忧愁中。除了与病魔为伴，就是整天在烟云中过着暗灰色的生活。"抗战结束后，陆小曼找到回迁的上海商务印书馆，打听稿子的下落，好不容易找到熟人，却没有打听到稿子的下落。

1946年，赵家璧去看陆小曼，那个时候，他在晨光图书公司主持工作。见到赵家璧，小曼流下了眼泪，那是后悔的眼泪。小曼对赵家璧说："那年，胡适逼我把《徐志摩全集》交给商务印书馆，一方面是利用我急于要钱的心理来破坏我们的合作；但他真正的目的还在于，不愿让新月派诗人的全集由你这样一个青年来当编辑。特别是胡适对良友公司出的文艺书中，左翼作家如鲁迅、茅盾等占主要地位，心中最不高兴，因此他千方百计逼我把这套书拿出来。我当时也预料到，进了商务这个大书局，不知何年何月才能出，现在事实不正是这样吗？今天后悔也来不及了！"

陆小曼
出笔多高致，一生半累烟云中

赵家璧安慰了陆小曼几句，又问她还有没有其他的日记或遗稿，如果有的话这些稿件可以和《爱眉小札》等合编一册。陆小曼说："今年正好是志摩诞生五十周年，让我再去找些未发表的日记编一本新书吧！但是志摩最好的日记，还有几本，都不在我这里，而是在北平的两个人手里，我也没有办法去要。"1947年3月，晨光图书公司出版了《志摩日记》，这本书由徐志摩写的《西湖记》《眉轩琐语》、志摩亲笔题名的《一本没有颜色的书》、已经出版过的《爱眉小札》和《小曼日记》，共五个部分。小曼为《志摩日记》写了序，在序中再次表达了心愿："我决心要把志摩的书印出来，让更多的人记住他，认识他。这本日记的出版是我工作的开始……我预备慢慢地拿志摩的东西出齐了，然后再写一本我们两人的传记，只要我能完成上述的志愿，那我一切都满足了。"

后来，陆小曼找到了当时商务印书馆的经理、志摩的老朋友朱经农，让他帮助查找志摩稿子的下落。朱经农不久回了一封信，说志摩的稿子并没有丢失，还在香港，他一定设法在短时间内找回来。这个肯定的回答给了陆小曼一点儿希望，这时已是抗战胜利后的第三年了，但随后又没有了任何音信。

几经波折，在1954年的春天，小曼突然接到商务印书馆来的一封信，说《徐志摩全集》的稿子找到了，但因为不符合时代，所以暂时不能出版。商务印书馆把书稿清样和全部纸型寄给小曼，预付的版税没有追还。小曼回想起抗战胜利后的四年中，她耗费了大量的时间和精力，也没有得到答复；而现在竟然找到了全部的稿件。看到稿子的清样，小曼非常高兴。虽然没有出版，但只要稿子在，肯定会有出版机会的。1983年，这套《徐志摩全集》终于由香港商务印书馆出版了。

对于活着，小曼已经没有什么奢望了，每日的生活不过是昨日的重复，而明日的生活又是今日的重复。生命中的激情早已经随着徐志摩的离去而消失了，再也没有曾经夺目的颜色。生命中的那些温情也随着翁瑞午的离去而消失了。

到了1964年10月，陆小曼住进了医院，主要是肺气肿和哮喘。在中秋节那天，赵清阁买了几块月饼给她，她的鼻孔内插着氧气管，憔悴不堪。她气喘吁吁地对赵清阁说："难为你想到我，今年我还能吃上月饼，恐怕明年就……"说话间，她指指月饼，赵清阁知道她想吃一口月饼，就找了一块有沙馅的给她，她吃得津津有味。

过了一会儿，她又低声说："我的日子不会多了！我是一个无牵无挂，家徒四壁的孤老，是解放救了我，否则我早死了，我感激共产党。"过了几天，赵家璧也来看陆小曼。陆小曼对他说："如果不解放，我肯定活不到今天；如果志摩生前知道，我们的共产党是这样好，他也会和我一样相信的，可惜他死得太早了。如果不死，我相信他不会跟着走胡适的道路，他可能会走闻一多的道路。"她又说："唉，志摩要是不坐那架小飞机就好了。"赵家璧感慨地说："是啊，他要是不坐那架飞机就好了，不过……"他又说："至于他会走什么路，还是茅盾说得对，我们不便乱猜，但他留下的文学作品，将永远成为新中国文学宝库的一个重要组成部分。"陆小曼嘱咐赵家璧说："有机会的话，请你帮着出版那套《徐志摩全集》。"赵家璧安慰她说："你放心好了，志摩的书将来肯定会出，而且会越出越多，一定会出版一种以上的全集本的。"听完赵家璧的话，陆小曼终于放下心来，她宽慰地笑起来。

在临终前几天，陆小曼嘱咐堂侄女陆宗麟把梁启超为徐志摩写的一副长联以及她自己的那幅山水画长卷交给徐志摩的表妹夫陈从周，

陆小曼
出笔多高致，一生半累烟云中

《徐志摩全集》的纸样则交给徐志摩的堂嫂保管。安排完这些事，小曼轻松了很多。她又想起了志摩，最近在她的梦里，总是有志摩出现。那是谁写的诗？是写给小曼的吗？抑或是写给志摩的？或者是写给他们两个人的？

十年生死两茫茫，不思量，自难忘，千里孤坟，无处话凄凉。纵使相逢应不识，尘满面，鬓如霜。
昨夜幽梦忽还乡，小轩窗，正梳妆，相顾无言，唯有泪千行。料得年年断肠处，明月夜，短松岗。

小曼默念着这首诗，依稀看见志摩微笑着从远处向走来。
"志摩，志摩。"小曼看着他，在心里喊着他，眼里满是泪水。
她想走上前去，可是心里又非常担心，这许多年过去了，不知道徐志摩是否还能认出自己来？
小曼知道，自己已不再是当年倾倒无数少年的那个佳丽了，那时年轻貌美的她，叫志摩一见倾心，再见钟情。
岁月在她的脸上早已经刻下了很深的皱纹，头发花白，牙齿已全部掉光了，走到街上不会有人回头再多看她一眼。
志摩在的时候，小曼总是打扮得风情万种，因为志摩欣赏她的美丽，喜欢她的活力。小曼害怕志摩见到她最狼狈的一面，会不喜欢她；小曼心里很难受，她想离开，不愿意叫志摩看见自己的样子，但却拔不动脚，她只是痴痴地望着志摩。
志摩，难道你也想我，就像我想你一样吗？
梦里的志摩是多么年轻英俊啊，他还是那样风流倜傥。志摩看着小曼，露出久别重逢欣喜的表情。

"龙龙,我的龙龙,你好吗?"

"志摩,真的是你?你还能够认出我来?"小曼捂着自己的脸,她害怕志摩不喜欢如此苍老的她。

不,志摩心中的小曼不是这样的,志摩心中的龙龙是人间最美丽的精灵,充满着爱和灵性,是爱与美的化身。

"龙龙,我的龙龙,无论你在尘世之间,是什么样,但是你在我的心里永远是年轻貌美的。"

小曼泪流不停,她知道,她的摩是爱她的,他们的爱情永远定格在他们相识的那一刻。小曼仿佛又年轻了,多年不见的灵气又回来了。

此时,小曼有多少话要对志摩说,志摩走后,她为了两个人之间的爱情,受到了多大的委屈,遭受了多大的不公平,她一个弱小的女子众叛亲离,独自面对着各种无端的责难。

她想告诉志摩,却又不知道从何说起。

"我的龙龙,我什么都知道的,我走之后这许多年,你受了天大的委屈。龙龙,这些都是由于我们之间爱情的缘故。请你真心实意地告诉我,这许多年来,你是否后悔过我们那段短暂的爱情?"

"我从来没有后悔过那段爱情,年轻时候的这段爱情,陪伴着我整个人生,这是我生命中最璀璨的日子。"

"龙龙,你不要害怕了,从今以后,我们会永远都在一起的,无论是谁,无论外界的力量多么强大,我们永远都不再会分离了。"

小曼诉说着这些年的思念和辛酸。"志摩,现在尘世之间已经没有什么可以留恋的了,我们永远不再分离了,没有什么可以阻挡我们在一起了。"两个人柔情蜜意,闲话家常,这样的倾诉衷肠,竟叫梦里的他们甜蜜地相拥了。

陆小曼
出笔多高致，一生半累烟云中

在尘世中煎熬的小曼终于等来了两个人相聚的那一天。他们一同随风而逝，像蝴蝶一样缠绵飞舞，永不相离，让朋友们永远只听见他们的风声而不见他们的人影，在黑暗里两个人永远逍遥自在地飞舞。

1965年4月3日，一代才女陆小曼在上海华东医院过世，终年63岁。她离开了纷纷扰扰的世界。小曼是在桃花盛开的季节离开人世的，她走得很冷清，跟徐志摩离去时候的情况大不相同。小曼的丧事是由工作单位主持的，参加她追悼会的人不多，主要是小曼的亲属和翁瑞午的子女，还有小曼的一些好朋友，如赵清阁、陈巨来、赵家璧等人。小曼走了，她上无片瓦，下无寸土，无儿无女，无牵无挂。

灵堂上唯一的一副挽联是由王亦令撰、乐亶写的：

> 推心唯赤诚，人世常留遗惠在；
> 出笔多高致，一生半累烟云中！

一代才女追随志摩而去了。她说自己什么刺激、柔情都享受过了：生离死别尝过了，酸甜苦辣也尝过了，心碎心痛也尝过了，她说自己不枉活了一生。她生命中的3个男人，都真心实意地爱着她。她应该知足，因为她活得自我。她完成了所有的遗愿，也经历了人生的悲欢离合，终于可以见到徐志摩了。她走得很安详，她知道，徐志摩一直在等着她，她临终前最大的愿望就是和徐志摩葬在一起。"那一天，我盼你带着悠悠的乐声从一团彩云里脚踏莲花瓣来接我同去永久相守，过吾们理想中的岁月。"陆小曼累了，她不愿意再费心去纠结人世间的风云变幻，也不想被打扰。她只愿意守着志摩过宁静的生活。

归去来兮 身后遗憾

起初,小曼的骨灰一直未安葬,暂寄在某处。至于陆小曼想葬到硖石徐志摩墓旁的遗愿,因种种原因也未能如愿。有人说志摩的儿子徐积锴不允许她葬在硖石老家,也有人说是张家的人不同意,对此不少人为小曼深感不平。相爱是如此的艰难。生前父亲阻止他们在一起,死后儿子又阻止他们在一起。

赵清阁在回忆陆小曼的文章中提到此事依旧耿耿于怀:陆小曼默默地带着幽怨长眠了。她没有留下什么遗嘱,她最后一个心愿就是希望与志摩合葬,而这一心愿我也未能办到。我和她生前的老友张奚若、刘海粟商量,张奚若还向志摩的故乡浙江硖石文化局提出申请,据说徐志摩的家属——他与前妻张幼仪生的儿子徐积锴——不同意。换言之,亦即中国半封建的社会意识不允许!

1988年春,陆小曼的堂侄陆宗麒以及堂侄女陆宗麟等在苏州东山华侨公墓为陆小曼建造了纪念墓,墓碑上书"先姑母陆小曼纪念

陆小曼
出笔多高致，一生半累烟云中

墓"，墓上还有一张陆小曼年轻时的相片，照片上的她，脸上露着灿烂的笑容。至此，这位一生坎坷，众说纷纭的女子总算画上了一个差强人意的句号。很多人为小曼的不能如愿而大声疾呼，写了很多情深意切的文章。其中，韩石山写了《还陆小曼一个公道》《海宁没有明白人》等文章，说得非常客观。

在《还小曼一个公道》中，韩石山这样写道：

> 有句话，憋在心里想说一直没有说，就是：喜爱徐志摩而不喜爱陆小曼者，不能说是真正喜爱徐志摩；敬重徐志摩而不敬重陆小曼者，不能说是真正敬重徐志摩。还要加个后缀：年轻漂亮的女子除外。因为她们可以无限惆怅地对她们心里的志摩说一句，恨不相逢未生时，对捷足先登或是捷命早生者，理应有一份或浓或淡的怨恨。这是她们与生俱来的权利，谁也干涉不得。当然，若她们不是这般的痴迷，允许他人以常人对待，上面提到的条款同样适用。
> ……
> 我常想，若死后真的有灵魂，若沪宁高速和沪杭高速真的像报章上报道的那样畅通无阻，在苏州到海宁之间，行夜车的司机不定在什么路段上就会看到，一个西装革履却满面忧伤的男子，在夜空中匆匆地向着西北方赶去，或是一个端庄俏丽却披头散发的女人，在夜空中匆匆地向着东南方赶去。那男子不是别人，正是我们的诗人，要去苏州某处墓地会见他的小曼；那女人不是别人，正是我们的小曼，要去海宁西山的山坡上会见他的志摩。他们见了面

最常说的会是什么？他们不会怨恨苏州，毕竟是苏州收留了这个无坟可归的女人，他们能不怨恨海宁吗？肯定会的！他们婆婆的泪眼，定然看到了装饰一新的干河街上的徐志摩故居，这世上只有他们知道，这不是什么徐志摩故居，这是老太爷为他们建的新婚的新巢！是他们夫妻两人共有的财产，若说故居，也该说徐志摩陆小曼故居才是。看到这一切，想来志摩都会难为情地对小曼说：眉，委屈你了！这太不公平了！

小曼会说什么呢？会说：不管他们怎样霸道，只要你知道，眉是你的妻子就行了。我们已经死了，等多少年多少世纪都无所谓了。摩，我们会等到那一天的……

志摩的启迪，开了小曼写文章的灵窍，这是不用说的。在《中秋夜感》一文中，小曼说过："我没有遇见摩的时候，我是一点也不知道走这条路，怨恨的时候只知道拿了一支香烟在满屋子转，再不然就蒙着被头暗自饮泣。自从他教我写日记，我才知道这支笔可以代表一切，从此我有了吐气的法子了。"

韩石山先生在《海宁没有明白人》中更是言辞激烈："陆小曼的墓远在苏州。她不是苏州人。陆小曼的墓，是20世纪80年代，她的一个在台湾的侄儿汇来钱，让侄孙辈的人修建的。这是海宁人的毛病，也是海宁人的耻辱。徐志摩有名气，你们就认他是你们海宁的儿子，迁移坟墓，修缮故居，宣传他，吃他。张幼仪的儿子在美国，还回来过，你们就老说张幼仪是徐志摩的妻子，恨不得把张幼

陆小曼
出笔多高致，一生半累烟云中

仪和徐志摩合葬在一起。太不像话了。无论是从旧道德上说，还是从新道德上说，都应当把陆小曼的棺木迎回去，跟徐志摩合葬在一起。这事情，迟早会有人办的；这一代的海宁人不办，下一代也会办；下一代不办，下下一代也会办。我就不信海宁永远也出不了一个明白人。"

是啊，如果喜爱、敬重一个人，就要喜欢、敬重他的家人。小曼是徐志摩的家人，是徐志摩生命中的一个最重要的成员。如果真正喜爱、敬重徐志摩，必须接受小曼。不接受陆小曼就不是真正喜欢、敬重徐志摩。叫人痛心的是，很多徐志摩的朋友对小曼抱有很深的偏见。认为她是祸水，是不守妇道的人。他们认为都是因为小曼，徐志摩才会过得如此辛苦。不可否认，小曼是有很多世俗人们看起来不完美的地方，甚至有很多缺点，但正是这些不完美和缺点，才是真实的小曼。徐志摩喜欢这样有个性、真实的小曼。徐志摩曾经对小曼说："你的爱，隔着万里路的灵犀一点，简直是我的命水，全世界所有的宝贝买不到这一点子不朽的精诚。我今天要是死了，我是要把你爱我的爱带了坟里去。做鬼也以自傲了！你用不着再来叮嘱，我信你完全的爱，我信你比如我信我的父母，信我自己，信天上的太阳；岂止，你早已成为我灵魂的一部分，我的影子里有你的影子，我的声音里有你的声音，我的心里有你的心；鱼不能没有水，人不能没有氧气，我不能没有你的爱。"

正是小曼的爱，给了徐志摩灵感，给了他幸福，给了他新生。因为小曼的爱，徐志摩才写出了轻灵优美的文章。为了得到小曼的爱，徐志摩敢于和整个社会抗衡，他说："眉眉，这怎好？我有你什么都不要了。文章、事业、荣誉，我都不要了。诗、美术、哲学，我都想丢了。有你我什么都有了，抱住你，就如抱住整个的宇宙，还有什么缺陷，还有什么想望的余地？你说这是有志气还是没志气？"

这是徐志摩的真心话，他这么说的，也是这么做的。他们生前为了在一起付出了太多。士为知己者死，女为悦己者容。徐志摩离开后，小曼从此不施粉黛，素面朝天，因为她爱的那个人已经不在了，她不再有打扮的心情。那个时候，陆小曼身边不乏追求者，但她为了能在身后和徐志摩在一起，一直以徐志摩夫人的身份活着，全力以赴地整理志摩的作品，为《徐志摩全集》的出版不遗余力。虽然说追求自由的灵魂不在乎世俗的形式，但人们还是期待他们能在一起。小曼回到志摩身边的那天一定会来，他们美丽的爱情故事一定会有圆满的结局。

陆小曼
出笔多高致，一生半累烟云中

小曼年谱

1. 1903年（1岁）农历九月十九子时生于上海南市孔家弄，籍贯常州。父亲陆定，母亲吴曼华。
2. 1908年（6岁）在上海上幼稚园。
3. 1909年（7岁）随母亲赴北京依父度日。
4. 1910年（8岁）就读于北京女子师范大学附属小学。
5. 1912年（10岁）就读于北京女中。
6. 1918年（16岁）入北京圣心学堂读书。
7. 1920年（18岁）精通英文和法文，被北洋政府外交总长顾维钧聘用兼职担任外交翻译。
8. 1921年（19岁）开始名闻北京社交界。
9. 1922年（20岁）离开圣心学堂，与王赓结婚。
10. 1924年（22岁）出演《春香闹学》，结识徐志摩，并与之恋爱。年底翻译意大利戏剧《海市蜃楼》。
11. 1925年（23岁）年初与徐志摩进入热恋。8月拜刘海粟为师学画。年底与王赓离婚。
12. 1926年（24岁）8月14日与徐志摩订婚。10月3日与徐志摩结婚。10月与徐志摩南下上海。11月与徐志摩在硖石小住。
13. 1927年（25岁）1月因江浙战争起，与徐志摩转上海定居，并与翁瑞午相识。3月与徐志摩回硖石扫墓，并与徐志摩、翁瑞午游西湖。12月6日出演《玉堂春——三堂会审》，任苏三一角。同时受《福尔摩斯小报》污蔑困扰。

14. 1928 年（26 岁）7 月与徐志摩合著的《卞昆冈》发行。夏与徐志摩、叶恭绰共游西湖。
15. 1929 年（27 岁）参与中国女子书画会的成立筹备工作。5 月接待泰戈尔。6 月与翁瑞午等人游"西湖博览会"。
16. 1931 年（29 岁）从贺天健和陈半丁学画，从汪星伯学诗。丈夫徐志摩因飞机失事去世。
17. 1933 年（31 岁）整理徐志摩的《眉轩琐语》，在《时代画报》第三卷第六期上发表。清明独自一人到硖石给徐志摩扫墓。
18. 1936 年（34 岁）加入中国女子书画会。
19. 1938 年（36 岁）开始与翁瑞午同居。（同居在当时不是被允许的）
20. 1941 年（39 岁）在上海大新公司开个人画展。
21. 1956 年（54 岁）4 月受到陈毅市长的关怀，被安排为上海文史馆馆员。入农工民主党，担任上海徐汇区支部委员。
22. 1958 年（56 岁）成为上海中国画院专业画师，并加入上海美术家协会。
23. 1959 年（57 岁）任上海市人民政府参事室参事。被全国美协评为"三八红旗手"。
24. 1965 年（63 岁）4 月 3 日在上海华东医院逝世。

图书在版编目（CIP）数据

陆小曼：出笔多高致，一生半累烟云中/紫色的安琪编著． －－北京：煤炭工业出版社，2018(2023.4 重印)
ISBN 978 - 7 - 5020 - 6978 - 0

Ⅰ．①陆… Ⅱ．①紫… Ⅲ．①陆小曼(1903 - 1965)—传记 Ⅳ．①K825.6

中国版本图书馆 CIP 数据核字（2018）第 252004 号

陆小曼
——出笔多高致 一生半累烟云中

编　　著	紫色的安琪
责任编辑	高红勤
封面设计	MM 末末美书
出版发行	煤炭工业出版社（北京市朝阳区芍药居 35 号　100029）
电　　话	010 - 84657898（总编室）　010 - 84657880（读者服务部）
网　　址	www.cciph.com.cn
印　　刷	三河市金兆印刷装订有限公司
经　　销	全国新华书店
开　　本	710mm×1000mm $^1/_{16}$　印张　17　字数　192 千字
版　　次	2018 年 12 月第 1 版　2023 年 4 月第 2 次印刷
社内编号	20181361　　　　　　定价　58.00 元

版权所有　违者必究

本书如有缺页、倒页、脱页等质量问题，本社负责调换，电话:010 - 84657880